GLOBALIZAÇÃO

TÍTULO ORIGINAL
Peter F. Drucker on Globalization

AUTOR
Peter F. Drucker

Direitos reservados para todos os países de língua portuguesa por

CONJUNTURA ACTUAL EDITORA
Sede: Rua Fernandes Tomás, 76-80, 3000-167 Coimbra
Delegação: LEAP CENTER – Espaço Amoreiras – Rua D. João V, n.º 24, 1.03 – 1250-091 Lisboa – Portugal

TRADUÇÃO
Carla Morais

REVISÃO
Inês Castelhano

CAPA
FBA, sobre capa original da Harvard Business School Publishing Corporation

PAGINAÇÃO
Aresta Criativa – Artes Gráficas

IMPRESSÃO E ACABAMENTO
????????
março de 2022

DEPÓSITO LEGAL
????????

BIBLIOTECA NACIONAL DE PORTUGAL – CATALOGAÇÃO NA PUBLICAÇÃO

DRUCKER, Peter F., 1909-2005

Globalização. - (Biblioteca Drucker)
ISBN 978-989-694-665-4

CDU 316

PETER F. DRUCKER

GLOBALIZAÇÃO

ACTUAL

ÍNDICE

NOTA DO EDITOR

Este livro é um dos vários volumes da Biblioteca de Peter Drucker publicados pela Harvard Business Review Press.

Os ensaios aqui contidos foram escritos entre 1982 e 1986. Quando Peter Drucker os reuniu em 1986, resistiu, como explicou num subsequente volume de ensaios, «à tentação de reescrever», argumentando que era «justo deixar que o leitor decidisse se as opiniões, os preconceitos e as previsões do autor tinham resistido ao teste do tempo».

Cerca de cinquenta anos depois, os leitores poderão achar que a linguagem de Drucker é, por vezes, datada ou inapropriada, e que alguns dos seus argumentos são controversos ou absolutamente desviados. Mas, como editores, também optámos por resistir à tentação de adulterar os textos originais, pois não tínhamos a certeza de sermos sempre capazes de distinguir entre a atualização e a censura. Além disso, achamos que um dos muitos encantos destes ensaios para os leitores contemporâneos, que valorizam a vantagem de uma perspetiva completa que se estenda a todo o período durante o qual Drucker fez previsões, é poderem julgar agora como se conserva admiravelmente presciente e aplicável uma tão grande parte do seu pensamento.

PREFÁCIO

O Futuro Está a ser Moldado Hoje

Os 37 capítulos deste volume — uma entrevista, um posfácio e 35 ensaios e artigos — cobrem uma vasta gama de temas. No entanto, foram planeados desde o início para serem publicados eventualmente num volume e enquanto variações sobre um tema unificador: os desafios de amanhã que os executivos enfrentam hoje. Se existe um único postulado subjacente a estas peças, é que o futuro está a ser traçado por pessoas totalmente anónimas, um CEO aqui, um diretor de marketing ali, um diretor de formação ou auditor ali a fazer trabalhos mundanos: constituir uma equipa de gestão; desenvolver uma nova estratégia de preços; alterar um programa de formação de modo a adequar pessoas com diferentes formações às novas tecnologias ou elaborar uma nova análise de custos para descobrir se compensa automatizar a linha de soldagem.

Esta é, afinal de contas, a lição deste século. Foi um século de catástrofes e cataclismos sem precedentes: duas guerras mundiais, um Estaline, um Hitler, um Mao e dezenas de vilões menores, mas não menos assassinos. De facto, em todas as décadas, fizemos tanta «história» quanto a que normalmente se encontra num só século, e pouca foi benigna. No entanto, a maior parte deste mundo, e especialmente do mundo desenvolvido, conseguiu, de alguma forma, não só recuperar das catástrofes uma vez após outra, mas também recuperar a direção e a dinâmica — económica, social e até política. O principal motivo foi as pessoas comuns, pessoas que gerem os assuntos quotidianos das empresas e instituições habituais, assumirem as suas responsabilidades e continuarem a trabalhar para o futuro, enquanto o mundo à sua volta se desmoronava. É assim que o futuro está a ser moldado hoje.

E que tipo de futuro será, portanto, depende muito do conhecimento, discernimento, visão e competência dos decisores de hoje e especialmente dos decisores das nossas instituições, ou seja, dos executivos. No entanto, estes executivos são pessoas ocupadas. Cada um deles já se encontra plenamente ocupado com a sua crise diária — e, de facto, a crise diária é o único acontecimento absolutamente previsível no dia de trabalho do executivo. Capacitar estas pessoas ocupadas a ver e entender as implicações e impactos a longo prazo das suas ações e decisões imediatas, diárias e urgentes é, assim, o propósito de cada uma das peças deste volume.

Há um segundo tema que percorre estes 37 diversos artigos e ensaios: a mudança é uma oportunidade. Cada uma das peças deste volume debruça-se sobre mudanças. Algumas são profundas e importantes, como o impacto da informação nas organizações, o significado do impulso empresarial dos EUA na última década, ou os problemas criados pelo sucesso da gestão. Outras mudanças são talvez efémeras e transitórias — embora, por esse motivo, não menos importantes —, por exemplo, o desfasamento entre os empregos tradicionais e as expectativas e qualificações de uma força de trabalho nova, jovem e instruída. Cada uma destas mudanças pode ser vista como uma ameaça e é, de facto, vista como tal por um bom número de executivos. Cada uma delas precisa de ser encarada e explorada como uma oportunidade — para fazer algo diferente, para fazer algo novo, e, sobretudo, para fazer algo melhor, algo mais produtivo, algo mais rentável. Este volume procura, portanto, não só fornecer conhecimento, perspicácia, visão e competência; procura criar visão.

Peter F. Drucker
Claremont, Califórnia
Verão de 1986

ENTREVISTA

À Conversa com uma Mente Abrangente

P: *No seu livro mais recente escreveu sobre a intencionalidade do processo de inovação. Houve alguma intencionalidade na sua própria vida? Havia algum plano para Peter Drucker?*

R: Em retrospetiva, a minha vida faz sentido, mas em prospetiva, não. Provavelmente tinha 30 anos quando comecei a ter alguma noção, ainda muito difusa, de qual seria o meu lugar. Durante dez ou 12 anos antes disso, andei a experimentar, não por deliberação, mas por acaso. Eu sabia, mesmo quando era pequeno, que não queria ficar na Áustria, e sabia que não queria desperdiçar quatro anos numa universidade. Assim, fiz com que o meu pai me arranjasse um emprego o mais longe possível e o mais afastado possível de qualquer área para a qual acabasse por me dirigir. Fui aprendiz de escriturário numa casa de exportações. Depois, trabalhei num pequeno banco em Frankfurt. Foi um emprego que consegui porque era bilingue em inglês e alemão. Isto foi em outubro de 1929. A Bolsa de Valores caiu, e eu fui o último a entrar e o primeiro a sair. Precisava de um emprego e arranjei um no jornal local. Foi uma boa formação, devo dizer.

Em retrospetiva, a única coisa em que era bom era a olhar para os fenómenos e questionar-me sobre o que significavam. Em 1933, sabia como Hitler iria acabar, e então comecei o meu primeiro livro, *The End of Economic Man*, que só pôde ser publicado em 1939, porque nenhuma editora estava disposta a aceitar ideias tão horríveis. Para mim, era bastante claro que Hitler acabaria por matar os judeus. E era igualmente evidente que acabaria por assinar um tratado com Estaline.

Eu era bastante ativo na política conservadora alemã, embora tivesse um passaporte estrangeiro, e por isso sabia que Hitler não era para mim. Parti e fui primeiro para Inglaterra e, quatro anos mais tarde, vim para este país. Trabalhei em Londres para uma companhia de seguros como analista de títulos e como investidor bancário. Se tivesse querido ser um homem rico, teria ficado por lá, mas aquilo aborrecia-me de morte.

P: *Como definiria* empreendedor?
R: A definição é muito antiga. É alguém que investe recursos com uma nova capacidade de produção de riqueza. É só isto.

P: *Faz questão de dizer que uma pequena empresa e uma empresa empreendedora não são necessariamente a mesma coisa.*
R: A maioria das pequenas empresas são incapazes de inovar, em parte porque não têm os recursos, mas muito mais por não terem tempo nem ambição. Nem sequer estou a falar da tabacaria da esquina. Vejamos a típica pequena empresa. Tem uma falta de pessoal grotesca. Não tem os recursos e o fluxo de caixa. Talvez já não seja o patrão a varrer a loja, mas não está assim tão longe disso. Basicamente, ele tem de travar diariamente a sua batalha. Não tem, de um modo geral, a disciplina. Não tem as bases. Os mais bem-sucedidos dos jovens empreendedores de hoje são pessoas que passaram cinco a oito anos numa grande organização.

P: *O que é que isso lhes dá?*
R: Aprendizagem. Adquirem ferramentas. Aprendem como fazer uma análise do fluxo de caixa, como se formam pessoas, como se delega, como se constrói uma equipa. Os que não têm estas bases são os empresários que, por muito sucesso que tenham, estão a ficar de fora. Por exemplo, se me perguntarem o que se passa com [os cofundadores da Apple Computer Inc.] Wozniak e Jobs...

P: *Era exatamente o que ia perguntar.*
R: Não têm a disciplina. Não têm as ferramentas, o conhecimento.

P: *Mas essa é a empresa para a qual temos olhado nos últimos cinco ou seis anos como sendo o protótipo do sucesso empresarial.*
R: Tenho dito publicamente que aqueles dois jovens não sobreviverão. O Senhor foi singularmente impiedoso para com eles.

P: *A sério?*
R: Ao dar-lhes demasiado sucesso demasiado cedo. Quando o Senhor quer destruir, Ele faz o que fez a esses dois. Nunca tiveram de pôr as mãos na massa. Nunca tiveram de escavar. Caiu-lhes tudo de mão-beijada, com demasiada facilidade. O sucesso tornou-os arrogantes. Desconhecem os elementos simples. São como um arquiteto que não sabe como se prega um prego ou o que é uma cavilha. É uma grande vantagem ter cinco a dez anos de chamemos-lhe gestão na bagagem antes de começar. Quem não tem comete erros elementares.

P: *Às pessoas que não tiveram essa experiência numa grande empresa, tal como está a prescrever, dir-lhes-ia que não devem tentar ter a sua própria empresa?*
R: Não, eu diria que devem ler o meu livro sobre empreendedorismo, porque foi escrito para essas situações. Chegámos ao ponto [na gestão empresarial] em que sabemos qual é a prática, e não é ficar à espera de que a musa nos beije. A musa é muito, muito exigente, não só quanto a quem beija, mas também onde nos beija. E por isso não se pode ficar à espera.

Na alta tecnologia, temos a velha taxa de falências entre as empresas jovens, oito em cada dez, ou sete em cada dez. Mas fora da alta tecnologia, a taxa é muito mais baixa.

P: *Porque...?*
R: Porque têm a competência para gerir as suas empresas e para se gerirem a si próprios. Redefinir o seu próprio papel na empresa é o mais difícil para a pessoa que inicia um negócio.

P: *Fez com que no livro parecesse tão fácil.*
R: É simples, mas não fácil. O que tem de se fazer e como deve ser feito é incrivelmente simples. Estamos dispostos a fazê-lo? Essa é outra questão. Temos de nos fazer essa pergunta.

Há um jovem que eu conheço que inicia negócios. Já vai no quinto. Desenvolve-os ao ponto de já terem ultrapassado as dificuldades iniciais e depois vende-os. É uma ama-seca. Sabe, quando eu era garoto, ainda havia amas, e a maioria costumava avisar os pais quando o filho dizia a primeira palavra. A partir daí, já não era bebé. É isso que este indivíduo em particular é: uma ama de bebés. Quando as suas empresas chegam aos 29 empregados, ele diz: «Estou fora!» Perguntei-lhe porquê e ele respondeu: «Quando chegam a 30 pessoas, incluindo eu próprio, vou ter de as gerir, e simplesmente não vou fazer algo de tão estúpido.»

P: *Esse exemplo tenderia a confirmar a sabedoria convencional, que sustenta que há empresários e há gestores, mas que não são a mesma coisa.*
R: Sim e não. Há trabalho empresarial e há trabalho de gestão, e não são a mesma coisa. Mas não se pode ser um empresário bem-sucedido a menos que se consiga gerir, e se se tentar gerir sem algum empreendedorismo, corre-se o risco de se tornar um burocrata. Sim, o trabalho é diferente, mas isso não é assim tão invulgar.

Veja-se o caso das empresas empreendedoras de hoje. Muitas são construídas em torno de alguém na casa dos 50 que saiu diretamente da faculdade, da faculdade de engenharia, e foi trabalhar para a GE. Trinta anos mais tarde, é responsável pelas pesquisas de mercado para o pequeno departamento de condensadores e é muito bem pago. Tem a hipoteca paga e a pensão atribuída, as crianças estão crescidas, e ele gosta do trabalho e gosta da GE, mas sabe que nunca será diretor-geral do departamento, quanto mais da divisão. E é aí que se reforma antecipadamente, e três semanas depois, está a trabalhar para uma das empresas da Route 128 em

Boston. Hoje de manhã, falei com um desses homens. Ele tinha estado no planeamento e pesquisa de mercado para uma divisão da du Pont — especialidades químicas — e disse: «Sabe, estava a entrar nos 50 e gostava daquilo, mas eles queriam transferir-me...» Será que é preciso contar o resto da história?

Agora é vice-presidente de marketing na Route 128, numa empresa onde precisam muito dele, uma empresa de engenheiros que cresceu muito rapidamente em oito anos e tinha o marketing ultrapassado. Mas ele sabe resolver isso. Na du Pont, era empresário ou era gestor? Este homem sabe mais sobre como se encontram novos mercados do que qualquer rapaz na sua nova empresa. É o que faz há 30 anos. É a sua rotina. Apresentavam um produto novo e funcionava bem no mercado, mas depois viram que existiam outros mercados dos quais nunca tinham ouvido falar. Há muitos mercados que não têm nada que ver com o tratamento de efluentes, ou o que quer que essa empresa faça, mas não sabiam como encontrá-los até ter aparecido este indivíduo.

Há trabalho empresarial e há trabalho de gestão, e a maioria das pessoas pode fazer ambos. Mas nem todos se sentem atraídos por eles da mesma forma. O jovem de quem lhe falei, aquele que cria empresas, questionou-se, e a resposta foi: «Eu não quero gerir um negócio.»

P: *Não há uma certa ironia no facto de o Peter, que estuda as organizações, não fazer parte de nenhuma?*
R: Seria incapaz de trabalhar numa grande organização. Aborrecem-me de morte.

P: *Não está a ser muito duro com as pessoas da Route 128 e de Silicon Valley? Chamou-lhes arrogantes, imaturos.*
R: A alta tecnologia está a viver no século XIX, um mundo pré-gestão. Acreditam que as pessoas dão dinheiro pela tecnologia. Estão apaixonados pela tecnologia. Mas as pessoas não dão dinheiro pela tecnologia, mas pelo que obtêm dela. Se olharmos para as empresas de sucesso, são aquelas que ou aprendem gestão ou a trazem para o seu seio. Normalmente, nas empresas de alta tecnologia realmente bem-sucedidas, o seu criador já não costuma lá estar cinco anos mais tarde. Pode estar no conselho de administração, pode ser presidente honorário, mas está de fora, e normalmente com amargura. A história da Apple é diferente apenas nas suas dimensões. Steve Jobs não tinha a disciplina. Não me refiro à autodisciplina. Refiro-me aos conhecimentos básicos e à vontade de os aplicar.

A alta tecnologia, precisamente por todo o *glamour* que a rodeia, é mais propensa à arrogância do que qualquer outra. Mas não está confinada à alta tecnologia.

P: *Onde mais?*
R: No sector financeiro. Tem um tipo diferente de egomaníacos, mas não deixam de ser egomaníacos. Em parte, pelo mesmo motivo. Ganham demasiado

dinheiro demasiado cedo. Destrói as pessoas, sabe, receber 450 mil dólares em opções da bolsa aos 23 anos de idade. É uma coisa muito perigosa. É demasiada excitação.

P: *Esta sociedade empreendedora sobre a qual escreve no livro como se desenvolveu? E está absolutamente convencido de que não se trata apenas de uma moda?*
R: Certamente, a demografia tem tido muito que ver com isso. Se recuarmos 30 ou 25 anos, os licenciados competentes, digamos, da Harvard Business School, todos queriam entrar em grandes empresas. E era a coisa mais racional e inteligente a fazer, pois era lá que estavam as oportunidades de carreira. Mas agora, por causa do *baby boom*, as condutas estão cheias.

Outro motivo pelo qual temos uma sociedade empreendedora, e é um motivo importante, é a alta tecnologia ter tornado o empreendedorismo algo de respeitável. O grande papel da alta tecnologia está na criação da conjuntura para os empresários, na visão. E também criou as fontes de capital. Os capitalistas de risco, na sua maioria, já não estão a dar ênfase à alta tecnologia. Mas todos eles começaram na alta tecnologia. Foi a alta tecnologia que criou o fluxo de capital. E é muito difícil de imaginar quão recente isto é. Em 1976, publiquei um livro sobre fundos de pensões em que dizia que um dos grandes problemas em tornar a formação de capital institucional é que não haveria dinheiro para novas empresas. Isso foi apenas há dez anos e, nessa altura, o que eu disse era óbvio. Hoje seria uma tolice.

A terceira coisa a promover a sociedade empreendedora talvez seja a mais importante, embora não tenha a certeza se estou a falar da galinha ou do ovo. Houver uma mudança fundamental na perceção básica dos últimos, digamos, 50 anos. A tendência era no sentido da centralização — nos negócios, no governo e no sistema de saúde. Ao mesmo tempo, finda a Segunda Guerra Mundial, descobrimos a gestão. Mas a gestão era algo que pensávamos que só podia funcionar em instituições grandes e centralizadas. No início da década de 1950, ajudei a lançar o que viria a tornar-se o Curso de Presidentes dado pelas Associações Americanas de Gestão. Nos primeiros anos, até 1970, por cada 100 pessoas que eram convidadas a participar, 80 a dizer «Isto é muito interessante, mas eu não sou a GE. Para que precisaria eu de gestão?» O mesmo se passou quando comecei a trabalhar com o Colégio Americano de Administradores Hospitalares, que deu um seminário sobre gestão. Os administradores hospitalares precisavam dele, mas invariavelmente obtivemos a resposta: «Temos apenas 90 camas; não temos dinheiro para gastar com gestão.» Tudo isto mudou, agora. Não me pergunte como e quando. Mas hoje em dia, o único lugar onde ainda se tem o culto das empresas grandes é no Japão. Lá, maior é melhor e o maior é o melhor.

Assim, em parte, a sociedade empreendedora surgiu porque todos nós «aprendemos» a gerir. Tornou-se parte da cultura geral. Repare na Harper & Row — que é a editora de [Tom] Peters e [Bob] Waterman. Metade dos 2 ou

3 milhões de livros que venderam foram presentes de graduação para finalistas do ensino secundário.

P: *O seu livro ou o* In Search of Excellence?
R: Oh, não, não. O meu livro não. O meu livro seria inútil. Não o conseguiriam ler, quanto mais dominá-lo. A grande virtude do livro de Peters e Waterman é a sua extrema simplicidade, talvez excessiva simplificação. Mas quando uma tia Mary, que tem de dar ao seu sobrinho um presente de formatura do liceu, decide oferecer-lhe *In Search of Excellence*, sabemos que a gestão passou a fazer parte da cultura geral.

P: *A chegada da sociedade empresarial significa que agora nos podemos regozijar porque o nosso futuro económico nacional está assegurado?*
R: Não. Está a trazer mudanças tremendas a muitas instituições vastas, e se não forem capazes de aprender, as mudanças serão insuportáveis socialmente.

P: *Alguma delas já começou a mudar?*
R: Por Deus, sim. Historicamente, as novas empresas são as que menos mudaram. A parte mais importante é o que se passa nas instituições existentes. O que é muito mais importante é que a ferrovia americana se tornou inovadora com uma vingança nos últimos 30 anos. Quando conheci os caminhos-de-ferro no final da década de 1940, não havia esperança para eles. Eu tinha a certeza de que todos teriam de ser nacionalizados. Agora, até a Conrail, a ferrovia propriedade do governo, faz dinheiro.

O que aconteceu nas finanças é ainda mais dramático. Em, digamos, 1960, alguns espertalhões da General Electric Credit Corporation perceberam que o papel comercial é um empréstimo comercial, não legalmente, mas economicamente. Legalmente, neste país, é uma garantia, pelo que os bancos comerciais têm dificuldade em utilizá-lo. O nosso banco número dois não é o Chase nem o Bank of America. É o General Electric Credit.

A fábrica mais robotizada do mundo é provavelmente a fábrica de locomotivas da GE em Erie, na Pensilvânia. Há 20 anos, a GE não fabricava uma única locomotiva neste país. Era demasiado caro. Todas elas eram fabricadas pela GE Brasil. Agora, a fábrica dos EUA é muito mais automatizada do que qualquer outra que haja no Japão ou na Coreia.

É aí que a inovação tem acontecido, e é aí que precisamos dela, caso contrário, teremos um cadáver atrás do outro, com enorme perigo social.

P: *Foi por isso que escreveu* Innovation and Entrepreneurship?
R: Escrevi o livro porque senti que tinha chegado o momento de ser um pouco mais sério sobre o tema do que a maioria das obras predominantes estavam a ser e também, em parte, porque, francamente, a maioria das coisas que lê ou ouve parecem-me, com base em 30 anos de trabalho e experiência, ser mal-entendidos.

Os empresários — as pessoas com personalidades empreendedoras como George Gilder — sim, existem essas pessoas, mas raramente são bem-sucedidas. Por outro lado, pessoas que Gilder jamais aceitaria como empreendedoras são frequentemente muito bem-sucedidas. O empreendedorismo não é um assunto romântico. É trabalho árduo. Eu queria eliminar o folclore do século XIX que sustenta que o empreendedorismo diz respeito às pequenas empresas e aos novos negócios. Os empreendedores vão desde o Citibank, que ninguém caracterizaria como sendo novo ou pequeno — ou a General Electric Credit — até à Edward D. Jones & Co., em St. Louis, a empresa americana de serviços financeiros de crescimento mais rápido.

Mas há outro motivo. Quando publiquei *Practice of Management* há 30 anos, esse livro possibilitou que as pessoas aprendessem a gerir, algo que até então apenas alguns génios pareciam ser capazes de fazer e que ninguém conseguia replicar. Sentei-me e fiz da gestão uma disciplina. Este livro faz o mesmo com a inovação e o empreendedorismo.

P: *Bem, não inventou aquilo.*
R: Em grande parte, sim.

P: *Não inventou as estratégias. Já existiam antes de as ter escrito.*
R: Nem por isso.

P: *Não? O que estou a tentar dizer é que as pessoas já faziam essas coisas — encontrar nichos de mercado, promover o comportamento empresarial nos seus empregados — antes de o seu livro ser publicado.*
R: Sim, e toda a gente pensava que requeria genialidade e que não podia ser reproduzido. Olhe, se não somos capazes de replicar algo porque não o compreendemos, então não foi realmente inventado; apenas já foi feito.

Quando cheguei àquilo que hoje é a gestão, uma grande parte tinha vindo da engenharia. Outra grande parte, da contabilidade. E uma parte veio da psicologia. E algo mais veio das relações laborais. Cada uma delas era considerada separada, e cada uma, por si só, era ineficaz. Não se pode fazer carpintaria, se se tem apenas uma serra, ou apenas um martelo, ou se nunca se ouviu falar de um alicate. Só se inventa quando se colocam todas essas ferramentas num único *kit*. Foi o que eu fiz em grande parte neste livro.

P: *É certamente um dos escritores mais acessíveis sobre temas de gestão.*
R: Bem, sou um escritor profissional, e não acredito que a obscuridade seja uma virtude.

P: *Porque é que trabalha sozinho? Não tem pessoal?*
R: Não gosto de ter de fazer trabalho para manter outras pessoas ocupadas. Quero fazer o trabalho que quero fazer e não o trabalho que tenho de fazer

porque tenho de lhes pagar ou porque eles têm de comer. Sou um artista a solo. Nunca estive interessado em construir uma empresa. Também não estou interessado em gerir pessoas. Aborrece-me.

P: *Os clientes vêm ter consigo, agora?*
R: Com uma exceção, não faço consultoria em nenhum outro lugar.

P: *Porque lhe interessam as empresas? Se o seu interesse preponderante são as organizações, porque não estudar outros tipos? Porque não organizações políticas?*
R: A minha prática de consultoria é atualmente de 50% organizações empresariais, 50% sem fins lucrativos. Mas eu não vim do mundo empresarial. Vim do jornalismo político. No meu segundo livro, *The Future of Industrial Man*, cheguei à conclusão de que as grandes organizações se tinham tornado o princípio integrador da sociedade moderna. Nessa altura, porém, só havia organizações empresariais. Neste país, a empresa comercial foi a primeira das instituições modernas a emergir. Decidi que precisava de estar por dentro, para estudar realmente uma grande empresa a partir do seu interior: enquanto organização humana, social, política — enquanto mecanismo de integração. Tentei entrar, e conhecia bastantes pessoas enquanto jornalista e enquanto investidor bancário. Todos eles me recusaram. O presidente da Westinghouse foi muito simpático quando me recebeu, mas quando lhe disse o que queria, ele não só me expulsou, como deu instruções ao seu pessoal para não me deixar aproximar do edifício, porque eu era um bolchevique. Isto foi em 1940.

Em 1942, estava a fazer bastante trabalho para o governo. Tinha desistido de procurar uma empresa para estudar quando um dia o telefone tocou e o indivíduo disse: «O meu nome é Paul Garrett e sou vice-presidente das relações públicas da General Motors Corp. O meu vice-presidente pediu-me para lhe telefonar a perguntar se estaria disposto e disponível para fazer um estudo da nossa estrutura de gestão de topo». Desde então, ninguém na General Motors admitiu alguma vez ter sido responsável por isto, mas foi assim que entrei no mundo dos negócios.

P: *Analisa as empresas a partir de uma posição que é única. Não é um académico...*
R: Embora lecione há 50 anos.

P: *Mas não se considera um académico. E não há dúvida de que não escreve como um académico.*
R: Sabe, isso é um insulto para os académicos. Só nos últimos 20 ou 30 anos é que ser incompreensível se tornou uma virtude no meio académico.

P: *Também não é uma pessoa de operações.*
R: Não, não sou bom na parte operacional.

P: *Então, não põe as mãos na massa com os seus clientes.*
R: Ah, sim, um pouco. Oiça, qualquer que seja o problema que um cliente tenha, é igualmente problema meu. Por exemplo, uma empresa de fundos mútuos constata que o mercado está a passar das comissões de vendas para nenhuma taxa inicial. Um problema terrível, disseram eles. Eu disse que não, é uma oportunidade. O vendedor tem de receber a sua comissão imediatamente, e o cliente tem de a pagar ao longo de cinco anos. Isso é um abrigo fiscal. Transformem-no em algo que, se o segurar durante cinco anos, não paga imposto sobre o rendimento, mas sim imposto sobre ganhos de capital. Então terão um novo produto. Tem sido o maior sucesso na indústria dos fundos mútuos. Isto já é pôr as mãos na massa, não é? Deixei-o fazer o trabalho todo, e ele consulta os advogados. Eu também o poderia fazer, mas ele não precisa que eu me sente com os seus advogados e escreva o prospeto para a SEC [equivalente a CMVM].

P: *Lê os novos livros de gestão que saem?*
R: Passo os olhos por muitos deles. De vez em quando sai um livro de um profissional, como o do [presidente da Intel Corp.] Andy Grove, *High Output Management*, sobre como se mantém o espírito empreendedor numa empresa muito grande e em rápido crescimento; penso que é um belo livro e muito importante. Mas até me aparecer um livro como este, devoro muitos livros inúteis. Felizmente, o corpo processa a celulose muito rapidamente.

P: *Não o incomoda que Tom Peters e Bob Waterman tenham ficado ricos e famosos graças a um livro construído sobre ideias, disse-o Peters, sobre as quais o senhor já tinha escrito?*
R: Não. A força do livro de Peters é que o obriga a olhar para os fundamentos. O grande ponto fraco do livro — que é uma força do ponto de vista do seu sucesso — é que faz com que a gestão pareça tão incrivelmente fácil. Basta colocar o livro debaixo da almofada, e tudo acontecerá.

P: *O que faz nos seus tempos de lazer?*
R: Que tempos de lazer?

P: *Devia, talvez, ter perguntado se os tem…*
R: No meu 70.º aniversário, ofereci a mim próprio dois presentes. Um foi terminar o meu primeiro romance e o outro foi uma segunda cátedra, esta em arte japonesa. Há 50 anos que me interesso pela arte oriental, e agora cheguei a um ponto em que sou considerado, especialmente no Japão, o especialista em certas áreas específicas — aconselhar museus, ajudar colecionadores. Isto ocupa-me bastante tempo.

Além disso, não sei quantas centenas ou milhares de pessoas em todo o mundo são agora clientes meus ou estudantes e que pegam no telefone e me ligam para se ouvirem a si próprios a falar e para pedir conselhos.

Pratico muita natação e caminho imenso. Mas tempos livres, no sentido de ir ao *bowling*, não tenho.

P: *Como é a sua prática de escrita?*
R: Não é sistemática. É uma neurose compulsiva. Não há um padrão.

P: *Usa uma máquina de escrever?*
R: Por vezes. Depende. E nunca sei de antemão como é que vai funcionar.

P: *Quanto tempo, por exemplo, demora a escrever uma coluna do* Wall Street Journal?
R: Para a escrever, não muito tempo — um dia. Para a fazer, muito mais tempo. São apenas 1400, 1500 palavras. Recentemente, fiz uma enorme peça sobre a onda de aquisições hostis — 6 mil, 7 mil palavras — para o *Public Interest*. Tive de mudar um pouco. De repente, apercebi-me de que sei o que é uma aquisição hostil, mas quantos leitores saberão? Ora, tinha de o explicar. Mudei totalmente a estrutura, e *isso* para mim leva muito tempo. Porém, uma vez que tenha percebido a forma de o fazer, sou capaz de o fazer muito rapidamente. Sabe, comecei a trabalhar como jornalista quando tinha 20 anos. O meu primeiro trabalho foi num jornal que publicava quase tantos exemplares como o *Boston Globe*. O *Globe* tem 350 funcionários editoriais; éramos 14 funcionários há 50 anos, o que é muito mais saudável. No meu primeiro dia — tinha eu apenas 20 anos — esperava-se que escrevesse dois editoriais.

P: *Se o negócio da América são as empresas, e todo esse tipo de coisas, porque é que os empresários não têm uma melhor imagem entre a população do que têm?*
R: O que é bom neste país é que ninguém é popular, exceto as pessoas que não têm importância. Isto é ponto assente. As estrelas de *rock* são populares porque nenhuma estrela de *rock* jamais durou mais do que alguns anos. As estrelas de *rock* são, portanto, inofensivas. O que é maravilhoso neste país é a mania da perseguição universal. Cada grupo sente que está a ser desprezado e perseguido. Alguma vez ouviu os médicos a falarem sobre como ninguém aprecia o quanto dão o litro para o bem da Humanidade? Toda a gente é perseguida. Toda a gente sente uma enorme pena de si próprio. Se conversar com professores universitários, verá como é inacreditável como a sua sorte é terrível. O homem de negócios sente-se pouco amado, incompreendido e negligenciado. E já alguma vez conversou com líderes sindicais?

Todos eles estão certos. É tudo verdade. Este não é um país que tenha grande respeito e esta é uma das suas grandes salvaguardas contra a tirania. Reservamos a nossa adulação para pessoas que nunca se tornarão uma ameaça — jogadores de basebol e estrelas de *rock* e ídolos do cinema que são completamente inócuos. Temos respeito pelas conquistas, mas não pelos estatutos. Não há estatutos neste país. Há respeito pelo cargo de presidente, mas não há respeito pelo presidente. Em resultado, aqui todos se sentem perseguidos e incompreendidos, não apreciados, o que considero maravilhoso.

P: *Gostaria de dizer algo de desrespeitoso sobre os economistas?*
R: Sim. Os economistas nunca sabem nada até 20 anos depois dos acontecimentos. Não há aprendizes mais lentos do que os economistas. Não há maior obstáculo à aprendizagem do que ser prisioneiro de teorias totalmente inválidas, mas dogmáticas. Os economistas estão onde estavam os teólogos em 1300: prematuramente dogmáticos.

Até há 50 anos, os economistas tinham vindo a tornar-se humildes e diziam constantemente: «Não sabemos». Até 1929, ninguém acreditava que o governo tivesse qualquer responsabilidade pela economia. Os economistas diziam: «Como não sabemos, a única política com hipóteses de sucesso é política nenhuma. Manter as despesas baixas, a produtividade alta e rezar.»

Mas, após 1929, o governo tomou conta da economia e os economistas foram forçados a tornar-se dogmáticos, porque de repente eram decisores políticos. Começaram a afirmar, e Keynes foi o primeiro a fazê-lo, que tinham as respostas, e mais, que as respostas eram agradáveis. Era como se um médico lhe dissesse que tem um cancro do fígado inoperável, mas que ficará curado se for para a cama com uma bela jovem de 17 anos. Keynes disse que não há problema que não possa ser curado simplesmente mantendo o poder de compra elevado. Haverá algo mais agradável? O tratamento monetarista é ainda mais fácil: não há nada que não possa ser curado simplesmente aumentando a oferta de dinheiro em 3% ao ano, o que aumenta igualmente os rendimentos. Os provedores são ainda mais agradáveis: não há doença que não possa ser curada através da redução de impostos.

Hoje em dia não temos uma teoria económica. Mas há tantos economistas como em 1300 havia teólogos. Nenhum deles, porém, será alguma vez santificado. Em 1300, a idade dos santos já tinha terminado, mais ou menos, e não há nada pior do que o teólogo que já não tem fé. É isso que os nossos economistas são hoje em dia.

P: *E o governo? Vê algum sinal de que a sociedade empreendedora tenha penetrado no governo enquanto organização?*
R: O problema básico do governo americano hoje em dia é que já não atrai boas pessoas. Eles sabem que não podem fazer nada; o governo é um beco sem saída. Em parte é porque, tal como nas empresas, todas as condutas estão cheias, mas também porque ninguém acredita no governo. Há 50 anos, mesmo há 20 anos, o governo era o lugar onde estavam as ideias, a inovação, as coisas novas. O Japão é o único país onde o governo ainda é respeitado e onde o serviço governamental ainda atrai as pessoas de alto nível.

P: *Então não há nada que o governo possa fazer, na sua opinião?*
R: Oh, não, não. Os dias do Estado Providência acabaram, mas não vamos aboli-lo. Temos de encontrar os seus limites. Quais são esses limites? Até que ponto é que o Estado-Providência causa danos? Esta é a verdadeira questão,

e foi levantada pelo sucesso do Estado-Providência. Os problemas do sucesso, penso eu, são as questões básicas que temos pela frente, e a única coisa que vos posso dizer é que não se enquadram nos alinhamentos políticos do século XIX e início do século XX. Não se encaixam nos alinhamentos políticos liberais, conservadores e socialistas. Os partidos tradicionais não fazem absolutamente nenhum sentido para qualquer pessoa com 30 anos. No entanto, quais são as alternativas?

P: *A administração de Ronald Reagan está a promover ou a inibir esta sua sociedade empreendedora?*
R: É uma administração muito interessante: totalmente esquizofrénica. Quando se olha para os seus feitos, não houve nada que o Sr. Carter não tivesse feito. E provavelmente também não o teria feito pior nem melhor. As palavras, no entanto, são diferentes.

Este é um sintoma muito claro, penso eu, de que houve uma mudança irrevogável nos últimos dez anos. Quem quer que esteja no poder já não acredita num governo gigantesco e apregoa cortes nas despesas, mas acaba por não fazer nada a esse respeito. Isto porque nós, o povo americano, estamos naquele ponto interessante em que todos somos a favor de cortar o défice — desde que seja às custas de outra pessoa. É uma fase muito típica do alcoolismo, sabe? A pessoa sabe que tem de parar de beber — amanhã.

P: *Acha que o faremos?*
R: Os alcoólicos normalmente não arrepiam caminho até estarem na sarjeta. Talvez nós não esperemos tanto tempo. Há três anos, seria impensável fazer qualquer coisa em relação à Segurança Social. Agora já se fala disso. Ainda não é exequível, mas penso que estamos a caminhar para soluções.

P: *Então não está muito preocupado com o futuro?*
R: Bem, é possível ser-se terrivelmente pessimista em relação ao mundo. Claramente, não está em bom estado, mas provavelmente nunca esteve, pelo menos não durante a minha vida. Uma das minhas primeiras memórias de infância foi a eclosão da Primeira Guerra Mundial. O meu pai e o cunhado, que era um advogado, jurista e filósofo muito famoso, e mais um amigo íntimo do meu pai, que era Tomás Masaryk, o fundador da Checoslováquia, um grande historiador e muito mais velho, claro... Ainda me lembro da nossa casa. Os tubos de aquecimento de ar quente transportam o som impecavelmente. A nossa casa de banho ficava por cima do escritório do meu pai. Ainda não tinha cinco anos, quando ouvi, através da entrada de ar quente o meu pai, o meu tio Hans e Masaryk dizerem: «Este é o fim não só da Áustria, mas da civilização». Esta é a primeira coisa de que tenho uma memória clara. E depois lembro-me dos intermináveis obituários no jornal. Este é o mundo em que cresci e do qual estava muito consciente, os últimos dias de tudo o que tinha algum valor. E não mudou desde

então. Por isso é muito fácil para mim ser pessimista, mas de que me serve? Há muitas coisas que me preocupam. Por outro lado, temos conseguido sobreviver contra todas as probabilidades.

P: *É difícil situá-lo, politicamente…*
R: Sou um velho — não um *neo* — conservador. Os neoconservadores começaram pela esquerda, e agora são basicamente liberais à moda antiga, o que é respeitável, mas eu nunca fui um deles. Por exemplo, embora acredite no mercado livre, tenho sérias reservas quanto ao capitalismo. Qualquer sistema que torna um valor absoluto está errado. Basicamente, a questão não é quais são os nossos direitos, mas sim quais são as nossas responsabilidades. Estas são abordagens conservadoras muito antigas, e eu coloquei-as no primeiro livro que escrevi, *The End of Economic Man*, quando tinha 20 e poucos anos, por isso não mudei.

P: *Alguma vez se sentiu tentado a entrar na política?*
R: Não, percebi muito cedo que era apolítico, no sentido de que não tinha o menor interesse em poder para mim próprio. E se não se tem qualquer interesse no poder, é-se basicamente um desajustado na política. Por outro lado, dê-me um pedaço de papel e um lápis, e aí, sim, divirto-me.

P: *Que outras coisas o animam?*
R: Estou muito impressionado com os jovens. Primeiro, a maioria das coisas que se ouvem sobre eles são disparates, por exemplo, queixas de que não trabalham. Penso que basicamente são *workaholics*, e que daí lhes advém uma sensação de realização. Mas ainda bem que não tenho 25 anos. É um mundo muito duro, um mundo terrivelmente duro para os jovens.

(1985)

Esta entrevista foi conduzida pelo escritor sénior Tom Richman e apareceu na edição de outubro de 1985 da Inc.

PARTE I

Economia

CAPÍTULO UM

A Economia Mundial Mudada

HOJE EM DIA, fala-se muito da economia mundial em mudança. Mas — e este é o objetivo deste capítulo — a economia mundial não está *a mudar*. Já *mudou* nos seus fundamentos e na sua estrutura, e de forma irreversível, com toda a probabilidade.

Nos últimos 10 ou 15 anos, ocorreram três mudanças fundamentais no próprio tecido da economia mundial:

1. A economia dos produtos primários veio «dissociada» da economia industrial;
2. Na própria economia industrial, a produção dissociou-se do emprego;
3. Os movimentos de capitais, ao invés do comércio de bens e serviços, tornaram-se os motores e a força motriz da economia mundial. Talvez os dois não tenham sido dissociados, mas a ligação tornou-se bastante solta, e pior, bastante imprevisível.

Estas mudanças são permanentes e não cíclicas. Podemos nunca vir a entender o que as causou — as causas das mudanças económicas raramente são simples. Pode levar muito tempo até que os teóricos económicos aceitem que houve mudanças fundamentais, e mais tempo ainda antes de adaptarem as suas teorias para as explicarem. Eles serão certamente mais relutantes, acima de tudo, em aceitar que é a economia mundial que está no controlo, e não a macroeconomia do Estado nacional, na qual a maioria das teorias económicas ainda se concentra exclusivamente. No entanto, esta é a lição clara das histórias de sucesso dos últimos 20 anos: do Japão e da Coreia do Sul; da Alemanha Ocidental, na verdade, um desempenho mais impressionante, embora muito menos exuberante do que o do Japão; e do único grande sucesso dentro dos Estados Unidos, a reviravolta e rápida ascensão de uma Nova Inglaterra industrial que, há apenas 20 anos, era amplamente considerada moribunda.

Mas os profissionais, seja no governo ou nas empresas, não podem ficar à espera de uma nova teoria, por muito necessária que seja. Têm de agir. E as suas ações terão tanto mais probabilidades de sucesso quanto mais se basearem nas novas realidades de uma economia mundial mudada.

A economia dos produtos primários

O colapso dos preços das *commodities* não petrolíferas começou em 1977 e tem continuado, tendo sido interrompido apenas uma vez, logo após o pânico petrolífero de 1979, por uma explosão especulativa que durou menos de seis meses e foi seguida pela queda mais rápida nos preços das *commodities* alguma vez registada.

No início de 1986, os preços globais das matérias-primas (exceto o petróleo[*]) encontravam-se ao nível mais baixo de que há registo em relação aos preços dos bens manufacturados e dos serviços — valores equiparados aos de 1932, e em alguns casos (chumbo e cobre) mais baixos do que nas piores alturas da Grande Depressão.

O colapso dos preços das matérias-primas e o declínio da procura destes materiais contrasta de forma chocante com o que tinha sido previsto com toda a confiança. Há dez anos, o *Report of the Club of Rome* previa que a escassez desesperada de todas as matérias-primas era um dado adquirido até ao ano 1985. Ainda mais recentemente, em 1980, o *Global 2000 Report* da administração do Presidente Carter concluiu que a procura mundial de alimentos aumentaria constantemente durante pelo menos 20 anos; que a produção mundial de alimentos iria descer, exceto nos países desenvolvidos; e que os preços reais dos alimentos iriam duplicar. Esta previsão explica, em grande parte, porque é que os agricultores americanos compraram tudo o que era terreno agrícolas disponível, sobrecarregando assim sobre si próprios o peso da dívida que agora ameaça tantos deles.

Ao contrário de todas estas previsões, a produção agrícola no mundo aumentou quase um terço entre 1972 e 1985, atingindo um máximo histórico. E foi nos países menos desenvolvidos que o aumento foi maior. Do mesmo modo, a produção de praticamente todos os produtos florestais, metais e minerais tem aumentado entre 20% e 35% nestes últimos dez anos, mais uma vez com a produção a aumentar mais rapidamente nos países menos desenvolvidos. E não há o mais pequeno motivo para acreditar que as taxas de crescimento irão abrandar, apesar do colapso dos preços. Na verdade, no que diz respeito aos produtos agrícolas, o maior aumento, a uma taxa de crescimento quase exponencial, poderá ainda estar para vir.[**]

---

[*] E quando o preço do petróleo desceu, no início de 1986, abaixo dos 15 dólares por barril, também se vendeu por um valor não superior ao de 1933, comparativamente aos preços dos bens manufacturados e dos serviços.

[**] Sobre isto, ver duas discussões bastante diferentes, uma por Dennis Avery, analista agrícola sénior, do Departamento de Estado dos EUA, «U.S. Farm Dilemma; the Global Bad News Is Wrong», *Science* 230, 24 (outubro de 1985); e Barbara Insel, International Affairs Fellow no Council on Foreign Relations em Nova Iorque, «A World Awash in Grain», *Foreign Affairs* (outono de 1985).

Talvez ainda mais surpreendente do que o contraste entre o que todos esperavam e o que aconteceu é que o colapso da economia de matérias-primas parece não ter tido quase nenhum impacto na economia industrial do mundo. No entanto, se havia algo que era «sabido» e considerado «comprovado» sem margem de dúvida na teoria do ciclo económico era que uma queda acentuada e prolongada dos preços das matérias-primas provoca *inevitavelmente*, e num prazo de 18 meses a dois anos e meio, uma depressão mundial na economia industrial. Decerto que a economia industrial pelo mundo fora não é normal em nenhuma das aceções do termo. Mas também é certo que não se encontra numa depressão mundial. De facto, a produção industrial nos países desenvolvidos não comunistas tem continuado a crescer constantemente, embora a um ritmo um pouco mais lento, especialmente na Europa Ocidental.

É claro que a depressão na economia industrial pode simplesmente ter sido adiada e pode ainda ser desencadeada, por exemplo, por uma crise bancária causada por inadimplência maciça por parte dos produtores de *commodities* endividados, seja no Terceiro Mundo ou no Iowa. Mas durante quase dez anos, o mundo industrial tem estado a funcionar como se não houvesse qualquer crise de matérias-primas.

A única explicação é que para os países desenvolvidos — à exceção apenas da União Soviética — o sector dos produtos primários tornou-se marginal, sendo que sempre tinha sido central.

No final dos anos 20, antes da Grande Depressão, os agricultores ainda constituíam quase um terço da população dos EUA, e o rendimento agrícola representava quase um quarto do produto nacional bruto (PNB). Hoje em dia, representam um vigésimo da população e do PNB, respetivamente. Mesmo acrescentando a contribuição das matérias-primas e dos produtores agrícolas estrangeiros para a economia americana através das suas compras de bens industriais americanos, a contribuição total das matérias-primas e das economias produtoras de alimentos do mundo para o PNB americano é, no máximo, de um oitavo. Na maioria dos outros países desenvolvidos, a quota do sector das matérias-primas é ainda mais baixa do que nos Estados Unidos da América. Só na União Soviética é que a agricultura continua a ser um empregador importante, com quase um quarto da força laboral a trabalhar na terra.

A economia das matérias-primas dissociou-se, assim, da economia industrial. Esta é uma grande mudança estrutural na economia mundial, com tremendas implicações para a política económica e social e para a teoria económica, tanto nos países desenvolvidos como nos países em desenvolvimento.

Por exemplo, se a relação entre os preços dos bens manufacturados e os preços dos produtos primários (com a exceção do petróleo) — ou seja, dos alimentos, produtos florestais, metais e minerais — fosse em 1985 a mesma que em 1973, ou até mesmo em 1979, o défice comercial dos EUA em 1985 poderia ter sido um terço mais baixo, 100 mil milhões de dólares, em vez de 150 mil milhões de dólares. Inclusivamente, o défice comercial dos EUA com o Japão poderia ter sido quase um terço menor, cerca de 35 mil milhões de dólares, ao invés dos atuais 50 mil milhões de dólares. As exportações agrícolas americanas teriam originado quase o dobro. E o volume das nossas exportações industriais para um dos nossos principais clientes, a América Latina, ter-se-ia mantido; o seu quase colapso é, por si só, responsável por um sexto da deterioração do comércio externo dos EUA. Se os preços dos produtos primários não tivessem sofrido um colapso, a balança de pagamentos da América poderia mesmo ter apresentado um excedente substancial.

Em contrapartida, o excedente comercial do Japão com o resto do mundo poderia ter sido um quinto mais baixo. E o Brasil, nos últimos anos, teria tido um excedente de exportação quase 50% superior ao seu excedente atual. O Brasil teria então tido pouca dificuldade em satisfazer os juros da sua dívida externa e não teria tido de pôr em perigo o seu crescimento económico ao reduzir drasticamente as importações, como acabou por fazer. De um modo geral, se os preços das matérias-primas em relação aos preços dos bens manufacturados se tivessem mantido ao nível de 1973 ou mesmo ao nível de 1979, não haveria crise para a maioria dos países endividados, especialmente na América Latina.

O que aconteceu? E quais são as perspetivas?

A procura de alimentos cresceu de facto quase tão rapidamente como o Club of Rome e o *Global 2000 Report* previram. Mas a oferta tem vindo a crescer muito mais rapidamente. Não só acompanhou o crescimento da população, como o ultrapassou de forma constante. Uma das causas disto, paradoxalmente, é certamente o medo da escassez alimentar, ou mesmo da fome a um nível mundial. O resultado foi um tremendo esforço para aumentar a produção alimentar. Os Estados Unidos lideraram esta parada com uma política agrícola bem-sucedida com o objetivo (exceto num ano: 1983) de subsidiar o aumento da produção alimentar. O Mercado Comum Europeu seguiu o exemplo, e com um sucesso ainda maior. Os maiores aumentos, tanto em termos absolutos como relativos, foram, contudo, nos países em desenvolvimento: na Índia, na China pós-Mao e nos países produtores de arroz do Sudeste Asiático.

Houve também um tremendo corte no desperdício. Há 25 anos, até 80% da colheita de cereais da Índia alimentava ratos e insetos, em vez de seres humanos. Hoje em dia, na maioria do território indiano, o desperdício desceu para 20%, resultado de inovações infraestruturais tão pouco espetaculares, mas eficazes como pequenas caixas de armazenamento de betão, inseticidas ou carrinhos motorizados de três rodas que levam a colheita diretamente para uma fábrica de processamento, em vez de a deixarem ficar ao ar livre durante semanas a fio.

E não é demasiado fantasioso supor que a verdadeira revolução na agricultura ainda esteja para vir. Vastas extensões de terra que até agora eram praticamente estéreis estão a ser tornadas férteis, quer através de novos métodos de cultivo, quer através da adição de minerais residuais ao solo: as argilas ácidas nas terras altas brasileiras, por exemplo, ou os solos contaminados com alumínio no vizinho Peru, que nunca antes tinham produzido coisa alguma e que agora produzem quantidades substanciais de arroz de alta qualidade. Registam-se avanços ainda maiores na biotecnologia, tanto na prevenção de doenças de plantas e animais, como no aumento do rendimento.

Por outras palavras, com o crescimento populacional do mundo a abrandar, e em muitas partes de forma bastante dramática, é provável que a produção alimentar aumente acentuadamente.

Mas os mercados de importação de alimentos desapareceram praticamente todos. Como resultado do seu impulso agrícola, a Europa Ocidental tornou-se um exportador substancial de alimentos, cada vez mais atormentado por excedentes que não eram saldáveis de todos os tipos de alimentos, dos produtos lácteos ao vinho e do trigo à carne de bovino. A China, segundo alguns analistas preveem agora, ter-se-á tornado um exportador de alimentos até ao ano 2000. A Índia já atingiu essa fase, especialmente no que diz respeito ao trigo e aos cereais secundários. De todos os grandes países não comunistas, apenas o Japão continua a ser um importador substancial de alimentos, comprando no estrangeiro cerca de um terço das suas necessidades alimentares. Hoje em dia, a maior parte vem dos Estados Unidos da América. Dentro de cinco ou dez anos, contudo, Coreia do Sul, Tailândia e Indonésia — produtores de baixo custo que estão a aumentar rapidamente a produção alimentar — irão competir com os Estados Unidos para se tornarem os principais fornecedores do Japão. O único grande comprador de alimentos no mercado mundial poderá então ser a União Soviética, e é provável que as necessidades alimentares da Rússia aumentem. No entanto, os excedentes alimentares no mundo são de tal ordem, talvez cinco a oito vezes mais do que a Rússia alguma vez precisaria de comprar, que as necessidades alimentares russas não são, por si só, suficientes para colocar uma pressão ascendente sobre os preços mundiais. Pelo contrário, a concorrência pelo acesso ao mercado russo entre os produtores excedentários — Estados Unidos, Europa, Argentina, Austrália, Nova Zelândia (e, provavelmente dentro de alguns anos, também a Índia) — é já suficientemente intensa a ponto de derrubar os preços dos alimentos a nível mundial.

A procura mundial — em franco contraste com o que o Club of Rome previu com tanta certeza — está a diminuir para praticamente todas as *commodities não agrícolas*, quer sejam produtos florestais, minerais ou metais. De facto, a quantidade de matérias-primas necessárias para uma determinada unidade de produção económica tem vindo a diminuir ao longo de todo o século, exceto em tempo de guerra. Um estudo recente do Fundo Monetário Internacional* calcula o declínio como sendo à taxa de 1,25% ao ano (composto) desde 1900. Isso significaria que agora a quantidade de matérias-primas industriais necessárias para uma unidade de produção industrial não é mais do que dois quintos do que era em 1900, e o declínio está a acelerar. Ainda mais assustadores são os recentes acontecimentos japoneses. Em 1984, o Japão, para cada

* *Real Primary Commodity Prices* de David Sapsford, Memorando Interno do FMI, 17 de maio de 1985.

unidade de produção industrial, consumiu apenas 60% das matérias-primas que consumira para a mesma quantidade de produção industrial em 1973, apenas 11 anos antes.

Porquê este declínio? Não é que a produção industrial esteja a tornar-se menos importante, um mito comum para o qual, como veremos em breve, não há a mais pequena prova. O que está a acontecer é muito mais importante. A produção industrial está a mudar progressivamente de produtos e processos altamente intensivos em materiais para produtos e processos muito menos intensivos em materiais. Uma razão para tal é o surgimento das novas indústrias e, especialmente, das indústrias de alta tecnologia. As matérias-primas num *microchip* semicondutor representam 1% a 3%; num automóvel, a quota é de 40%; e em tachos e panelas, 60%. Mas a mesma redução das necessidades de matérias-primas continua a verificar-se nas indústrias antigas, tanto em relação aos produtos antigos como aos novos. Trinta ou 50 quilos de cabo de fibra de vidro transmitem tantas mensagens telefónicas como uma tonelada de fio de cobre, ou até mais.

Esta queda constante na quantidade de matéria-prima envolvida nos processos de fabrico e respetivos produtos estende-se também à energia, e especialmente ao petróleo. Para produzir cerca de 50 quilos de cabo de fibra de vidro não é necessário mais de um vigésimo da energia necessária para extrair e fundir minério de cobre em quantidade suficiente para produzir uma tonelada de cobre e depois produzir o fio de cobre. Da mesma forma, os plásticos, que estão a substituir cada vez mais o aço nas carroçarias dos automóveis, representam um custo das matérias-primas, incluindo a energia, inferior a metade do custo do aço.

E se os preços do cobre duplicassem — e esse continuaria a ser um preço bastante baixo de acordo com os padrões históricos —, em breve começaríamos a «explorar» as maiores jazidas de cobre do mundo, que não são as minas do Chile ou do Utah, mas os milhões de toneladas de cabos telefónicos debaixo das ruas das nossas grandes cidades. Compensar-nos-ia então a substituição dos cabos de cobre subterrâneos por fibra de vidro.

Assim, é bastante improvável que os preços das matérias-primas aumentem substancialmente em comparação com os preços dos bens manufacturados (ou de serviços de alto conhecimento, tais como informação, educação ou cuidados de saúde), exceto no caso de uma guerra prolongada de grandes proporções.

Uma implicação desta mudança brusca nos termos de troca de produtos primários diz respeito aos países desenvolvidos, quer se trate de grandes exportadores de matérias-primas, como os Estados Unidos, ou de grandes importadores de matérias-primas, como o Japão. Há dois séculos que os Estados Unidos encaram a manutenção de mercados abertos para os seus produtos agrícolas e matérias-primas como sendo fundamentais para a sua política de comércio internacional. Com efeito, é isto que se entende nos Estados Unidos por uma «economia mundial aberta» e por «comércio livre». Será que isto ainda faz sentido? Ou será que os Estados Unidos têm de aceitar que os mercados estrangeiros para os seus produtos alimentares e matérias-primas estão em declínio duradouro e irreversível? Mas também, fará ainda sentido que o Japão baseie a sua política económica internacional na necessidade de ganhar divisas suficientes para pagar as importações de matérias-primas e de produtos alimentares? Desde que o Japão se abriu ao mundo exterior há 120 anos, a preocupação, quase uma obsessão nacional, com esta dependência das matérias-primas e das importações de alimentos tem sido a força motriz da política do Japão, e não apenas em matéria económica. Mas agora o Japão pode muito bem partir do princípio, muito mais realista no mundo de hoje, de que os alimentos e as matérias-primas estão em permanente excesso de oferta.

A conclusão lógica é que estes acontecimentos podem significar que alguma variante da política tradicional japonesa — altamente «mercantilista», que dá pouco relevo ao consumo interno e muita importância à formação de capital, protetora das indústrias «jovens» — pode ser mais útil aos Estados Unidos do que as suas próprias tradições. Por outro lado, os japoneses poderão ficar mais bem servidos com alguma variante das políticas tradicionais dos Estados Unidos, sobretudo ao deixarem de favorecer a poupança e a formação de capital para passar a favorecer o consumo. Mas terá uma rutura tão radical com 100 anos ou mais de convicções e compromissos políticos alguma probabilidade de acontecer? Ainda assim, a partir de agora, os fundamentos da política económica serão certamente alvo de crescentes críticas nestes dois países, bem como nos restantes países desenvolvidos.

No entanto, também serão objeto de escrutínio crescente nas principais nações do Terceiro Mundo, pois se os produtos primários estão a tornar-se de importância marginal para a economia do mundo desenvolvido, as teorias tradicionais de desenvolvimento e as políticas tradicionais de desenvolvimento estão a perder os seus fundamentos. Todas elas se baseiam no pressuposto, historicamente válido, de que os países em desenvolvimento pagam pelas importações de bens de capital através da exportação de materiais primários — produtos agrícolas e florestais, minerais, metais. Todas as teorias de desenvolvimento, por muito diferentes que sejam, assumem ainda que as compras de matérias-primas por parte dos países industrialmente desenvolvidos devem aumentar pelo menos tão rapidamente como a produção industrial nestes países. Isto implica então que, durante um período prolongado, qualquer produtor de matérias-primas se torna um melhor risco de crédito e mostra um saldo comercial mais favorável. Mas isto tornou-se altamente duvidoso. Em que base, então, pode assentar o desenvolvimento económico, especialmente em países que não têm uma população suficientemente grande para desenvolver uma economia industrial baseada no mercado interno? E, como veremos adiante, o desenvolvimento económico destes países também já não pode basear-se em mão-de-obra de baixos custos.

O que significa «desindustrialização»

A segunda grande mudança na economia mundial é a dissociação entre a produção industrial e o emprego industrial. Aumentar a produção de manufactura nos países desenvolvidos tem vindo a equivaler, na realidade, a uma diminuição do emprego fabril. Como consequência, os custos laborais estão a tornar-se cada vez menos importantes enquanto «custo comparativo» e fator de concorrência.

Hoje em dia, fala-se muito sobre a «desindustrialização» da América. Mas, de facto, a produção industrial tem aumentado de forma constante em volume absoluto e não tem, de todo, diminuído enquanto percentagem do total da economia. Desde o fim da Guerra da Coreia, ou seja, há mais de 30 anos que se mantém estável em cerca de 23% a 24% do PNB total da América. De igual modo, tem-se mantido no seu nível habitual em todos os principais países industriais.

Nem sequer é verdade que a indústria americana está a ter um fraco desempenho enquanto exportadora. Não há dúvida de que este país importa muito mais produtos manufacturados do que nunca, tanto do Japão como da Alemanha. Mas também exporta mais do que nunca — apesar da grande desvantagem em 1983, 1984, e a maior parte de 1985 de um dólar muito caro, de aumentos salariais superiores aos dos nossos principais concorrentes, e do quase colapso de um dos nossos principais mercados industriais, a América Latina. Em 1984, ano em que o dólar disparou, as exportações de bens manufacturados americanos aumentaram 8,3% e voltaram a subir em 1985. A quota das exportações americanas de produtos manufacturados nas exportações mundiais foi de 17% em 1978. Em 1985, tinha subido para 20%, com a Alemanha Ocidental a representar 18% e o Japão 16% (os três países em conjunto representam, assim, mais de metade do total).

Portanto, não é a economia americana que está a ser «desindustrializada». É a força de trabalho americana.

De facto, entre 1973 e 1985, a produção industrial nos Estados Unidos *aumentou* quase 40%. No entanto, o emprego na indústria transformadora durante esse período diminuiu de forma constante. Há agora menos 5 milhões de pessoas empregadas em trabalho fabril na indústria transformadora americana do que havia em 1975.

No entanto, nos últimos 12 anos, o emprego total nos Estados Unidos cresceu mais rapidamente do que em qualquer outro momento em tempo de paz da história de qualquer país — de 82 para 110 milhões entre 1973 e 1985, ou seja, um terço. Todo o crescimento, no entanto, foi em empregos em áreas que não o fabrico, e especialmente em empregos não relacionados com o trabalho braçal ou fabril.

A tendência em si não é nova. Na década de 1920, um em cada três trabalhadores americanos era um operário fabril. Na década de 1950, a proporção ainda era de um em cada quatro. Agora, está reduzido a um em cada seis — e continua a descer.

Mas embora a tendência já venha de longe, ultimamente tem acelerado ao ponto de, pelo menos em tempo de paz, nenhum aumento na produção industrial, por muito grande que seja, ser capaz de inverter o declínio a longo prazo do número de empregos fabris na indústria transformadora ou da sua proporção da força de trabalho.

A tendência é a mesma em todos os países desenvolvidos e é, de facto, ainda mais pronunciada no Japão. Por conseguinte, é altamente provável que países desenvolvidos como os Estados Unidos ou o Japão não empreguem, até ao ano de 2010, uma proporção da força de trabalho na indústria transformadora maior do que aquela que os países desenvolvidos empregam atualmente na agricultura — no máximo, um décimo. Hoje em dia, os Estados Unidos empregam cerca de 18 milhões de pessoas em empregos fabris na indústria transformadora. Daqui a 25 anos, é provável que o número seja de 10 — no máximo, 12 — milhões. Em algumas grandes indústrias, a queda será ainda mais acentuada. É bastante irrealista, por exemplo, esperar que a indústria automóvel americana empregue, daqui a 25 anos, mais de um terço da sua atual força de trabalho fabril, embora a produção possa ser 50% superior.

Se uma empresa, um sector ou um país não conseguir, no próximo quarto de século, aumentar acentuadamente a produção industrial, ao mesmo tempo que reduz drasticamente a força de trabalho operária, não pode esperar manter-se competitiva, ou mesmo permanecer «desenvolvida». Declinaria bastante rapidamente. A Grã-Bretanha tem estado em declínio industrial nos últimos 25 anos, em grande parte porque o número de operários por unidade de produção industrial diminuiu muito mais lentamente do que em todos os outros países desenvolvidos não-comunistas. Contudo, a Grã-Bretanha tem a maior taxa de desemprego entre os países desenvolvidos não-comunistas: mais de 13%. O exemplo britânico indica uma nova, mas crítica, equação económica: um país, um sector ou uma empresa que coloca a preservação de empregos fabris à frente da competitividade internacional (competitividade essa que implica uma redução constante desses empregos), em breve, não terá nem produção nem empregos estáveis. A tentativa de preservar os empregos dos operários é, na realidade, uma receita para o desemprego.

A nível nacional, isto só é aceite até agora no Japão. De facto, os planificadores japoneses, sejam do governo ou de empresas privadas, começam com o pressuposto de uma duplicação da produção dentro de 15 ou 20 anos com base num corte no emprego fabril de 25% a 40%. Muitas grandes empresas americanas como a IBM, a General Electric ou as grandes empresas automóveis preveem uma evolução semelhante. Implícito está também o facto paradoxal de que um país terá menos desemprego *geral* quanto mais depressa reduzir os empregos fabris na produção.

Mas esta não é uma conclusão que os políticos, os líderes sindicais ou mesmo o público em geral, possam facilmente compreender ou aceitar.

O que irá confundir ainda mais a questão é que estamos a passar por várias mudanças separadas e diferentes na economia de produção.

Uma delas é a aceleração da substituição do trabalho manual pelo conhecimento e pelo capital. Enquanto há algumas décadas falávamos de *mecanização*, agora falamos de *robotização* ou *automação*. Na prática, isto é mais uma mudança na terminologia do que uma mudança na realidade. Quando Henry Ford introduziu a linha de montagem em 1909, reduziu o número de horas de mão-de-obra necessárias para produzir um automóvel em cerca de 80% em dois ou três anos: muito mais do que é agora expectável que aconteça, mesmo em consequência da mais completa robotização. Mas não há dúvida de que estamos perante uma nova e acentuada aceleração na substituição de trabalhadores manuais por máquinas, ou seja, pelos produtos do conhecimento.

Um segundo avanço — e a longo prazo pode ser tão ou mais importante — é a passagem de indústrias que são essencialmente baseadas na mão-de-obra para indústrias que, desde o início, são sobretudo baseadas no conhecimento. O custo de um *microchip* semicondutor é de cerca de 70% de conhecimento e não mais de 12% de mão-de-obra. Da mesma forma, nos custos de fabrico de medicamentos, a «mão-de-obra» não representa mais de 10 ou 15%, sendo que o conhecimento — investigação, desenvolvimento e testes clínicos — representa quase 50%. Em contrapartida, mesmo nas fábricas de automóveis mais automatizadas, a mão-de-obra continua a representar 20 ou 25% dos custos.

Outra tendência no fabrico, e esta é extremamente confusa, é a inversão da dinâmica da dimensão. Desde os primeiros anos deste século, a tendência em todos os países desenvolvidos tem sido para fábricas de dimensões cada vez maiores. As «economias de escala» favoreceram-nas bastante. Talvez igualmente importante: aquilo a que poderíamos chamar as economias de gestão favoreceu-as. Até há pouco tempo, a gestão moderna parecia ser aplicável apenas a fábricas bastante grandes.

Ironicamente, esta situação foi invertida nos últimos 15 a 20 anos. Toda a retração nos postos de trabalho de fabrico nos Estados Unidos tem sido em grandes empresas, começando com os gigantes do aço e dos automóveis. Os fabricantes pequenos e especialmente os de médias dimensões têm mantido o seu pessoal ou mesmo feito novas contratações. Em relação à posição no mercado, exportações e rentabilidade, as empresas mais pequenas e especialmente as de tamanho médio têm-se saído notavelmente melhor do que as grandes. A mesma inversão da dinâmica da dimensão está a ocorrer também nos restantes países desenvolvidos, mesmo no Japão, onde maior era sempre melhor e o maior era sempre o melhor! A tendência inverteu-se, mesmo nas indústrias antigas. A empresa automóvel mais rentável nestes últimos anos não tem sido um dos gigantes, mas um fabricante de tamanho médio na Alemanha: a BMW. As únicas empresas siderúrgicas rentáveis a nível mundial têm sido fabricantes de produtos especializados de tamanho médio, como tubos de perfuração de petróleo, quer nos Estados Unidos, quer na Suécia, quer no Japão.

Em parte, especialmente nos Estados Unidos*, isto é resultado de um ressurgimento do empreendedorismo. Talvez igualmente importante: aprendemos nos últimos 30 anos a gerir as pequenas e médias empresas — ao ponto de as vantagens da escala reduzida, por exemplo, a facilidade de comunicação e a proximidade do mercado e do cliente, superarem cada vez mais as limitações de gestão que tinham sido proibitivas. Assim, nos Estados Unidos, mas cada vez mais nas restantes principais nações produtoras, como o Japão e a Alemanha Ocidental, o dinamismo da economia deslocou-se das grandes empresas que dominaram a economia industrial mundial durante 30 anos após a Segunda Guerra Mundial para empresas que, embora muito mais pequenas, são geridas profissionalmente e, em grande parte, financiadas publicamente.

Mas também estão a surgir *dois tipos distintos* de «indústria transformadora»: um grupo que é baseado em materiais, as indústrias que proporcionaram crescimento económico nos primeiros três quartos deste século; e outro grupo que é baseado na informação e no conhecimento, produtos farmacêuticos, telecomunicações, instrumentos analíticos, processamento de informação como computadores, e assim por diante. E é cada vez mais nas indústrias transformadoras baseadas na informação que o crescimento tem vindo a centrar-se.

Estes dois grupos diferem nas suas características económicas e especialmente no que diz respeito à sua posição na economia internacional. Os produtos das indústrias baseadas em materiais têm de ser exportados ou importados como produtos. Aparecem na balança comercial. Os produtos das indústrias baseadas na informação podem ser exportados ou importados quer como produtos quer como serviços.

Um exemplo antigo é o livro impresso. Para uma grande editora científica, as «receitas estrangeiras» representam dois terços das receitas totais. No entanto, a empresa exporta poucos livros, se é que exporta algum; os livros são pesados. O que vende são os «direitos». Da mesma forma, a «venda de exportação» informática mais rentável pode aparecer nas estatísticas como uma «importação». É o caso da taxa que alguns dos principais bancos mundiais, algumas das grandes multinacionais e algumas empresas comerciais japonesas recebem para processar nos seus escritórios dados enviados eletronicamente das suas sucursais ou dos seus clientes em qualquer parte do mundo.

Em todos os países desenvolvidos, os trabalhadores intelectuais já se tornaram o centro de gravidade da força de trabalho, mesmo em números. Mesmo na produção, ultrapassarão os trabalhadores operários em menos de dez anos. Nessa altura, exportar conhecimento para que produza receitas de licenças, taxas de serviço e *royalties*, pode na realidade criar substancialmente mais empregos do que exportar bens.

Isto requer então, como a classe política aparentemente já percebeu, uma ênfase muito maior da política comercial no «comércio invisível» e na abolição das barreiras, sobretudo do tipo não-tarifado, ao comércio de serviços, tais como

* Sobre isto, ver o meu livro *Innovation and Entrepreneurship* (Nova Iorque: Harper & Row, 1985).

informação, finanças e seguros, comércio a retalho, patentes e mesmo cuidados de saúde. De facto, dentro de 20 anos, o rendimento do comércio invisível poderá facilmente ser maior, para os principais países desenvolvidos, do que o rendimento da exportação de bens. Tradicionalmente, o comércio invisível tem sido tratado como um enteado, se é que recebeu, de todo, alguma atenção. Cada vez mais, tornar-se-á central.

Outra implicação da dissociação entre a *produção* industrial e o *emprego* industrial é, no entanto, que a escolha entre uma política industrial que favoreça a produção industrial e uma que favoreça o emprego industrial vai ser uma questão política singularmente controversa para o resto deste século. Historicamente, estes sempre foram considerados dois lados da mesma moeda. A partir de agora, no entanto, as duas irão cada vez mais puxar em direções diferentes e estão, de facto, a tornar-se alternativas, ou mesmo incompatíveis.

«Negligência benevolente» — a política da administração Reagan nestes últimos anos — é capaz de ser a melhor política que se pode esperar e a única com hipóteses de sucesso. Talvez não seja por acaso que os Estados Unidos têm, a seguir ao Japão, de longe, a mais baixa taxa de desemprego de qualquer país industrialmente desenvolvido. Ainda assim, há certamente necessidade também de esforços sistemáticos de reconversão e de substituição dos trabalhadores despedidos — algo que ainda ninguém sabe como fazer com sucesso.

Finalmente, é provável que os baixos custos laborais se tornem cada vez menos vantajosos no comércio internacional, simplesmente porque nos países desenvolvidos serão cada vez menos responsáveis pelos custos totais. Além disso, os custos *totais* dos processos automatizados são inferiores até mesmo aos das fábricas tradicionais com baixos custos de mão-de-obra, principalmente porque a automatização elimina os custos ocultos, mas muito elevados de «mau funcionamento», como os custos de má qualidade e de rejeições, e os custos de desligar a maquinaria para mudar de um modelo de um produto para outro.

Exemplos disso são dois produtores americanos automatizados de recetores de televisão: Motorola e RCA. Ambos foram quase expulsos do mercado por importações de países com custos de mão-de-obra muito mais baixos. Ambos foram então automatizados, de onde resultou que os seus produtos de fabrico americano competiam com sucesso com as importações estrangeiras. Da mesma forma, algumas fábricas têxteis altamente automatizadas das Carolinas podem oferecer preços mais baixos do que as importações de países com custos de mão-de-obra muito inferiores, por exemplo, a Tailândia. Inversamente, na produção de semicondutores, algumas empresas americanas têm baixos custos de mão-de-obra porque fazem o trabalho de mão-de-obra *offshore*, por exemplo, na África Ocidental. No entanto, são eles os produtores de alto custo, com os japoneses altamente automatizados a vender mais barato do que eles, apesar dos custos de mão-de-obra muito mais elevados.

O custo do capital tornar-se-á assim cada vez mais importante na concorrência internacional. E esse é o custo em relação ao qual os Estados Unidos se tornaram, nos últimos dez anos, o país com os custos mais elevados — e o Japão o país com os custos mais baixos. Uma inversão da política dos EUA de taxas de juro elevadas e de custo elevado do capital próprio deveria, assim, ser uma prioridade dos decisores políticos americanos, o contrário do que tem sido a política dos EUA nos últimos cinco anos. Mas isto, naturalmente, exige que a redução do défice governamental, e não as taxas de juro elevadas, se torne a nossa defesa contra a inflação.

Para os países desenvolvidos, e especialmente para os Estados Unidos, a constante descida dos custos laborais enquanto importante fator competitivo poderia ser um elemento positivo. Para o Terceiro Mundo, e especialmente para os *países em rápida industrialização* — Brasil, por exemplo, ou Coreia do Sul ou México — é, no entanto, uma má notícia. Dos países em rápida industrialização do século XIX, um, o Japão, desenvolveu-se através da exportação de matérias-primas, principalmente seda e chá, a preços constantemente crescentes. Outro, a Alemanha, desenvolveu-se «saltando» para as indústrias de «alta tecnologia» do seu tempo, principalmente eletricidade, químicos e sistemas óticos. O terceiro país em rápida industrialização do século XIX, os Estados Unidos, fez ambos. Ambas as vias estão bloqueadas para os atuais países que se estão rapidamente a industrializar: a primeira graças à deterioração dos termos de troca de produtos primários, a segunda porque requer uma «infraestrutura» de conhecimento e educação muito além do alcance de um país pobre (embora a Coreia do Sul o esteja a alcançar!). A concorrência baseada em custos de mão-de-obra mais baixos parecia ser a saída. Será que este caminho também vai ser bloqueado?

De uma economia «real» a uma economia de «símbolos»

A terceira grande mudança é a emergência da economia de *símbolos* — movimentos de capitais, taxas de câmbio e fluxo de crédito — como força motriz da economia mundial, no lugar da economia *real*: o fluxo de bens e serviços — e, em grande medida, independente deste último. Esta é simultaneamente a mais visível e ainda a menos compreendida das mudanças.

O comércio mundial de bens é maior, muito maior, do que alguma vez foi. O mesmo se pode dizer do comércio invisível, o comércio de serviços. Juntos, ascendem a cerca de 2,5 a 3 biliões de dólares por ano. Mas o mercado londrino do eurodólar, no qual as instituições financeiras mundiais contraem empréstimos e emprestam umas às outras, movimenta mais de 300 mil milhões de dólares por dia útil, ou 75 biliões de dólares por ano, ou seja, pelo menos 25 vezes o volume do comércio mundial.

Além disso, existem as transações cambiais (em grande parte separadas) nos principais centros monetários mundiais, nos quais uma moeda é negociada face a outra (por exemplo, dólares norte-americanos face ao iene japonês). Estas movimentam cerca de 150 mil milhões de dólares por dia, ou cerca de 35 biliões de dólares por ano: 12 vezes o comércio mundial de bens e serviços.

Independentemente de quantos destes eurodólares, ou ienes, ou francos suíços estão apenas a ser movimentados de um bolso para outro, e assim contados mais de uma vez, existe apenas uma explicação para a discrepância entre o volume de transações monetárias internacionais e o comércio de bens e serviços: os movimentos de capitais não relacionados com, e, na verdade, em grande parte, independentes do comércio, excedem largamente as finanças comerciais.

Não há nenhuma explicação para esta explosão de fluxos monetários internacionais — ou, mais precisamente, transnacionais. A passagem de taxas de câmbio fixas para taxas de câmbio «flutuantes» em 1971 pode ter dado o impulso inicial (embora, ironicamente, se destinasse a fazer exatamente o contrário). Deu lugar à especulação monetária. O aumento do fluxo de fundos líquidos para os produtores de petróleo árabes após os dois «choques petrolíferos» de 1973 e 1979 foi certamente um fator importante. Mas não pode haver grandes dúvidas de que o défice do governo americano também desempenha um papel importante. Este suga fundos líquidos de todo o lado para o «Buraco Negro» em que o orçamento americano se tornou* e, portanto, já fez dos Estados Unidos o principal país devedor do mundo. De facto, pode argumentar-se que é o défice orçamental que está subjacente ao défice comercial e de pagamentos dos Estados Unidos. Um défice comercial e de pagamentos é, com efeito, um empréstimo do vendedor de bens e serviços ao comprador, ou seja, aos Estados Unidos. Sem ele, a administração não poderia financiar o seu défice orçamental, ou pelo menos não sem o risco de uma inflação explosiva.

De um modo geral, a forma como os principais países aprenderam a utilizar a economia internacional para evitar enfrentar problemas internos desagradáveis não tem precedentes: os Estados Unidos, por exemplo, através da utilização de taxas de juro elevadas para atrair capital estrangeiro e assim evitar enfrentar o seu défice interno, ou os japoneses através do incentivo às exportações para manter o emprego apesar de uma economia interna letárgica. E esta «politização» da economia internacional é certamente também um fator de extrema volatilidade e instabilidade dos fluxos de capital e das taxas de câmbio.

Sejam quais forem as causas, produziram uma mudança básica: na economia mundial, a economia real de bens e serviços e a economia simbólica do dinheiro, do crédito e do capital já não estão estreitamente ligadas entre si, e estão, de facto, a afastar-se cada vez mais.

---

* Isto é defendido convincentemente por Stephen Marris, durante quase 30 anos conselheiro económico da Organização para a Cooperação e Desenvolvimento Económico (OCDE), no seu livro *Deficits and the Dollar: The World Economy at Risk* (Washington, DC: Institute of International Economics, dezembro de 1985).

A teoria económica internacional tradicional é ainda neoclássica e sustenta que o comércio de bens e serviços determina os fluxos internacionais de capital e as taxas de câmbio. Os fluxos de capital e as taxas de câmbio nestes últimos 10 ou 15 anos têm, no entanto, circulado de forma bastante independente do comércio externo e, de facto (por exemplo, na subida do dólar em 1984/85) têm sido contrários a esta teoria.

Mas a economia mundial também não se enquadra no modelo keynesiano em que a economia de símbolos determina a economia real, e a relação entre as turbulências na economia mundial e as economias domésticas tornou-se bastante obscura. Apesar do seu défice comercial sem precedentes, os Estados Unidos, por exemplo, não tiveram qualquer deflação e conseguiram (ainda que por pouco) manter a inflação sob controlo. Apesar do seu défice comercial, os Estados Unidos têm também a mais baixa taxa de desemprego de qualquer grande país industrial, a seguir ao Japão. A taxa dos EUA é mais baixa, por exemplo, do que a da Alemanha Ocidental, cujas exportações de produtos manufacturados e excedentes comerciais têm vindo a crescer tão rapidamente como as do Japão. Por outro lado, apesar do crescimento exponencial das exportações japonesas e de um excedente comercial japonês sem precedentes, a economia interna do Japão não está em expansão, permanecendo notavelmente lenta e não gerando quaisquer novos empregos.

Qual será o provável desenlace? Os economistas tomam como certo que ambas, a economia real e a economia simbólica, devem voltar a unir-se. No entanto, discordam — e de forma bastante acentuada — sobre se o farão numa «aterragem suave» ou numa colisão frontal.

O cenário de aterragem suave — a administração Reagan está empenhada nele, tal como os governos da maioria dos outros países desenvolvidos — estima que o défice do governo dos EUA e o défice comercial dos EUA desçam juntos até ambos atingirem um excedente, ou pelo menos um equilíbrio, algures no início dos anos 90. Então os fluxos de capital e as taxas de câmbio estabilizariam, com a produção e o emprego elevados e a inflação baixa nos principais países desenvolvidos.

Em nítido contraste com este está o cenário de «aterragem forçada». A cada ano deficitário, o endividamento do governo dos EUA sobe, e com ele os encargos com juros sobre o orçamento do país, o que, por sua vez, aumenta ainda mais o défice. Mais cedo ou mais tarde, defende-se, isto acabará por minar a confiança estrangeira na América e no dólar americano: algumas autoridades consideram este cenário praticamente iminente. Nessa altura, os estrangeiros deixarão de emprestar dinheiro aos Estados Unidos. De facto, tentarão converter os dólares que detêm em outras moedas. A «fuga ao dólar» resultante fará com que as taxas de câmbio do dólar caiam. Criará também uma extrema crise de crédito, ou mesmo uma «crise de liquidez», nos Estados Unidos. A única questão é se o resultado será uma depressão deflacionista nos Estados Unidos, um surto renovado de inflação severa, ou, a mais temida desgraça, a *estagflação*, ou seja, tanto uma economia deflacionista e estagnada, como uma divisa inflacionária.

Existe, contudo, um outro cenário de «aterragem forçada» totalmente diferente, em que é o Japão, e não os Estados Unidos, que se depara com uma aterragem forçada — francamente difícil. Pela primeira vez na história da paz, o maior devedor, os Estados Unidos, deve a sua dívida externa na sua própria moeda. Para sair da dívida, não precisa de repudiar, declarar uma moratória ou negociar uma prorrogação. Tudo o que tem de fazer é desvalorizar a sua moeda, e o credor estrangeiro fica efetivamente expropriado.

Por *credor estrangeiro*, entenda-se Japão. Os japoneses detêm agora cerca de metade dos dólares que os Estados Unidos devem ao estrangeiro. Além disso, praticamente todas as suas restantes dívidas no mundo exterior são em dólares, em grande parte porque os japoneses têm resistido até agora a todas as tentativas de fazer do iene uma moeda comercial internacional, para que o governo não perca o controlo sobre ela. No seu conjunto, os bancos japoneses detêm agora *mais* ativos internacionais do que os bancos de qualquer outro país, incluindo os Estados Unidos. E praticamente todos estes ativos estão em dólares norte-americanos — 640 *mil milhões*! Uma desvalorização do dólar americano cai assim mais fortemente sobre os japoneses, expropriando-os imediatamente.

Os japoneses também podem ser os principais prejudicados por uma aterragem forçada no seu comércio e na sua economia interna. A esmagadora maior parte das exportações do Japão vai para os Estados Unidos. Se houver uma aterragem forçada, os Estados Unidos podem muito bem tornar-se protecionistas quase da noite para o dia; é pouco provável que deixemos entrar grandes volumes de mercadorias importadas se a nossa taxa de desemprego disparar. Mas isto causaria imediatamente um desemprego grave em Tóquio, Nagoia e Hiroxima e poderia, de facto, desencadear uma verdadeira depressão no Japão.

Há ainda outro cenário de aterragem forçada. Nele, nem os Estados Unidos nem o Japão — nem qualquer economia industrial — passam pela aterragem forçada; esta será sofrida pelos produtores de produtos primários, já de si em depressão. Praticamente todos os materiais primários são comercializados em dólares; assim, os seus preços podem não subir de todo caso o dólar seja desvalorizado. Na realidade, desceram quando o dólar caiu 30% entre junho de 1985 e janeiro de 1986. Assim, o Japão pode praticamente não ser afetado por uma desvalorização do dólar; afinal de contas, apenas precisa dos seus saldos em dólares para pagar as importações de produtos primários, uma vez que compra pouco mais no exterior e não tem dívida externa. Os Estados Unidos também podem não sofrer, e podem mesmo beneficiar à medida que as exportações industriais americanas se tornam mais competitivas. Mas conquanto os produtores primários vendam principalmente em dólares, têm de pagar nas moedas das nações desenvolvidas uma grande parte das suas importações industriais. Afinal, os Estados Unidos, embora sejam o principal exportador mundial de bens industriais, ainda representam apenas um quinto dos bens industriais no mercado mundial. Quatro quintos são fornecidos por outros — alemães, japoneses, franceses, britânicos, e assim por diante. É provável que os seus preços em dólares americanos subam. Isto poderá então provocar uma maior deterioração dos termos de troca dos já deprimidos produtores primários. Algumas estimativas da possível queda chegam aos 10%, o que acarretaria dificuldades consideráveis para as minas de metal na América do Sul e Rodésia, e também para os agricultores no Canadá, Kansas ou Brasil.

Há, no entanto, mais um cenário possível. E não envolve «aterragens», sejam suaves ou forçadas. E se os economistas estivessem errados e tanto o défice orçamental americano como o défice comercial americano pudessem continuar, embora talvez a níveis mais baixos do que nos últimos anos? Isto aconteceria se a vontade do mundo exterior de colocar o seu dinheiro nos Estados Unidos se baseasse em outras considerações que não puramente económicas — na sua própria política interna, por exemplo, ou simplesmente em escapar a riscos políticos internos que aparentam ser muito piores do que uma desvalorização dos EUA.

Na verdade, este é o único cenário até agora sustentado por factos concretos e não pela teoria. De facto, já está em jogo.

O governo dos EUA forçou o dólar a descer um terço (de uma taxa de 250 para 180 ienes face ao dólar) entre junho de 1985 e fevereiro de 1986 — uma das maiores desvalorizações de sempre de uma moeda importante, embora a tenham apelidado de reajustamento. Os credores americanos apoiaram unanimemente esta desvalorização, aliás, exigiram-na. Mais espantoso ainda, aumentaram depois disso os seus empréstimos aos Estados Unidos, e de forma substancial. Aparentemente, os banqueiros internacionais concordam que, quanto mais os Estados Unidos são dignos de crédito, mais o credor tem a perder ao conceder-lhe empréstimos!

E uma razão importante para esta atitude de Alice no País das Maravilhas é que os nossos maiores credores, os japoneses, preferem claramente sofrer perdas muito pesadas nas suas participações em dólares ao desemprego interno, pois sem as exportações para os Estados Unidos, o Japão poderia ter um desemprego próximo do da Europa Ocidental, ou seja, a uma taxa de 9 a 11%, e todo ele concentrado nas indústrias transformadoras politicamente mais sensíveis, nas quais o Japão está a tornar-se cada vez mais vulnerável à concorrência dos recém-chegados, como a Coreia do Sul.

Do mesmo modo, as condições económicas por si só não induzirão os chineses de Hong Kong a retirar o dinheiro que transferiram para os bancos americanos em antecipação do «regresso» de Hong Kong à China Vermelha em 1997 — e estes depósitos ascendem a milhares de milhões. As quantias ainda maiores, pelo menos várias centenas de biliões, de «capital evadido» da América Latina que encontraram refúgio no dólar americano, também não serão atraídas por incentivos puramente económicos, como taxas de juro mais elevadas.

A quantia necessária do exterior para manter quer um enorme défice orçamental quer um enorme défice comercial dos EUA seria demasiado grande para tornar este cenário mais do que uma possibilidade. Ainda assim, se os fatores políticos estiverem sob controlo, a economia de símbolos estará realmente dissociada da economia real, pelo menos na esfera internacional.

Seja qual for o cenário que se venha a revelar, nenhum promete um regresso a qualquer tipo de «normalidade».

Uma implicação do desfasamento entre a economia de símbolos e a economia real é que, a partir de agora, as taxas de câmbio entre as principais moedas terão de ser encaradas tanto na teoria económica como na política empresarial como um fator de «vantagem comparativa», e bastante importante.

A teoria económica ensina que os fatores de *vantagem comparativa* da economia real — custos e produtividade laboral comparativos, custos das matérias-primas, custos energéticos, custos de transporte e afins — determinam as taxas de câmbio. E praticamente todas as empresas baseiam as suas políticas neste teorema. Cada vez mais, contudo, as taxas de câmbio decidem como os custos laborais no país A se comparam com os custos laborais no país B. Cada vez mais, as taxas de câmbio são um custo comparativo importante e totalmente fora do controlo das empresas. Portanto, qualquer empresa exposta à economia internacional tem de perceber que está em dois ramos ao mesmo tempo. É simultaneamente um fabricante de bens (ou um fornecedor de serviços) e uma empresa financeira. Também não pode descurar nenhum dos dois.

Especificamente, as empresas que vendem no estrangeiro — seja como exportador ou através de filiais em países estrangeiros — terão de se proteger contra a exposição cambial em relação às três situações: receitas de vendas, capital de exploração dedicado ao fabrico para mercados estrangeiros e investimentos no estrangeiro. Isto terá de ser feito quer as empresas esperem que o valor da sua própria moeda suba ou desça. As empresas que compram no estrangeiro terão de fazer o mesmo. De facto, mesmo as empresas puramente nacionais que enfrentam a concorrência estrangeira no seu mercado doméstico terão de aprender a proteger-se contra a moeda em que os seus principais concorrentes produzem. Se as empresas americanas tivessem sido dirigidas dessa forma durante os anos do dólar sobrevalorizado, ou seja, de 1982 a 1985, a maior parte das perdas no mercado no estrangeiro e nos ganhos estrangeiros poderiam ter sido evitadas. Estas foram *falhas de gestão* e não obra e graça do Espírito Santo. Certamente que os acionistas, mas também o público em geral, têm todo o direito de esperar que a gestão faça melhor o seu papel da próxima vez.

Em relação à política governamental, podemos tirar uma conclusão: não ser esperto. É tentador explorar a ambiguidade, instabilidade e incerteza da economia mundial para obter vantagens a curto prazo e para se esquivar a decisões políticas impopulares. Mas não funciona. De facto — e esta é a lição das três tentativas feitas até agora —, é mais provável que o resultado seja um desastre do que um sucesso.

A administração Carter levou o dólar americano a mínimos artificiais para estimular a economia americana através da promoção das exportações. As exportações americanas subiram de facto — e de forma espetacular. Mas longe de estimular a economia interna, isto deprimiu-a e resultou simultaneamente num desemprego recorde e numa inflação acelerada, o pior de todos os resultados possíveis.

O Sr. Reagan então, alguns anos mais tarde, fez subir as taxas de juro para parar a inflação e também fez subir o dólar. Isto fez, de facto, parar a inflação. Também desencadeou influxos maciços de capital, mas sobrevalorizou tanto o dólar que criou um surto de importações estrangeiras. Consequentemente, a política Reagan expôs as mais vulneráveis das antigas indústrias transformadoras, tais como a siderúrgica e a automóvel, a uma concorrência à qual não tinham como fazer face com uma taxa de câmbio de 250 ienes em relação ao dólar (ou uma taxa de três marcos alemães para o dólar). E privou-as dos ganhos de que necessitavam para se modernizarem. Além disso, a política prejudicou seriamente, talvez irreversivelmente, a posição competitiva dos produtos agrícolas americanos nos mercados mundiais, e no pior momento possível. Pior ainda, a «esperteza» do Sr. Reagan destruiu o seu principal objetivo: a redução do défice do governo dos EUA. Graças às perdas para a concorrência estrangeira, a indústria nacional não cresceu o suficiente para produzir receitas fiscais mais elevadas. No entanto, a disponibilidade fácil e quase ilimitada de dinheiro estrangeiro permitiu ao Congresso (e à administração) adiar uma e outra vez as medidas para reduzir o défice.

Também os japoneses podem ter sido demasiado espertos na sua tentativa de explorar a dissociação entre a economia de símbolos internacional e a economia real internacional. Explorando um iene subvalorizado, os japoneses têm pressionado as exportações, uma política bastante reminiscente da América sob a administração Carter. Mas, tal como anteriormente na América, a política japonesa não conseguiu estimular a economia interna; mal tem crescido nestes últimos anos, apesar do *boom* das exportações. Por conseguinte, os japoneses, tal como mencionado anteriormente, tornaram-se perigosamente demasiado dependentes de um cliente, os Estados Unidos. E isto forçou-os a investir montantes avultados em dólares americanos, apesar de todos os japoneses bem-pensantes (incluindo, evidentemente, o governo japonês e o Banco Central japonês) saberem desde o início que este crédito acabaria por ser severamente desvalorizado.

Certamente estas três lições deveriam ter-nos ensinado que as políticas governamentais na economia mundial serão bem-sucedidas, na medida em que tentarem harmonizar as necessidades das duas economias, e não na medida em que tentarem explorar a desarmonia entre elas. Ou citando um saber muito antigo: «Nas finanças não sejam espertos; sejam simples e conscienciosos». Receio, contudo, que este seja um conselho ao qual não é provável que os governos prestem atenção nos próximos tempos.

Conclusão

É demasiado cedo até para adivinhar como será a economia mundial de amanhã. Será que os grandes países, por exemplo, irão sucumbir à tradicional reação de medo — isto é, recuar para o protecionismo — ou irão encarar a economia mundial mudada como uma oportunidade?

No entanto, algumas das principais *prioridades* são já bastante claras.

Entre elas, será das principais uma formulação de novos *conceitos de desenvolvimento* e novas políticas de desenvolvimento, especialmente por parte dos países em rápida industrialização, como o México ou o Brasil. Já não podem esperar financiar o seu desenvolvimento através da exportação de matérias-primas, por exemplo, o petróleo mexicano. Mas também está a tornar-se irrealista para eles acreditar que os seus baixos custos de mão-de-obra lhes permitirão exportar grandes quantidades de produtos acabados para os países desenvolvidos — como os brasileiros, por exemplo, ainda esperam. Fariam muito melhor se entrassem na *partilha da produção*, ou seja, utilizar a sua vantagem de mão-de-obra para se tornarem subcontratantes de fabricantes de países desenvolvidos para trabalhos altamente intensivos em mão-de-obra que não podem ser automatizados — algumas operações de montagem, por exemplo, ou peças e componentes necessários apenas em quantidades relativamente pequenas. Os países desenvolvidos simplesmente já não dispõem da mão-de-obra necessária para realizar tal trabalho. No entanto, mesmo com a mais completa das automatizações, continuará a ser responsável por 15% ou 20% do trabalho de fabrico.

Essa partilha de produção é, evidentemente, como os chineses não-comunistas do Sudeste Asiático — Singapura, Hong Kong, Taiwan — impulsionaram o seu desenvolvimento. No entanto, na América Latina, a partilha da produção é ainda politicamente inaceitável e, até, anátema. O México, por exemplo, tem estado profundamente empenhado — desde os seus primórdios como nação moderna nos primeiros anos deste século — em tornar a sua economia menos dependente e menos integrada com a do seu grande vizinho do Norte. Esta política ter sido um fracasso total durante 80 anos só a tornou ainda mais atraente emocional e politicamente.

Mesmo que a partilha da produção fosse utilizada ao máximo, não proporcionaria, por si só, rendimentos suficientes para alimentar o desenvolvimento, especialmente de países muito maiores do que as cidades-estado chinesas. Precisamos, portanto, de um novo modelo e de novas políticas. Poderemos, por exemplo, aprender alguma coisa com a Índia? Todos conhecem, claro, os problemas da Índia — e são um sem-fim. Poucas pessoas parecem saber, contudo, que a Índia, desde a independência, fez um trabalho de desenvolvimento melhor do que quase qualquer outro país do Terceiro Mundo: o aumento mais rápido da produção agrícola e dos rendimentos agrícolas; uma taxa de crescimento da produção industrial igual à do Brasil e talvez mesmo à da Coreia do Sul (a Índia tem agora uma economia industrial superior, ultrapassada apenas por meia dúzia de países *desenvolvidos*!); a emergência de uma classe média grande e altamente empreendedora; e, sem dúvida a maior proeza, o progresso na prestação de ensino e cuidados de saúde nas aldeias. No entanto, os indianos não seguiram nenhum dos modelos estabelecidos. Não despojaram os camponeses, como Estaline, Mao e muitos dos africanos, para produzir capital para o desenvolvimento industrial. Não exportaram matérias-primas. E não exportaram os produtos de mão-de-obra barata. Mas desde a morte de Nehru, em 1964, a Índia tem encorajado e recompensado a produtividade agrícola e patrocinado a produção de bens de consumo e empresários locais. A Índia e os seus êxitos vão receber muito mais atenção de agora em diante do que receberam até agora.

Os países desenvolvidos também precisam de rever as suas políticas em relação ao Terceiro Mundo — e especialmente em relação às esperanças do Terceiro Mundo, os países em rápida industrialização. Há alguns inícios: as novas propostas dos EUA para as dívidas dos países de produtos primários que o secretário do Tesouro dos EUA, Baker, apresentou recentemente, ou os novos critérios de empréstimo que o Banco Mundial anunciou recentemente e ao abrigo dos quais os empréstimos aos países do Terceiro Mundo a partir de agora serão condicionados pelas políticas globais de desenvolvimento de um país, em vez de se basearem principalmente na solidez de projetos individuais. Mas até agora estas propostas visam mais corrigir erros do passado do que desenvolver novas políticas.

O outro ponto importante da agenda de prioridades será, inevitavelmente, o sistema monetário internacional. Desde a Conferência de Bretton Woods, no final da Segunda Guerra Mundial, que se baseia no dólar americano como a «moeda de reserva». Isto claramente já não funciona. O país da moeda de reserva deve estar disposto a subordinar as suas políticas internas às necessidades da economia internacional, por exemplo, o risco de desemprego interno para manter as taxas de câmbio estáveis. E quando chegou o momento da verdade, os Estados Unidos recusaram-se a fazê-lo, como Keynes, aliás, previu há 40 anos.

A estabilidade que a moeda de reserva deveria fornecer atualmente só poderia ser estabelecida se os principais países comerciais — no mínimo, os Estados Unidos, a Alemanha Ocidental e o Japão — concordassem em coordenar as suas políticas económicas, fiscais e monetárias, se não as subordinassem a uma tomada de decisão conjunta, e isso significaria uma tomada de decisão supranacional. Será esse acontecimento sequer concebível, exceto, talvez, no caso de um colapso financeiro mundial? A experiência europeia com a muito mais modesta *Unidade Monetária Europeia* (ECU) não é encorajadora; até agora, nenhum governo europeu se dispôs a ceder um centímetro por causa do ECU. Mas que mais poderia ser feito? Ou será que chegámos ao fim da tentativa com 300 anos de regular e estabilizar o dinheiro em que, em última análise, tanto os estados modernos como o sistema internacional em grande parte se baseiam?

Finalmente, temos uma *conclusão*: as dinâmicas económicas mudaram decisivamente para a economia mundial.

A teoria económica dominante — quer keynesiana, monetarista ou do lado da oferta — considera as economias nacionais, especialmente a dos grandes países desenvolvidos, autónoma e a unidade tanto da análise económica como da política económica. A economia internacional pode ser uma restrição e uma limitação, mas não é central, e muito menos determinante. Este «axioma macroeconómico» dos economistas modernos tem vindo a tornar-se cada vez mais instável. Os dois maiores países desenvolvidos que o subscrevem plenamente nas suas políticas económicas, a Grã-Bretanha e os Estados Unidos, têm-se saído menos bem economicamente nos últimos 30 anos e têm tido também a maior instabilidade económica. A Alemanha Ocidental e o Japão nunca aceitaram o axioma macroeconómico. As suas universidades ensinam-no, é claro. Mas os seus decisores políticos, tanto no governo como nas empresas, rejeitam-no. Em vez disso, ambos sempre basearam as suas políticas económicas na economia mundial, tentaram sistematicamente antecipar as suas tendências e explorar as suas mudanças enquanto oportunidades. Acima de tudo, ambas fazem da posição competitiva do país na economia mundial a primeira prioridade nas suas políticas — económica, fiscal, monetária e em grande parte até social — às quais as considerações internas estão normalmente subordinadas. E estes dois países têm, evidentemente, progredido muito melhor, tanto económica como socialmente, do que a Grã-Bretanha e os Estados Unidos nos últimos 30 anos. De facto, o seu foco na economia mundial e a prioridade que lhe dão pode ser o verdadeiro «segredo» do seu sucesso.

Da mesma forma, o segredo do sucesso das empresas no mundo desenvolvido — os japoneses, os fabricantes alemães de automóveis como Mercedes e BMW, ASEA e Ericsson na Suécia, IBM e Citibank nos Estados Unidos, mas também de uma série de especialistas de média dimensão na produção e em todos os tipos de serviços — tem sido o facto de basearem os seus planos e as suas políticas na exploração das mudanças da economia mundial como oportunidades.

A partir de agora, qualquer país — mas também qualquer empresa, especialmente se for grande — que queira ser bem-sucedido economicamente terá de aceitar que é a economia mundial que lidera e que as políticas económicas internas só serão bem-sucedidas se reforçarem, ou pelo menos não prejudicarem, a posição competitiva internacional do país.

Esta pode ser a característica mais importante — é, pelo menos, a mais marcante — da mudança da economia mundial.

(1986)

CAPÍTULO DOIS

A Máquina Empresarial Americana de Fazer Empregos

«PARA ONDE FORAM os empregos todos?» tem sido a questão constante em todos os países industriais ocidentais nos últimos anos. Para os Estados Unidos, há outra questão que é pelo menos tão importante — talvez muito mais — e, no entanto, nunca é colocada: de onde têm vindo os empregos todos? Todos os países industriais desenvolvidos estão a perder empregos nas indústrias transformadoras — até o Japão. A economia dos EUA é a única que está a criar novos empregos a um ritmo muito mais rápido do que as indústrias transformadoras estão a perder os antigos, aliás, a um ritmo quase sem precedentes na nossa história em tempo de paz.

Entre 1965 e 1984, a população da América entre os 16 e os 65 anos cresceu 38%, passando de 129 milhões para 178 milhões de pessoas. Mas os postos de trabalho durante esse período aumentaram 45% de 71 milhões para 103 milhões. Neste outono (1984), é provável que atinjam 105 ou 106 milhões, o que significaria um aumento de quase 50% desde 1965. Mais de metade deste crescimento ocorreu depois da crise energética na queda de 1973 — anos de «choques petrolíferos», de duas recessões e do quase colapso das indústrias transformadoras. De facto, a recessão de 1981–82, apesar de todo o seu trauma, mal abrandou o ritmo acelerado da criação de novos postos de trabalho. No período mais deprimido, no outono de 1982, havia ainda mais 15 milhões de empregos do que em 1973, apesar dos níveis recorde de desemprego.

No Japão, os empregos nestes últimos dez anos cresceram cerca de 10%, apenas metade da taxa dos EUA, de 51 para 56 milhões. A Europa Ocidental teve uma *redução* de postos de trabalho: havia menos 3 milhões de postos de trabalho em 1984 — com a devida margem para o desemprego cíclico — do que havia em 1974.

Para mais, a economia dos EUA em 1984 tinha cerca de 10 milhões de empregos a mais do que os otimistas previam há 15 anos. Um perito tão cuidadoso como Eli Ginzberg, da Universidade de Columbia, pensou então que, durante o final dos anos 70 e início dos anos 80, o governo federal teria de se tornar o «empregador de primeiro recurso» para oferecer empregos às crianças do *baby boom*. Mas sem qualquer ajuda do governo, voltámos a criar metade do número necessário para absorver os membros do *baby boom*. Tudo isto para dar resposta a algo que ninguém previa há 15 anos: a emergente procura de empregos por parte das mulheres casadas. De onde vieram todos estes empregos?

Não vieram dos sectores que durante quase 40 anos, até aos anos 60, proporcionaram praticamente todos os novos empregos na economia dos Estados Unidos: governo e grandes empresas. O governo deixou de expandir a oferta de emprego no início da década de 1970 e mal a tem mantido desde então. As grandes empresas têm vindo a perder postos de trabalho desde o início da década de 1970. Só nos últimos cinco anos, a Fortune 500 — as maiores empresas transformadoras do país — perdeu permanentemente cerca de 3 milhões de postos de trabalho. Quase toda a criação de postos de trabalho tem sido em pequenas e médias empresas e praticamente toda ela em empresas empreendedoras e inovadoras.

«Ah, ah», dirá toda a gente, «alta tecnologia». Mas enganam-se. A alta tecnologia é tremendamente importante: enquanto criadora de visão, de ritmo, de excitação, de futuro. Mas enquanto criadora do presente ainda é praticamente marginal, não representando mais do que 10% dos empregos criados nos últimos dez anos. E é razoavelmente certo que a sua taxa de criação de postos de trabalho só aumentará significativamente depois de 1990.

A criação de novos empregos é principalmente em empresas de «baixa tecnologia» ou «sem tecnologia». Uma indicação é a lista anual da revista *Inc.* das empresas com participações públicas com o crescimento mais rápido, com mais de cinco anos e menos de 15 anos. Estando confinada às empresas de capital público, a lista tem uma forte tendência para a alta tecnologia. No entanto, 80 das 100 empresas da lista de 1982 eram decididamente de baixa tecnologia ou sem tecnologia: fabricantes de roupa feminina, cadeias de restaurantes e afins. E a lista da *Inc.* das 500 empresas de crescimento mais rápido é liderada por um fabricante de equipamento desportivo para o lar.

A análise mais esclarecedora, contudo, é um estudo das *empresas de crescimento de médias dimensões* — com vendas anuais de 25 milhões a mil milhões de dólares por ano — realizado pela empresa de consultoria McKinsey & Co. A maioria não é de alta tecnologia; a maioria são fabricantes e não empresas de serviços. Estas empresas de crescimento médio cresceram três vezes mais depressa do que as da Fortune 250, as grandes empresas da economia, em vendas, lucros e emprego durante 1975–1980. Mesmo durante a pior altura da recessão de 1981–1982, quando as empresas da Fortune 250 cortaram o emprego quase 2% num ano, as empresas de média dimensão acrescentaram 1 milhão de empregos — ou 1% da força de trabalho empregada do país. E tudo o que estas empresas têm em comum é que estão organizadas para um empreendedorismo sistemático e uma inovação propositada.

Desde há cerca de dez anos, a dinâmica da economia dos EUA tem vindo a mudar para empresas empreendedoras e inovadoras — na sua maioria de baixa tecnologia ou sem tecnologia. Em economia, dez anos é muito tempo, tempo suficiente para se falar de uma «mudança estrutural». O que explica esta mudança ainda não está claro. É certo que houve uma mudança acentuada nos valores, atitudes e aspirações de muitos jovens instruídos, uma mudança totalmente diferente da «ecologização da América» que nos foi prometida há 15 anos, altura em que, de facto, começou a verdadeira mudança. Há atualmente muitos jovens que se arriscam e que querem muito ser materialmente bem-sucedidos ao ponto de imporem a si próprios a disciplina cansativa e as horas intermináveis que ser empreendedor requer.

Mas de onde vem o dinheiro? Há uma década, temíamos que não houvesse capital disponível para novos empreendimentos; agora parece que há mais capital de risco do que empreendimentos. O maior fator na expansão empresarial — e a única tecnologia verdadeiramente nova — é provavelmente um grande avanço na gestão: o desenvolvimento, desde a Segunda Guerra Mundial, de um corpo de conhecimento organizado sobre empreendedorismo e inovação.

O desenvolvimento norte-americano contradiz claramente a explicação mais generalizada e mais séria da crise económica dos últimos dez anos e a previsão mais generalizada e mais séria para as décadas vindouras: a teoria do *não crescimento* baseada na «onda longa de Kondratieff» (com o nome do russo Nikolai Kondratieff, nascido em 1892 e executado algures na década de 1930 por ordem de Estaline porque o seu modelo económico previa com precisão que a coletivização reduziria em vez de multiplicar a produção agrícola).

De acordo com a *teoria da onda longa* [*long-wave theory*], as economias desenvolvidas entram num longo período de estagnação inexorável a cada 50 anos. As tecnologias que levaram ao crescimento nas primeiras fases ascendentes do ciclo de Kondratieff ainda aparentam ter muito sucesso durante os últimos 20 anos antes do «colapso de Kondratieff». De facto, registam lucros recorde e conseguem pagar salários recorde; sendo «maduras», já não precisam de grande investimento. Mas aquilo que parece ser uma saúde em florescimento é, de facto, uma doença esbanjadora; os «lucros recorde» e os «salários recorde» são já uma liquidação de capital. E depois, quando a maré muda com o colapso de Kondratieff, estas indústrias maduras caem da noite para o dia. As novas tecnologias já existem, mas não conseguirão gerar empregos suficientes ou absorver capital suficiente para alimentar um novo período de crescimento económico por mais 20 anos. Durante 20 anos, existe assim «estagnação de Kondratieff» e «não crescimento», e não há nada que ninguém — e muito menos o governo — possa fazer a esse respeito a não ser esperar.

As indústrias transformadoras nos Estados Unidos e na Europa Ocidental parecem estar em conformidade com o ciclo de Kondratieff. Também no Japão, parecem estar a seguir o mesmo caminho, com apenas mais alguns anos de atraso. A alta tecnologia também está em conformidade: não gera novos empregos suficientes nem absorve capital novo suficiente para compensar a retração nas indústrias transformadoras.

Mas a criação de emprego por parte das empresas empreendedoras e inovadoras nos Estados Unidos simplesmente não é compatível com a teoria de Kondratieff. Ou antes, tem uma semelhança notável com a «onda Kondratieff atípica» da Alemanha e dos Estados Unidos após 1873 — 25 anos de grande turbulência nestes países e de mudanças económicas e sociais, mas também 25 anos de rápido crescimento económico.

Esta vaga atípica de Kondratieff foi descoberta e descrita por Joseph Schumpeter (1883–1950) no seu clássico *Business Cycles* (1939). Este livro apresentou Kondratieff ao Ocidente, mas também assinalou que a estagnação de Kondratieff ocorreu apenas em Inglaterra e França após 1873, o período em que Kondratieff baseou a sua longa onda. A Alemanha e os Estados Unidos também tiveram um «colapso». Mas a recuperação começou quase de imediato e, cinco anos mais tarde, ambos os países estavam a expandir-se rapidamente e continuaram a fazê-lo até à Primeira Guerra Mundial. E o que tornou estes dois países atípicos e fez deles as economias em crescimento do final do século XIX foi a sua mudança para uma economia empresarial.

Existem ameaças colossais na economia mundial. Há a crise do Estado social com os seus défices governamentais descontrolados e aparentemente incontroláveis e o consequente cancro inflacionário. Há a crise dos produtores de *commodities* em todo o mundo, tanto no Terceiro Mundo como nas fazendas do Iowa. Há vários anos que os preços das *commodities* estão mais baixos relativamente aos preços dos bens manufacturados do que em qualquer outro momento desde a Grande Depressão, e em toda a história económica, nunca houve um período prolongado de preços muito baixos das *commodities* que não fosse seguido de depressão na economia industrial. E não há dúvida de que a diminuição de empregos nas indústrias transformadoras e terem deixado de se basear no trabalho e passado a basear-se no capital, ou seja, na automatização, irá colocar severas tensões — económicas, sociais, políticas — sobre o sistema.

Mas pelo menos para os Estados Unidos, a previsão de não crescimento de Kondratieff está praticamente excluída — pelo que já aconteceu na economia americana e pelo aumento de quase 50% de empregos desde que as indústrias transformadoras chegaram ao seu pico de Kondratieff há 15 ou 20 anos.

(1984)

CAPÍTULO TRÊS

Os Motivos pelos quais a OPEP Estava Destinada a Falhar

QUANDO SE REUNIREM em dezembro de 1982, os membros da Organização dos Países Exportadores de Petróleo irão decidir se conseguem manter o seu cartel unido por mais um ano ou se a sua tentativa de manter quer os preços elevados quer toda a produção em funcionamento falhou. Em 1982, os países da OPEP produziram apenas cerca de 60% do petróleo que bombearam antes da quadruplicação dos preços em 1973, e em 1982 até os preços começavam a estar sob pressão. De facto, pode afirmar-se que a OPEP está a declinar, tal como sempre aconteceu com os cartéis.

Para compreender o que está a acontecer à OPEP, é útil rever as regras da teoria dos cartéis, formuladas pela primeira vez em 1905 por um jovem economista alemão, Robert Liefmann, no seu livro *Die Kartelle*, e validadas por toda a experiência subsequente.

A primeira destas regras é que um cartel é sempre o produto de uma fraqueza. As indústrias em crescimento não formam cartéis: apenas as que estão em declínio o fazem.

No início, presumiu-se que esta regra não se aplicava à OPEP. Assumiu-se que a OPEP podia aumentar os preços de forma astronómica porque o consumo de petróleo tinha crescido exponencialmente e estava previsto crescer ainda mais rapidamente. Os estudos sucessivos desde a explosão dos preços de 1973 mostram que os países desenvolvidos tinham vindo a tornar-se cada vez *menos* dependentes do petróleo. De 1950 a 1973, a energia necessária para produzir uma unidade adicional de produção nos países desenvolvidos diminuiu 1,5% por ano; desde então, o declínio tem sido muito mais rápido.

A história é a mesma nos transportes. Desde 1960, a energia necessária para cada milha adicional por passageiro ou mercadorias diminuiu como resultado da mudança para aviões a jato, para carros compactos e sub compactos, e para motores a *diesel* de autocarros e camiões. Mesmo no aquecimento e ar condicionado — o terceiro maior consumidor de energia — não tem havido aumento da unidade de entrada incremental de energia desde 1960.

Talvez o mais importante, a utilização de energia nos países desenvolvidos aumentou mais rapidamente do que o PNB durante a primeira metade do século, mas desde 1950 tem vindo a crescer mais lentamente do que o PNB. Nos países industrializados, para produzir uma unidade do PNB, em 1982 foi necessário menos 26% de petróleo do que nove anos antes.

O declínio relativo do consumo de petróleo sugere que durante a recessão económica o sector cairá mais acentuadamente do que a economia global, mas em cada ciclo de retoma recuperará menos do que a economia.

De acordo com a segunda regra básica da teoria dos cartéis, se um cartel conseguir aumentar o preço de uma *commodity*, irá deprimir os preços de todas as outras *commodities* da mesma classe geral.

Quando a OPEP aumentou o preço do petróleo em 1973, acreditava-se, de modo geral, que os preços de todos os outros produtos primários — produtos agrícolas, metais e minerais — iriam aumentar em paralelo com o preço do petróleo. Mas um ano mais tarde, os preços de todos os outros produtos primários começaram a descer. E têm vindo a descer desde então.

De facto, a parte do rendimento disponível que os países desenvolvidos gastam em todos os produtos primários, incluindo o petróleo, é hoje mais baixa do que em 1973. E os termos de troca são mais adversos para os produtores primários do que eram há dez anos. São tão desfavoráveis como eram na grande depressão das matérias-primas no início da década de 1930.

Uma consequência surpreendente disto é que o Japão, o país mais apavorado pela OPEP e pelo «choque petrolífero», tem sido, na realidade, um beneficiário da OPEP, enquanto os Estados Unidos têm sido a principal vítima da OPEP. O Japão importa todo o seu petróleo, mas isto corresponde a menos de 10% do total das suas importações, sendo o resto constituído principalmente por outros produtos primários, como alimentos, algodão, madeira, metais e minerais. Os preços desceram.

Em contrapartida, os Estados Unidos são o maior exportador mundial de produtos primários não petrolíferos, particularmente produtos agrícolas, cujos preços são muito mais baixos do que seriam se não fosse a OPEP.

Um cartel, de acordo com a terceira regra, começará a desfazer-se no momento em que o seu membro mais forte, o produtor maior e de custo mais baixo, tiver de reduzir a produção em 40% para apoiar os membros mais pequenos e mais fracos. Mesmo um produtor muito forte não cortará mais, e normalmente não pode fazê-lo. Os membros mais fracos serão então forçados a manter a sua produção, baixando os preços relativamente ao cartel. No final, o cartel acabará por se desmoronar, transformando-se num mercado livre para todos. Ou então o membro mais forte usará a sua vantagem em termos de custos para expulsar os membros mais fracos e mais pequenos do mercado. A OPEP tem tido uma sorte singular. O segundo membro mais forte, o Irão, foi forçado a reduzir a produção em mais de 50% em resultado da revolução e da guerra. Mesmo assim, o maior produtor, a Arábia Saudita, teve de reduzir a produção em mais de 40% para evitar um colapso do preço do cartel. Os restantes e mais fracos membros, tal como previsto pela teoria, começaram a vender à revelia petróleo com descontos substanciais até 15% abaixo do preço afixado.

Entretanto, tal como prevê a quarta regra dos cartéis, a OPEP perdeu o domínio do mercado petrolífero. «Qualquer cartel mina as quotas de mercado dos seus membros dentro de cerca de dez anos», concluiu o Sr. Liefmann em 1905. Em 1973, os países da OPEP representavam quase 60% do abastecimento de petróleo dos países industrializados. A sua quota, nove anos mais tarde, tinha caído para cerca de 45% (e em 1985 para um terço). Como previsto pela teoria do cartel, a OPEP está a perder posição no mercado para os recém-chegados que não pertencem à organização, como o México, o Mar do Norte e o Gabão.

A quinta e última regra é que, em última análise, um cartel prejudica permanentemente a posição do seu produto, a menos que reduza os preços de forma constante e sistemática, como fizeram os únicos monopolistas de longa duração de que há registo, o cartel dos explosivos antes da Primeira Guerra Mundial e a Bell Telephone System de 1910 a 1970. No entanto, a experiência da maioria dos cartéis do passado, por exemplo, o cartel europeu do aço entre as guerras, sugere que, durante muito tempo, o petróleo perderá mercados rapidamente quando se tornar mais caro, mas não recuperará mercados ao tornar-se mais barato.

Seria uma insensatez ignorar as características que distinguem a OPEP de outros cartéis. O mais importante é certamente a geopolítica: grande parte do petróleo do mundo, e particularmente grande parte do petróleo com baixos custos de exploração e produção, provém de áreas de instabilidade política. Os países desenvolvidos podem muito bem decidir manter fontes de hidrocarbonetos mais dispendiosas, mas politicamente mais seguras; por exemplo, o gás natural soviético para a Europa Ocidental ou o petróleo mexicano para a reserva estratégica de petróleo dos EUA. Mas a decisão de pagar um preço *premium* como seguro político só poderia acelerar o declínio do consumo e da dependência do petróleo.

Também não se pode ignorar o que todos os especialistas em energia preveem: que o mercado do petróleo é diferente, e que a OPEP se comportará de forma diferente dos outros cartéis. A prova dos nove virá com a primeira retoma económica sustentada nos países desenvolvidos. Saberemos então se o consumo de petróleo vai crescer tão rapidamente como a economia, ou se, como prevê a teoria dos cartéis, vai aumentar muito mais lentamente ou, talvez, nem sequer aumentar.

(1982)

Nota de 1986: a prova dos nove veio de facto com a retoma da economia americana em 1983. E como previa a teoria do cartel, o consumo não subiu tão depressa como a economia, aliás, quase não subiu. O que atrasou o colapso do cartel por mais dois anos, até ao outono de 1985, foi a vontade da Arábia Saudita — possível apenas para um país que tem muito poucas bocas para alimentar — de reduzir a produção em mais 15% para menos de um quarto da capacidade de produção. Mas mesmo isto não inverteu a tendência descendente tanto do consumo como dos preços do petróleo. Quando o colapso se deu — no outono de 1985 —, foi mais rápido e profundo do que qualquer outro colapso sofrido por um grande cartel.

CAPÍTULO QUATRO

As Multinacionais em Mutação

A ESTRUTURA E O FUNCIONAMENTO da maioria das multinacionais são ainda praticamente os mesmos que os concebidos pelos inventores americanos e alemães, há 125 anos, mas esta conceção está a tornar-se obsoleta.

Nas típicas multinacionais, existe uma empresa-mãe com «filhas» em países estrangeiros. As principais decisões — que produtos (ou serviços) vender em todo o mundo, dotações de capital, pessoal chave — estão centralizadas na empresa-mãe. A investigação e o desenvolvimento são feitos exclusivamente na e pela empresa-mãe e no país de origem, mas no fabrico, marketing, finanças e gestão de pessoas, as filhas têm uma ampla autonomia. São dirigidas por pessoas do país onde está a filial com, no máximo, um ou dois «expatriados» enviados pela empresa-mãe para o grupo de administradores de topo. E o seu objetivo declarado é ser «um bom cidadão do nosso país». Até recentemente, o maior elogio para uma multinacional era uma filha ser vista no seu país como «um de nós». «Em Estugarda, ninguém sabe sequer que somos uma empresa americana. Este ano, o nosso CEO é o chefe da Câmara de Comércio local. É claro que ele é alemão.» — seria o típico comentário de satisfação.

Mas cada uma destas características de conceção está a tornar-se inadequada e, até, contraproducente. Nas quatro áreas em que a autonomia local tem sido o objetivo tradicional, as multinacionais têm cada vez mais de tomar decisões de sistemas em vez de deixar que cada filha tome decisões por si própria. Inclusivamente, ser um «bom cidadão» ameaça tornar-se um impedimento.

A economia de produção está a entrar em conflito direto com a conceção tradicional. Na típica multinacional, a filha local tenta fabricar o máximo possível do produto final que vende. «Noventa por cento do que vai para o trator que vendemos em França é feito em França» é uma afirmação típica. Mas, cada vez mais, mesmo um mercado tão grande como a França (mesmo um tão grande como os Estados Unidos) está a tornar-se demasiado pequeno para uma produção eficiente de tudo. A automatização, em particular, exige uma centralização através de um espectro cada vez maior de produtos e processos.

A fábrica de motores de automóveis mais eficiente do mundo, a fábrica da Fiat totalmente automatizada no Sul de Itália, precisa, para ser totalmente económica, de mais do dobro do volume que a Fiat pode absorver — uma das principais razões pelas quais a Fiat tem namoriscado com a Ford-Europa como um potencial parceiro matrimonial. Mas muitos serviços também exigem cada vez mais especialização e centralização para serem verdadeiramente competitivos. «Sermos o número um no *leasing* de equipamento na Europa», diz um banqueiro norte-americano, «deve-se, em grande parte, ao facto de termos uma operação centralizada para todo o continente, enquanto cada grande banco europeu opera num único país».

Mas a decisão de centralizar toda a produção europeia de uma peça — compressores, por exemplo — numa única fábrica em França, por muito que a economia o justifique, será imediatamente contrária ao compromisso de «bom cidadão». Significa «tirar empregos» à Alemanha Ocidental, Itália e Grã-Bretanha, e será por isso atacada com unhas e dentes pelos governos alemão, italiano e britânico e pelos sindicatos de trabalhadores. Vai ser ainda mais fortemente atacada pelos administradores das filhas em todos estes países. Verão isso, justificadamente, como uma mudança de papel de chefe na própria casa para simples gestor da fábrica.

Também no marketing estão a aumentar pressões semelhantes para se tornarem transnacionais e, portanto, para tomarem decisões longe das filiais locais.

Mesmo países tão grandes como a Alemanha Ocidental e a França já não são suficientemente grandes ou distintos para serem mercados discretos para tudo. Em alguns produtos e serviços, o mercado tornou-se de facto global, com os mesmos valores, preferências e hábitos de compra dos clientes, independentemente da nação ou cultura. Noutros produtos, os mercados estão a tornar-se mais segmentados — mas por estilos de vida, por exemplo, e não por geografia. Noutros ainda, o marketing mais bem-sucedido é o que enfatiza o carácter estrangeiro de um produto (e por vezes até de um serviço, como se comprova pelo sucesso dos hospitais de estilo americano na Grã-Bretanha). Cada vez mais uma decisão de marketing se torna uma decisão sistémica. Isto é particularmente válido no que diz respeito ao serviço aos distribuidores e clientes, que em todo o lado se está a tornar crucial.

Quando se trata de finanças, a subsidiária «autónoma» torna-se uma ameaça. A fragmentação das decisões de gestão financeira é responsável, em grande medida, pelo fraco desempenho das multinacionais americanas nos anos do dólar sobrevalorizado, altura em que a maioria perdeu tanto a posição no mercado como a rentabilidade. Sabemos como minimizar os impactos das flutuações das taxas de câmbio tanto nas vendas como nos lucros (ver Capítulo 5, «Gestão da exposição da moeda»). Agora que as flutuações das taxas de câmbio, sujeitas a grandes oscilações repentinas e orientadas principalmente para movimentos de capitais e decisões governamentais, passaram a ser a norma, a gestão financeira localizada tornou-se uma receita de desastre para qualquer pessoa que opere na economia internacional. A gestão financeira requer retirar as operações financeiras a todas as unidades operacionais, incluindo a empresa-mãe, e executá-las como operações de sistemas, tal como os mais antigos, como a Exxon e a IBM, já fazem há muitos anos.

Na economia mundial atual, as apropriações de capital também têm de ser geridas como decisões de sistemas. Esta é a única área de gestão multinacional, diga-se, em que os japoneses estão bem, e perigosamente, à frente das multinacionais ocidentais, precisamente porque tratam as unidades estrangeiras como ramificações e não como filhas.

Nas multinacionais japonesas, os ganhos e o fluxo de caixa das unidades ultramarinas não são só «delas», tal como os ganhos e o fluxo de caixa da sucursal de Nagoia não são propriedade de Nagoia. Isto permite que os japoneses retirem os ganhos de uma fábrica, por exemplo, nos Estados Unidos ou na Alemanha — mas também da sede japonesa — e os invistam no desenvolvimento dos mercados de crescimento do futuro, tais como o Brasil ou a Índia. As multinacionais sediadas no Ocidente, pelo contrário, esperam que a subsidiária no Brasil ou na Índia financie o seu futuro desenvolvimento no mercado com base nos seus próprios ganhos a curto prazo, ficando os fundos obtidos em países mais amadurecidos destinados ao investimento nesses mesmos países ou ao pagamento de dividendos. Assim, os japoneses tratam o mercado mundial como as empresas americanas tratam os Estados Unidos, onde os fundos ganhos na Nova Inglaterra são livremente utilizados para investimento no Noroeste. Como resultado, os japoneses estão a ganhar rapidamente o controlo dos mercados de amanhã — o que, a longo prazo, pode ser uma ameaça maior para a indústria americana (e ocidental) do que a concorrência japonesa nos seus mercados domésticos.

Precisamente porque as subsidiárias das multinacionais terão de se tornar cada vez mais parte de um sistema de gestão de produção, de marketing e financeira, o pessoal de gestão terá de se tornar cada vez mais transnacional. Tradicionalmente, as sucursais estrangeiras podiam oferecer aos seus quadros carreiras mais ou menos proporcionais ao que as empresas nacionais de dimensão comparável podiam oferecer: oportunidades de se tornarem gestores de topo na «sua» empresa. Esta direção de topo poderia então esperar ter autoridade bastante semelhante à da direção de topo de uma empresa verdadeiramente nacional.

«Ao longo dos meus 20 anos enquanto diretor executivo», disse uma vez o antigo chefe da filial suíça da National Cash Register, «houve apenas seis decisões em que tive de me dirigir à empresa-mãe em Dayton para aprovação». No entanto, cada vez mais, quase todas as grandes decisões terão de ser tomadas como uma decisão conjunta. Isto significa, por um lado, que a gestão local da filial terá muito menos autonomia e se verá a si própria como uma gestão intermédia. Por outro lado, terá de conhecer todo o sistema e não apenas a própria empresa e o próprio país.

Para atrair as pessoas de talento de que necessitam, as multinacionais terão cada vez mais de abrir os postos de gestão em qualquer lugar onde o talento possa ser encontrado, independentemente do passaporte. Além disso, terão de expor os jovens proeminentes cedo e frequentemente a todo o sistema, em vez de os fazer passar as suas carreiras nos próprios países de origem e nas filiais aí localizadas. Algumas multinacionais já o fazem, entre elas a IBM e a Citicorp. Um venezuelano sediado no Dakota do Norte, por exemplo, é chefe das operações de cartões de crédito norte-americanas da Citicorp. Mas estas continuam a ser exceções.

Finalmente, a investigação e desenvolvimento — a única função hoje em dia quase totalmente centralizada no país de origem da multinacional — terá de ser transnacionalizada. A investigação terá de ir cada vez mais para onde as pessoas qualificadas estão e querem trabalhar. Pode não ser inteiramente por acaso que as empresas e indústrias nas quais os Estados Unidos têm mantido melhor a posição de liderança, a IBM, por exemplo, ou a indústria farmacêutica, sejam precisamente aquelas que há muito tempo — apesar de todas as dificuldades de língua, cultura e remuneração — transnacionalizaram a investigação.

As realidades económicas estão, assim, a forçar as multinacionais a tornarem-se sistemas transnacionais. No entanto, o mundo político em que cada empresa tem de operar está a tornar-se cada vez mais nacionalista, mais protecionista ou mesmo mais chauvinista, dia após dia, em todos os grandes países. Mas as multinacionais têm realmente pouca escolha: se não se adaptarem à realidade económica transnacional, tornar-se-ão rapidamente ineficientes e antieconómicas, «centros de custos» burocráticos em vez de «centros de lucros». Devem conseguir tornar-se uma ponte entre as realidades de uma economia mundial rapidamente integradora e uma política mundial fragmentada.

(1985)

CAPÍTULO CINCO

Gestão da Exposição da Moeda

A SABEDORIA ANTIGA e amplamente comprovada defende que, a menos que o negócio de uma empresa seja primordialmente o comércio de moedas ou matérias-primas, a empresa sofrerá grandes e inevitáveis perdas se especular em qualquer uma das duas áreas. No entanto, as taxas de câmbio flutuantes da atual economia mundial transformam em especuladores os mais conservadores dos gestores.

De facto, aquilo que considerávamos «conservador» quando as taxas de câmbio eram previsíveis tornou-se uma aposta contra probabilidades esmagadoras. Isto aplica-se às multinacionais, às empresas com grandes exportações e às empresas que importam peças e materiais em quantidades substanciais. Mas os fabricantes puramente nacionais, como muitas empresas americanas perceberam nos últimos anos, estão também expostos ao risco cambial se, por exemplo, a sua moeda estiver seriamente sobrevalorizada, abrindo assim o seu mercado à concorrência estrangeira. (Sobre isto ver também o Capítulo 1, «A economia mundial mudada»).

As empresas têm, portanto, de aprender a proteger-se contra vários tipos de perigos cambiais: as perdas nas vendas ou compras em moeda estrangeira; a exposição cambial das suas margens de lucro; e as perdas de vendas e de posição no mercado, tanto no estrangeiro como no interno. Estes riscos não podem ser eliminados, mas podem ser minimizados ou, pelo menos, contidos. Acima de tudo, podem ser convertidos num custo conhecido, previsível e controlado não muito diferente de qualquer outro prémio de seguro.

A proteção mais conhecida e mais amplamente utilizada contra riscos cambiais é o *hedging*, ou seja, fazer *short selling* a receitas futuras conhecidas em moeda estrangeira e *long selling* a obrigações futuras conhecidas de pagamento em moeda estrangeira. Um fabricante americano de produtos químicos especializados, por exemplo, exporta 50% das suas vendas de 200 milhões de dólares, sendo 5% para o Canadá e a mesma percentagem de 9% para o Japão, Grã-Bretanha, Alemanha Ocidental, França e Itália. Fazer *short selling* (ou seja, para entrega futura) de dólares canadianos, ienes japoneses, libras esterlinas, marcos alemães, francos franceses e liras italianas (ou comprar uma opção para os vender) em montantes correspondentes à previsão de vendas para cada país converte, com efeito, as receitas cambiais de vendas futuras em dólares americanos a uma taxa de câmbio fixa e elimina o risco de flutuações cambiais.

A empresa que tem de fazer pagamentos futuros substanciais em moedas estrangeiras — para importações de matérias-primas, por exemplo, ou para peças — recorre igualmente ao *hedging* através da compra *a prazo* (ou seja, para receitas futuras) das moedas apropriadas nos montantes apropriados. E outras receitas e pagamentos previstos em moedas estrangeiras — dividendos de uma sucursal estrangeira, por exemplo — podem ser protegidos de forma semelhante através de *hedging*.

Hedging e opções estão agora disponíveis para todas as principais moedas e, para a maioria delas, a custos razoáveis. Mesmo assim, fazer *short selling* ao equivalente em liras italianas a 8 milhões de dólares pode ser bastante caro. Mais importante, *hedging* apenas assegura contra o risco cambial sobre as receitas e pagamentos, não protege as margens de lucro. Por conseguinte, cada vez mais as empresas recorrem ao financiamento em moeda estrangeira.

A empresa de produtos químicos especializados citada anteriormente suporta todos os seus custos em dólares norte-americanos. Se o dólar valorizar no decurso de um ano, os custos da empresa valorizam com ele relativamente às moedas estrangeiras em que vende metade da sua produção. Se aumentar os seus preços nas moedas estrangeiras, corre o risco de perder vendas, e com elas os lucros — e, pior, a permanência no mercado. Se não aumentar os preços nas divisas estrangeiras, as margens de lucro diminuem, e com elas os lucros.

Num mundo de flutuações cambiais voláteis e imprevisíveis, as empresas terão de aprender a fazer *hedge* aos seus custos, bem como às suas receitas. A empresa de produtos químicos especializados, por exemplo, poderá angariar a totalidade das suas necessidades monetárias nas moedas em que é paga, ou seja, 50% em dólares americanos e o resto nas moedas dos seus principais mercados estrangeiros. Isto alinharia a realidade das suas finanças com a realidade dos seus mercados. Ou uma empresa americana que exporte 50% da sua produção poderia angariar todo o capital próprio em dólares na Bolsa de Nova Iorque, mas pedir emprestado todo o restante a curto prazo em «ECU», a moeda de conta do Mercado Comum Europeu. Então, se o dólar se valorizar, o lucro em dólares que a empresa obtém à medida que os seus empréstimos em ECU vencem pode compensar a perda de moeda nas suas vendas de exportação.

Até certo ponto, a «internacionalização» das finanças de uma empresa é também a melhor — talvez a única — forma através da qual um fabricante puramente nacional se pode proteger face à concorrência estrangeira com base nas taxas de câmbio. Se uma moeda está a valorizar tão rapidamente que dá à concorrência estrangeira uma vantagem decisiva — o exemplo mais recente é a rápida subida do dólar em 1983–84 em relação ao iene e ao marco alemão —, um fabricante nacional pode pedir empréstimos nas moedas dos seus concorrentes estrangeiros ou fazer *short selling* a essas moedas. O lucro que a empresa obtém na sua própria moeda ao comprar de volta o montante que deve nas moedas estrangeiras permite-lhe então baixar o seu preço interno e, assim, fazer face à concorrência que se baseia na taxa de câmbio estrangeira.

Este é, no entanto, um jogo complicado e perigoso. Aflora a linha ténue entre *hedging* e «especulação». Os montantes em risco, portanto, devem ser sempre estritamente limitados e o tempo de exposição mantido curto. Os praticantes bem-sucedidos desta estratégia nunca fazem *short selling* ou pedem empréstimos por mais de 90 dias de cada vez. No entanto, foi esta estratégia que impediu que muitos fabricantes da Alemanha Ocidental perdessem o mercado doméstico para os americanos quando o dólar foi gravemente desvalorizado durante os anos da inflação de Carter. Embora a estratégia pudesse ser especulativa, a alternativa — não fazer nada — poderia ser ainda mais.

Sendo as flutuações das divisas parte da realidade económica, as empresas terão de aprender a considerá-las apenas mais um custo, talvez menos previsível e com mudanças mais frequentes do que os custos de mão-de-obra ou capital, mas, no fundo, não tão diferente.

Especificamente, isto significa que as empresas, e especialmente as empresas integradas na economia mundial ou a ela expostas, terão de aprender a gerir-se a si próprias como sendo compostas por duas partes bastante diferentes: uma *parte central* permanentemente domiciliada num país ou em poucos países, e uma *parte periférica* capaz de se movimentar, e rapidamente, de acordo com os diferenciais dos principais custos — trabalho, capital e taxas de câmbio.

Uma empresa que produza produtos de alta engenharia pode utilizar as fábricas no país de origem para produzir as peças de que dependem a qualidade, o desempenho e a integridade dos seus produtos — digamos 45 ou 50% do valor do produto acabado. E se a empresa tiver fábricas em mais de um país desenvolvido, poderá deslocar esta produção central entre essas fábricas de acordo com as vantagens das taxas de câmbio. Os restantes 50% ou 55% da sua produção seriam periféricos e bastante móveis, para serem colocados em contratos de curto prazo onde os custos forem mais baixos, quer em países desenvolvidos com taxas de câmbio favoráveis, quer em países do Terceiro Mundo com custos de mão-de-obra favoráveis.

As flutuações cambiais voláteis da economia mundial atual exigem que as administrações, mesmo de empresas puramente nacionais, administrem as suas empresas como empresas «internacionais» e como empresas integradas na economia mundial. Pode mesmo dizer-se que a instabilidade cambial significa que não existem mais empresas americanas, alemãs ou francesas; existem apenas americanos ou alemães ou franceses a gerir empresas de economia mundial, pelo menos na indústria transformadora, na banca e nas finanças. Este é o resultado mais paradoxal da mudança, há quase 15 anos, de taxas de câmbio fixas para flutuantes.

Uma das principais vantagens então reivindicadas para as taxas de câmbio flutuantes era o reforço do carácter nacional das empresas, eliminando ou diminuindo consideravelmente os diferenciais nos custos comparativos entre as principais economias, mas também nos foi então prometido que as taxas de câmbio flutuantes eliminariam, ou reduziriam grandemente, os movimentos internacionais de capitais a curto prazo.

As taxas de câmbio deveriam ajustar-se automaticamente ao equilíbrio do comércio entre países. E, de facto, a teoria económica ainda prega que as taxas de câmbio são determinadas pela balança de comércio de bens e serviços. Em vez disso, com fundos líquidos de curto prazo no valor de 3 biliões de dólares espalhados pela economia mundial, os fluxos de capitais de curto prazo passaram a determinar as taxas de câmbio e, em grande parte, o fluxo de bens e serviços.

Também se esperava que as taxas de câmbio flutuantes eliminassem, ou pelo menos reduzissem, a manipulação governamental das taxas de câmbio estrangeiras, impondo disciplina fiscal aos governos. Mas certamente os Estados Unidos teriam tido de enfrentar, há anos, o seu défice governamental se o governo americano não tivesse arranjado maneira de adiar o dia do balanço, mantendo o valor do dólar elevado. Acima de tudo, porém, esperava-se que as taxas de câmbio flutuantes promovessem a estabilidade monetária e eliminassem as flutuações voláteis da moeda: exatamente o oposto do que realmente se alcançou.

A realidade económica de uma economia mundial com taxas de câmbio flutuantes ser totalmente diferente do que se esperava que fosse não altera que é uma realidade e continuará a sê-lo num futuro próximo. Os gestores têm de aprender a gerir a instabilidade da moeda e a exposição cambial.

(1985)

CAPÍTULO SEIS

Mercados de Exportação e Políticas Domésticas

NO JAPÃO, AS PESSOAS não queriam acreditar quando, em 1982, lhes disse que o Presidente Reagan interromperia o fornecimento de equipamento americano para o gasoduto da Sibéria para a Europa Ocidental. «Isso equivale a retirar a liderança mundial do equipamento pesado de terraplanagem da Caterpillar e dos Estados Unidos e entregá-lo-ia numa bandeja à Komatsu e a nós, japoneses! Mas o equipamento de terraplanagem é a única indústria pesada com potencial de crescimento a longo prazo. Nenhum governo faria tal coisa!» Vários japoneses, geralmente educadíssimos, quase me chamaram mentiroso quando eu disse que o impacto na posição competitiva desta grande indústria transformadora americana não seria sequer considerado pela administração ao tomar a decisão. Não foi — e não poderia ter sido, dados os costumes políticos americanos.

Da mesma forma, o impacto na posição competitiva dos produtos manufacturados americanos nem sequer foi discutido em 1981, ao tomar a decisão de combater a inflação essencialmente através do aumento das taxas de juro, embora isto significasse uma subida do valor internacional do dólar e forçasse os preços dos produtos americanos a subir ao ponto de ficarem de fora do mercado mundial.

Há 150 anos, desde Andrew Jackson, que é um «dado adquirido» da política norte-americana que a posição competitiva da indústria transformadora nos mercados de exportação não é uma preocupação legítima dos decisores políticos.

É verdade que temos uma longa tradição de proteção do nosso mercado interno. Apesar de toda a nossa retórica de comércio livre, o protecionismo é tão americano como a tarte de maçã. E, pelo menos desde a Guerra Civil, a posição competitiva dos produtos agrícolas dos EUA no mercado mundial tem sido uma preocupação política importante.

No entanto, há muito que se considera impróprio ponderar o impacto sobre as exportações de produtos transformados na definição de políticas. Apenas um Presidente, nos últimos 150 anos, pensava o contrário: Herbert Hoover. Para todos os outros, mesmo os mais «pró-negócios», a preocupação com as exportações de produtos transformados era tabu. Isso significava «cuidar dos lucros dos privilegiados».

Durante muito tempo, esta atitude não causou grandes danos. As exportações de produtos industriais eram, no máximo, de importância marginal, representando não mais de 5% a 8% da produção — e ainda menos nas nossas principais indústrias. Mas isto mudou drasticamente nos últimos 20 anos. Políticos e economistas ainda repreendem os fabricantes americanos pela sua «negligência dos mercados de exportação», e publicam-se artigos atrás de artigos implorando que a indústria «aprenda a vender no estrangeiro». Mas agora a indústria manufactureira americana exporta mais do dobro da percentagem da sua produção do que o Japão; de facto, a quota de exportação da produção industrial dos EUA excede a de qualquer grande nação industrial, exceto a Alemanha Ocidental.

Em parte, isto é o resultado do multinacionalismo americano. As subsidiárias e afiliadas das empresas americanas não só não retiram empregos aos americanos, como são as melhores clientes da indústria transformadora nacional. Parte da tremenda expansão das exportações americanas de produtos industriais é, contudo, o resultado de uma mudança muito real na atitude e na competência das empresas americanas, especialmente das pequenas e médias empresas de alta tecnologia. Consequentemente, as exportações de produtos manufacturados representaram, em 1982, um em cada cinco postos de trabalho nas fábricas americanas.

No entanto, 1982 não foi um ano bom para os exportadores. Uma das causas foi a recessão mundial, mas o principal motivo foi o dólar sobrevalorizado. Fred Bergsten, antigo secretário-adjunto do Tesouro em matéria de economia internacional e atualmente consultor na indústria privada, calcula que um dólar 10% mais baixo teria aumentado o nível das exportações americanas em um quarto do total; as exportações teriam atingido quase um quarto de uma produção industrial norte-americana que teria sido, em si, muito superior. De acordo com o Sr. Bergsten, o dólar sobrevalorizado custou mais empregos industriais americanos e criou mais desemprego do que as crises nas indústrias do aço e automóvel juntas. O mercado mundial tem ainda mais peso para os agricultores americanos do que para os trabalhadores industriais: dois quintos das vendas agrícolas face a um quarto ou um quinto das vendas de bens industriais. Mas mesmo num ano de fracas vendas de exportação, como em 1982, o mercado mundial foi o maior cliente das fábricas americanas.

Nestas condições, a tradicional separação entre a política interna americana e a preocupação com a posição competitiva dos EUA nos mercados de exportação de bens manufacturados já não pode continuar a ser justificada.

Há três formas de integrar a preocupação com o nosso comércio externo no processo de elaboração de políticas. A primeira — poderia ser chamada *internacionalista* — é garantir que o impacto de qualquer decisão seja cuidadosamente considerado. Isto é essencialmente o que os alemães ocidentais fazem, e hoje em dia têm aquilo que é o mais próximo de um verdadeiro comércio livre de bens industriais. Uma das principais funções do Ministério da Economia da Alemanha Ocidental é elaborar uma declaração de impacto económico descrevendo as consequências no comércio externo das políticas governamentais propostas. Isto não garante, evidentemente, que outras considerações lhe sejam subordinadas. Suponho, por exemplo, que a administração Reagan teria levado avante tanto a sua estratégia de juros elevados como a proibição dos fornecimentos ao oleoduto siberiano, mesmo que tivesse considerado uma declaração de impacto económico sobre cada uma delas. Mas pelo menos a posição «internacionalista» assegura que a competitividade internacional não será sacrificada ou prejudicada de forma irrefletida e por defeito.

A segunda forma de integrar a preocupação pela força competitiva na elaboração de políticas pode ser chamada a posição *nacionalista*. Sustenta que uma decisão política não deve enfraquecer a força económica competitiva no mercado mundial; pelo contrário, sempre que possível, deve reforçá-la. Esta foi essencialmente a linha seguida pelo general De Gaulle quando governou a França. À semelhança de todos os crentes na *realpolitik*, desde Richelieu até Henry Kissinger, o general não atribuiu grande prioridade à economia. «O dinheiro», tal como sempre acreditaram na *realpolitik*, «cresce do cano de uma arma». No entanto, em cada uma das suas grandes decisões, De Gaulle procurou cuidadosamente a solução que melhorasse a posição competitiva da França na economia mundial ou, pelo menos, que não a prejudicasse.

Terceiro, existe a posição *mercantilista*: o reforço da posição competitiva da produção do país no mercado mundial é a primeira prioridade na política pública, à qual, normalmente, devem ser subordinadas outras considerações. Os sucessores conservadores de De Gaulle, Pompidou e Giscard d'Estaing, defenderam este ponto de vista: esta tem sido a posição tradicional francesa desde o século XVII. Mas os verdadeiros virtuosos da atualidade são os japoneses.

É evidente que estas posições se sobrepõem. Nenhum país jamais seguiu exclusivamente uma das três. Também nem todas estão sempre acessíveis a todos os países de forma igual. A postura mercantilista, por exemplo, é quase incompatível com as ambições de grandes potências, razão pela qual De Gaulle, com todo o seu respeito pelas tradições francesas, não a abraçou. E apenas a primeira, a internacionalista, se enquadra facilmente numa economia de mercado livre e se adapta às necessidades e realidades políticas dos Estados Unidos. Mesmo essa política seria uma rutura radical com as tradições políticas americanas; exigiria mudanças substanciais no processo de elaboração de políticas e nas nossas disposições institucionais, tais como as comissões do Congresso.

Contudo, teremos de tomar consciência de que a salvaguarda da força económica competitiva é uma preocupação legítima dos decisores políticos e precisa de ser incorporada no processo de elaboração de políticas. Com um quarto ou um quinto de todos os trabalhadores da indústria transformadora dependentes da exportação de bens manufacturados para a sua subsistência, o protecionismo já não protege. Apenas agrava o declínio da indústria e cria desemprego. Mas se um país com a importância dos Estados Unidos perder força competitiva no mercado mundial, é quase certo que se tornará cada vez mais protecionista, por muito contraproducente que isso possa ser. Já é tempo de, quebrando os hábitos, retórica e tradições de 150 anos, integrarmos a preocupação pela nossa posição internacional no que respeita aos bens manufacturados no nosso processo de elaboração de políticas.

(1983)

CAPÍTULO SETE

As Ambições da Alta Tecnologia na Europa

O EMPREENDEDORISMO na alta tecnologia é atualmente a grande moda na Europa. Os franceses criaram um ministério altamente poderoso que fará do encorajamento ao empreendedorismo de alta tecnologia uma das principais prioridades do governo. Os alemães ocidentais estão a criar empresas de capital de risco no modelo dos Estados Unidos e já falam em ter o seu próprio Silicon *Tal*, ou vale. Chegaram mesmo a cunhar uma nova palavra — *Unternehmer--Kultur* (cultura de empreendedorismo) — e estão atarefados a redigir artigos eruditos e a realizar simpósios sobre a mesma. Também os britânicos estão a propor ajuda governamental a novas empresas de alta tecnologia em campos como semicondutores, biotecnologia ou telecomunicações.

Os europeus têm razão, evidentemente, em preocupar-se com o aumento do fosso da alta tecnologia entre eles próprios e os seus concorrentes americanos e japoneses. Sem capacidade e produção locais de alta tecnologia, já nenhum país pode esperar ser um líder. No entanto, a crença europeia de que os empresários de alta tecnologia podem florescer sozinhos, sem estarem integrados numa economia de empreendedores, é um grande mal-entendido.

Um dos motivos é a política. A alta tecnologia em si mesma é a criadora dos empregos de amanhã e não dos de hoje. Para proporcionar os novos empregos necessários para empregar uma força de trabalho crescente, um país precisa de empresários «de baixa tecnologia» ou «sem tecnologia» em grande número — e os europeus não os querem. Nos Estados Unidos, o emprego nas empresas da *Fortune* 1000 e nas agências governamentais diminuiu em 5 milhões de pessoas nos últimos 15 a 20 anos. Contudo, na totalidade, o emprego subiu de 71 milhões em 1965 para 106 milhões atualmente. A alta tecnologia durante este período gerou apenas cerca de 5 milhões de novos empregos: ou seja, não mais do que a indústria transformadora e o governo perderam. Todos os empregos criados na economia dos EUA — 35 milhões — foram proporcionados por empresários de média tecnologia, baixa tecnologia e sem tecnologia: por fabricantes de instrumentos cirúrgicos, de equipamento de exercício para uso doméstico, de calçado de corrida; por empresas de serviços financeiros e fabricantes de brinquedos; por restaurantes «étnicos» e companhias aéreas de tarifas baixas.

Se a atividade empresarial se limitar à alta tecnologia — e é isto que os europeus estão a tentar fazer —, o desemprego continuará a aumentar à medida que as indústrias transformadoras reduzem a produção ou se automatizam. Nenhum governo, e muito menos um governo democrático, teria então qualquer possibilidade de continuar a subordinar os gigantes doentes de outrora a um futuro incerto de alta tecnologia. Rapidamente, seria obrigado pelas realidades políticas a abandonar o apoio da alta tecnologia e a colocar todos os seus recursos na defesa, subsidiação e resgate dos empregadores existentes e especialmente das empresas transformadoras fortemente sindicalizadas. As pressões para o fazer já estão a aumentar com rapidez.

Em França, os comunistas retiraram-se do governo por causa desta questão em 1983. O próprio Partido Socialista do Presidente François Mitterrand, especialmente a sua poderosa e sonora ala esquerda, está também cada vez mais descontente com as suas políticas de alta tecnologia. São igualmente cada vez mais impopulares, de resto, entre os grandes empregadores. De facto, a direita francesa, na tentativa de recuperar a maioria nas eleições parlamentares de 1986, fez da inversão da política industrial de François Mitterrand o principal estandarte e exigiu que a França desse prioridade ao emprego nas indústrias existentes e que reduzisse o empreendedorismo de alta tecnologia.

Na Alemanha Ocidental, as exigências para que se apoiem as antigas empresas para manter o emprego e se negue o acesso ao crédito e ao capital a novos empresários estão a crescer de forma constante. Os bancos já estão sob alguma pressão dos seus principais clientes, as empresas estabelecidas, que esperam que não forneçam financiamento a qualquer concorrente imaginável, e na Alemanha Ocidental os bancos são o principal canal para capital e crédito, ou mesmo o único. Mesmo na Grã-Bretanha, existe uma pressão crescente sobre a primeira-ministra Margaret Thatcher — especialmente dos deputados do seu próprio Partido Conservador, receosos do seu destino nas próximas eleições — para esquecer todos os grandes planos para encorajar o empreendedorismo de alta tecnologia e concentrar-se, em vez disso, em reforçar as velhas indústrias em dificuldades.

Há um motivo mais subtil, mas talvez mais importante, para que o espírito empresarial de alta tecnologia não funcione fora do contexto de uma economia empresarial muito mais ampla. Falta o apoio social necessário. O empreendedorismo de alta tecnologia é o topo da montanha. Tem de estar assente numa montanha gigantesca: média tecnologia, baixa tecnologia, empreendedorismo sem tecnologia, que permeiam a economia e a sociedade.

Nos Estados Unidos, 600 mil empresas estão a ser fundadas todos os anos, cerca de sete vezes mais do que nas décadas de 1950 e 1960, em plena expansão. Mas não mais de 1,5% destas — cerca de 10 mil por ano — são empresas de alta tecnologia. Os restantes 590 mil novos empreendimentos por ano vão desde nenhuma tecnologia — um novo restaurante étnico ou um serviço de recolha e eliminação de lixo — a tecnologia média, por exemplo, uma pequena fundição robotizada para peças não ferrosas destinadas a fins específicos. Sem estes, porém, os empreendimentos de alta tecnologia seriam nados-mortos. Não atrairiam, por exemplo, trabalhadores de alto calibre.

Na ausência de uma economia empreendedora, os cientistas ou engenheiros prefeririam então (como ainda preferem na Europa) a segurança e o prestígio do trabalho nas «grandes empresas». Aliás, uma empresa de alta tecnologia precisa igualmente de contabilistas, vendedores e gestores — e nenhum deles quereria trabalhar em pequenas empresas novas, sejam de alta tecnologia ou não, a menos que isso se tornasse algo reconhecido, ou até o emprego preferido. Há 30 anos, essas pessoas nos Estados Unidos da América também procuravam, nas grandes empresas estabelecidas, ou no governo, as suas oportunidades de emprego e carreira. Estarem disponíveis para os novos empreendimentos, apesar dos riscos e incertezas, foi o que tornou possível a nossa economia empreendedora e os empregos que ela cria.

Mas o ímpeto para isto não veio da glamorosa alta tecnologia. Veio de uma multiplicidade de empregos bastante pouco chamativos, mas desafiantes, com boas oportunidades de carreira em todo o tipo de negócios de baixa ou média tecnologia não glamorosos de todo. Proporcionam uma economia empresarial em massa. A alta tecnologia fornece a imaginação, sem dúvida, mas outras empresas fornecem o pão nosso de cada dia.

Para além disso, as empresas sem tecnologia, de baixa tecnologia e de média tecnologia fornecem os lucros para financiar a alta tecnologia. Ao contrário do que a maioria das pessoas pensa, a alta tecnologia é manifestamente não lucrativa durante muito tempo. A indústria mundial de computadores teve uma grande perda global todos os anos durante 30 anos; só no início dos anos 70 é que se conseguiu equilibrar. A IBM, é certo, ganhou muito dinheiro; e alguns outros fabricantes de computadores — sobretudo norte-americanos — começaram a ter lucros durante a década de 1960. Mas estes lucros foram mais do que compensados pelas pesadas perdas dos grandes fabricantes de aparelhos elétricos: GE, Westinghouse, Siemens, Phillips, RCA e outros. Da mesma forma, serão necessários pelo menos mais dez anos até que a indústria biogenética ou os fabricantes de robôs, no seu conjunto, comecem a dar lucros, e provavelmente o mesmo período até que a indústria de microcomputadores em geral ganhe algum dinheiro. Durante esse período, os empreendimentos sem tecnologia, de baixa tecnologia e de média tecnologia fornecem o fluxo de lucro para financiar as necessidades de capital da alta tecnologia. Sem eles, é pouco provável que haja capital suficiente disponível.

Até agora, contudo, há pouco reconhecimento destes factos na Europa, e nenhum entre os governos europeus. As coisas podem mudar. O nosso próprio impulso empresarial começou há cerca de 15 anos. A Europa Ocidental está, em geral, cerca de 15 anos atrás das mais importantes tendências demográficas dos EUA — o *baby boom*, o *baby bust* e a explosão no ensino universitário.

Nos Estados Unidos, estas mesmas tendências são certamente fatores que contribuem para a renovação do empreendedorismo. Com o elevado número de *baby boomers* instruídos já colocados em bons empregos, as oportunidades nas grandes empresas e no governo começam a ser escassas e os jovens que entram na força de trabalho estão dispostos e ansiosos por se juntarem a pequenos e novos empreendimentos. Na Europa, os *baby boomers* estão justamente a chegar ao mercado.

No entanto, até agora, os governos europeus ainda são hostis para com os empreendedores, exceto em áreas de alta tecnologia (em França, ainda por cima, são desdenhosos). A legislação fiscal europeia, por exemplo, penaliza-os e restringe o seu acesso ao capital e ao crédito. Mas a sociedade europeia também desencoraja as pessoas, e em especial os jovens instruídos, de fazer algo tão «tosco» como ir trabalhar para qualquer um que não seja uma agência governamental ou uma grande empresa estabelecida. A menos que isto mude — e até agora há poucos sinais disso —, a paixão pelo empreendedorismo de alta tecnologia não irá reavivar as economias europeias em dificuldades nem sequer produzir muita alta tecnologia. Terá de acabar da mesma forma que terminou uma anterior paixão europeia pela alta tecnologia, o *Concorde*: muito pouca *gloire*, muito dinheiro gasto, mas nem empregos nem liderança tecnológica.

(1984)

CAPÍTULO OITO

O que Podemos Aprender com os Alemães

HOJE, NINGUÉM FALA do «milagre alemão», muito menos os próprios alemães. Também não há *best-sellers* sobre a gestão alemã nem seminários sobre «O que podemos aprender com os alemães». No entanto, o desempenho económico alemão nestes últimos anos é tão impressionante como o dos japoneses, para além de mais sólido.

Há alguns anos, a Alemanha Ocidental fornecia 13% de todos os bens industriais no comércio mundial; em 1985, a sua quota-parte de um comércio mundial de bens industriais substancialmente expandido chegou aos 17%. Continua atrás dos Estados Unidos: a nossa quota-parte nas exportações industriais é de 20%. Mas a Alemanha está substancialmente à frente da quota do Japão, que é de 16%. No entanto, a população da Alemanha Ocidental é cerca de um quarto da dos EUA e apenas metade da do Japão. Assim, as exportações industriais *per capita* da Alemanha Ocidental são quase quatro vezes superiores às dos Estados Unidos e duas vezes superiores às do Japão.

E são mais equilibradas do que as do Japão. Os japoneses têm um cliente dominante, os Estados Unidos, que representa quase metade do total nas principais indústrias de exportação do Japão. Existe apenas uma empresa da Alemanha Ocidental — e bastante pequena: a Porsche — que é tão fortemente dependente dos clientes americanos como o são praticamente todos os grandes exportadores japoneses; mais de metade da produção da Porsche é vendida nos Estados Unidos. As restantes empresas da Alemanha Ocidental não vendem mais do que um décimo ou um duodécimo das suas exportações no mercado dos Estados Unidos. Um dólar americano fortemente desvalorizado é uma dor de cabeça para um grande número de empresas alemãs, mas é uma calamidade para muitos fabricantes japoneses. De um modo geral, nenhum cliente estrangeiro é tão dominante a ponto de tornar a Alemanha dependente dele.

Do mesmo modo, as receitas de exportação da Alemanha Ocidental não dependem de nenhum grupo de produtos, tal como acontece com os japoneses: aço, automóveis, semicondutores e eletrónica de consumo. Nenhuma categoria de produtos — nem mesmo automóveis, apesar da Mercedes, BMW e Porsche — representa mais de um duodécimo do total das exportações alemãs. Em contrapartida, as quatro principais categorias de exportação japonesas fornecem mais de dois terços do excedente de exportação do Japão. Mais a mais, em cada grupo de produtos industriais, existe uma empresa alemã ocidental, muitas vezes uma pequena ou média especialista, que está entre os principais fornecedores mundiais. Os japoneses, pelo contrário, não estão sequer representados como fornecedores do mercado mundial na maioria das categorias de produtos industriais.

A Alemanha Ocidental também tem sido muito mais bem-sucedida, até agora, na utilização das exportações para induzir uma recuperação interna. É certo que o incentivo do Japão às exportações evitou o desemprego maciço a nível interno. De outra forma, as indústrias transformadoras japonesas — tanto a indústria siderúrgica em depressão como a indústria automóvel que se depara com uma procura interna estagnada — registariam uma taxa de desemprego de dois dígitos, ou seja, um desemprego que mesmo a política japonesa de manter os trabalhadores redundantes na folha de pagamentos em vez de os despedir não conseguiria esconder. Mas a economia doméstica japonesa e o seu emprego industrial têm se revelado letárgicos e estagnados há já quase cinco anos, apesar do tremendo incremento das exportações. Já na Alemanha Ocidental, pelo contrário, a procura interna de indústrias de engenharia, tais como ferramentas elétricas ou empilhadoras, quase duplicou entre 1983 e 1986, e o emprego industrial aumentou de 200 mil para 300 mil empregos em 1985.

Por fim, a Alemanha Ocidental é o único país desenvolvido para além dos Estados Unidos onde existe um substancial surto empresarial, especialmente ao equivalente alemão do «Sunbelt», a área à volta de Estugarda, no canto sudoeste do país. No ano passado, foram criadas cerca de 10 mil novas empresas na Alemanha Ocidental, ainda muito menos do que nos Estados Unidos, mas cerca de quatro vezes mais do que na Alemanha dos anos 70.

Além do mais, tudo isto se realizou quase sem inflação, mantendo as taxas de juro baixas e com uma forte redução do défice orçamental em mais de um terço, ao mesmo tempo que o excedente comercial e o excedente de pagamentos estão a aumentar de forma constante.

É claro que existem problemas, e bastante graves. O desemprego, embora inferior ao da maioria dos países industriais europeus, e com tendência para diminuir, é ainda muito elevado para os padrões alemães: 9%. No entanto, uma grande parte disto é provavelmente resultado da demografia e da autocorreção. O *baby boom* alemão não diminuiu até finais dos anos 60, ou seja, seis ou sete anos depois dos Estados Unidos e mais de dez anos depois do Japão. Consequentemente, grupos etários muito grandes entraram na força de trabalho alemã até meados da década de 1980 — mas essa onda teve o seu pico e está a regredir bastante depressa. Dentro de poucos anos é provável que haja uma escassez de jovens a entrar na força de trabalho alemã e uma correspondente redução do desemprego.

Outro ponto fraco é a alta tecnologia. Só na biotecnologia é que a Alemanha Ocidental tem sido até agora um sério candidato. Está muito atrasada em computadores, microeletrónica e telecomunicações. E resta saber se o programa de capital de risco patrocinado pelo governo para empresas emergentes de alta tecnologia terá resultados. Até ao momento, o empenho alemão está principalmente na *alta engenharia* (por exemplo, válvulas resistentes à temperatura ou à corrosão ou fornos de cozedura automatizados), e não na alta tecnologia.

A maior ameaça pode ser o custo da mão-de-obra. A Alemanha Ocidental está muito atrás tanto dos Estados Unidos como do Japão na robotização das fábricas. O custo da mão-de-obra é, portanto, crucial. A produtividade tem sido muito boa, assim como no Japão, e muito melhor do que nos Estados Unidos. Embora os sindicatos alemães tenham restringido as suas exigências salariais por terem consciência de como o seu país depende de custos de mão-de-obra competitivos, surgem ultimamente sinais crescentes de pressão para aumentar os salários e de militância sindical, agora que a atividade empresarial está a recuperar rapidamente. Não podia vir em pior altura do que em 1986, altura em que o marco alemão está a subir rapidamente, especialmente em relação ao dólar, cortando assim acentuadamente as receitas de exportação da Alemanha e a sua posição competitiva. Se a economia alemã estagnar em 1987 ou 1988, será, em grande parte, porque os custos de mão-de-obra a tornarão pouco competitiva.

Ainda assim, os êxitos da Alemanha Ocidental são suficientemente significativos para merecerem mais atenção do que a que normalmente recebem. Como se explica isto?

Existem, certamente, alguns fatores culturais. O principal é provavelmente o singular sistema alemão de formação de aprendizes, que remonta a 150 anos. Os jovens que entram na força de trabalho passam três dias por semana no trabalho e dois dias e meio a três dias na escola, durante cerca de dois anos. Recebem, assim, simultaneamente experiência prática e aprendizagem teórica, tornando-se ao mesmo tempo trabalhadores qualificados e técnicos formados. E podem aplicar o que aprenderam na escola no sábado de manhã quando regressam ao trabalho na segunda-feira e praticar, na quarta-feira, o que será explicado na escola teoricamente na quinta-feira. Esta é, em grande medida, a explicação para o sucesso da Alemanha no aumento constante da produtividade: cria não só a atitude certa, mas também o fundamento teórico. Cria também recetividade à mudança, tal como acontece com os «círculos de qualidade» no Japão, ou até mais.

Para além do mais, há também a política governamental. Os Estados Unidos têm pregado a economia do lado da oferta, mas têm praticado amplamente o keynesianismo nos últimos anos. O governo alemão não é muito dado a pregar, mas tem praticado a economia do lado da oferta, embora com grande moderação. Os impostos sobre os rendimentos foram reduzidos em 1985 em 8 mil milhões de dólares — o equivalente dos EUA seria quase quatro vezes esse montante. O governo está agora a contemplar cortes ainda maiores para

1986 e 1987. Várias empresas estatais foram, de facto, «privatizadas», embora a extrema-direita tenha vetado a «privatização» da maior delas, a companhia de transportes aéreos estatal Lufthansa. Foram abolidas ou flexibilizadas inúmeras regulamentações. Os mercados de capitais foram desregulamentados para dar às pequenas e médias empresas o acesso ao mercado de ações, que anteriormente lhes era praticamente interdito.

Mas o verdadeiro segredo dos alemães provavelmente não é a cultura nem o governo. É a política empresarial. As administrações — com o apoio do governo e da opinião pública — têm feito da manutenção da posição competitiva das suas empresas no mercado mundial a primeira prioridade e o objetivo primordial no planeamento. Para quase todas elas, o mercado doméstico é ainda o maior cliente, tal como sucede com a maioria das empresas nos Estados Unidos ou no Japão, evidentemente. No entanto, ao tomar uma decisão, as administrações da Alemanha Ocidental, mesmo em empresas bastante pequenas, provavelmente irão perguntar primeiro: será que isto nos fortalecerá ou enfraquecerá nos mercados mundiais? Será este o caminho que os mercados mundiais estão a seguir? Esta é também a primeira pergunta que um banqueiro alemão provavelmente fará ao financiar um negócio. É também o único argumento das administrações ao qual, pelo menos até agora, os sindicatos de trabalhadores alemães têm estado dispostos a dar ouvidos.

Os alemães gostam de acentuar os aspectos negativos; tendem a debruçar-se sobre tudo o que está errado ou precário na sua economia. Mas pode fazer sentido para nós, do lado de fora, perguntarmos: haverá alguma coisa que possamos eventualmente aprender com o que foi alcançado na Alemanha?

(1986)

CAPÍTULO NOVE

Sobre a Entrada no Mercado Japonês

NADA PARECE MAIS ÓBVIO para os ocidentais do que a enorme dificuldade de fazer negócios no Japão. Mas nada deixa os japoneses mais perplexos do que ouvir um ocidental dizê-lo. «Como é que isso é possível?», dirão os japoneses. «Basta olhar para todas as empresas ocidentais que são líderes nos seus mercados no Japão: IBM e Citibank, Coca-Cola e American Hospital Supply, chocolates suíços e barras Mars, *jeans* Levi's e hambúrgueres McDonald's. Acresce ainda um grande número de pequenas empresas estrangeiras que são líderes no seu mercado no Japão: o fabricante sueco de robótica especializada, por exemplo, ou o fabricante de instrumentos analíticos do Midwest. Desde que o produto e o serviço sejam bons, tudo o que é preciso para fazer negócios no Japão é fazê-lo à maneira japonesa.»

O problema é exatamente esse. A maneira japonesa pode, de facto, não ser particularmente difícil, mas é deveras diferente.

A primeira diferença — e a que a maioria dos ocidentais tem mais dificuldades em compreender — é que não se «fazem» negócios no Japão. O negócio não é uma «atividade»; é um «compromisso». O agente comprador encomenda mercadorias, é certo, mas primeiro compromete-se com um fornecedor, e com uma relação que se presume ser permanente ou, pelo menos, de longa duração. E até o recém-chegado, seja japonês ou estrangeiro, provar o seu nível de compromisso, o agente comprador não comprará os seus produtos, por muito boa que seja a sua qualidade ou o seu preço. Atualmente, a American Hospital Supply é líder no escrupulosamente regulado mercado de cuidados de saúde japonês. Mas quando abriu no Japão, há 20 anos, a empresa passou cinco anos a bater às portas antes de concretizar a primeira encomenda. De facto, resultados rápidos no Japão significam muitas vezes o derradeiro fracasso: estamos a fazer negócios com as pessoas erradas.

«Emprego vitalício» — o mais conhecido dos compromissos no Ocidente — está, de facto, a tornar-se um pouco menos problemático para o recém-chegado do estrangeiro. As agências de trabalho temporário estão a florescer no Japão, fornecendo tudo, desde vendedores a secretárias e contabilistas. Mulheres maduras já com experiência de trabalho reentram no mercado na categoria de «temporárias». Operários que já não são necessários nas grandes empresas por causa da automatização, mas que não podem ser despedidos porque gozam de emprego vitalício, são emprestados. E também estão à disposição quadros médios e profissionais experientes e bem relacionados. Forçados a reformarem-se das suas empresas japonesas aos 55 anos de idade, estes homens tornam-se então disponíveis para as empresas estrangeiras.

Em todas as outras áreas, contudo, a ênfase no compromisso mútuo como base para a realização de negócios está a aumentar. Isto é particularmente válido para os serviços. O fabricante de um carro, um motor ou um frigorífico compromete-se implicitamente a fornecer peças enquanto o artigo durar.

Faz pouco sentido, portanto, tentar entrar no mercado japonês através de um investimento maciço em lojas de comércio tradicional. A forma inteligente é investir, em vez disso, na construção de uma presença japonesa: investir em algumas pessoas e respetiva formação, nos serviços, nas pesquisas de mercado, no desenvolvimento de mercados e na promoção.

Acima de tudo, vale a pena investir desde o início para ganhar reconhecimento como líder. A fidelidade à marca provavelmente não é mais comum no Japão do que em qualquer outro lugar. Mas o reconhecimento da marca é de muito maior importância. Quando se pergunta por que motivo os supermercados em Tóquio vendem chocolates suíços, a resposta é sempre: «Mas toda a gente sabe que são os melhores». Um reconhecimento de marca idêntico está subjacente ao sucesso no mercado japonês da Cross em instrumentos de escrita fina, da Millipore de Massachusetts no tratamento de água ou dos corretores londrinos Vickers Da Costa (agora uma filial do Citibank) no comércio de divisas. Cada um destes casos de sucesso resultou da identificação de um particular nicho de mercado e depois de se concentrar durante muito tempo em alcançar a liderança no mesmo.

Existem diferenças estruturais ou culturais consideráveis que não devem ser ignoradas. Uma dessas diferenças — da qual os ocidentais cedo se apercebem — é a regra de que o estatuto deve equivaler à idade dentro de um grupo social, por exemplo, os gestores de uma empresa. Dentro de um grupo desses, um homem mais novo não deve ser hierarquicamente superior a um mais velho. Não conheço nenhuma empresa japonesa em que o presidente seja mais velho do que o diretor, por exemplo. Se houver membros da administração de uma empresa familiar que não pertençam à família, o próprio filho e herdeiro não se tornará, por regra, membro da administração de topo até atingir os 40 anos de idade. E um funcionário público aposenta-se automaticamente no momento em que um homem mais novo é promovido antes dele. Mas as empresas estrangeiras vão — e de forma bastante racional — querer que homens mais jovens da sua sede nos Estados Unidos ou na Europa chefiem a sua filial japonesa ou *joint-venture*. Essa situação condena frequentemente o empreendimento ao fracasso.

Os japoneses ficam paralisados, pois simplesmente não sabem como se comportar. Para eles, a congruência de cargo e idade não é um princípio de organização; é um princípio de moralidade.

Porém, tudo o que há a fazer é lidar com o problema com delicadeza, tal como os japoneses têm feito ao longo dos séculos. O homem mais novo não é o «superior» — é um «conselheiro», ou permanece na folha de pagamentos da empresa-mãe como «ligação» e nem sequer figura no organograma da filial japonesa.

Outra diferença está no que diz respeito à estrutura económica. Aqui, a maior diferença é a posição do fabricante ou fornecedor — baseada em diferenças na estrutura financeira e em diferentes conceitos sociais. Resumindo de forma simplificada: espera-se que o fabricante ou fornecedor financie o distribuidor e cuide dele. Uma razão para tal é que no Japão os distribuidores, sejam grossistas ou retalhistas, não têm acesso fácil ao crédito. Os bancos foram originalmente organizados para canalizar as poupanças do público para a indústria transformadora — e ainda é assim que se veem a si próprios e à sua função. Por conseguinte, espera-se que o fabricante financie a distribuição dos seus bens. Embora existam grandes distribuidores modernos — como grandes armazéns e cadeias de supermercados —, a maior parte da distribuição ainda é feita através de lojas marginalmente pequenas ou por grossistas locais muito pequenos.

Isto explica a importância da «empresa comercial» e que mesmo os grandes fabricantes a utilizem para distribuir os seus produtos. As *empresas comerciais* são, em primeiro lugar, banqueiros comerciais para os grossistas ou retalhistas locais e, em segundo lugar, fornecedores de gestão para ambos, proporcionando-lhes os rudimentos de controlo de inventário, contabilidade e muitas vezes até formação. Os recém-chegados, no entanto, têm cada vez mais dificuldade em estabelecer uma ligação com uma empresa comercial. As primeiras *joint-ventures* de americanos com empresas de grupos como Mitsubishi, Sumitomo, Itoh ou Mitsui funcionaram tão bem porque estes grupos podiam dar à *joint-venture* acesso imediato ao financiamento e serviço de distribuição através das suas empresas comerciais. Agora, a maioria das empresas comerciais estabelecidas já lidam com produtos que competem com os dos recém-chegados.

Este problema está a ficar cada vez mais fácil, mas muito lentamente. Na medida em que os sistemas de distribuição modernos crescem, por exemplo, os supermercados, estão a tornar-se capazes tanto de se financiarem como de se gerirem a si próprios e, por conseguinte, estão a tornar-se independentes das — e até hostis às — empresas comerciais. Não obstante, o recém-chegado, e especialmente o ocidental, deve compreender que terá de dar financiamento aos seus distribuidores. Tê-lo feito foi o segredo do sucesso da Coca-Cola no Japão; em poucos anos, fez da Coca-Cola o principal refrigerante japonês. Mas o fabricante terá também de organizar — e muitas vezes fornecer — o serviço para os seus produtos, porque os distribuidores locais não possuem nem a mão-de-obra necessária nem a capacidade de gestão.

Além disso, espera-se que os fabricantes cuidem dos seus distribuidores e, frequentemente, dos fornecedores também. Isto está implícito no seu compromisso. Muitas vezes é tarefa do fabricante ajudar os distribuidores ou fornecedores a obter o crédito bancário de que necessitam — talvez não garantindo legalmente os seus empréstimos, mas assumindo uma responsabilidade moral por eles. E espera-se, ainda que cada vez menos, que os apoie no caso de se depararem com problemas: encontrar um comprador para o negócio do distribuidor, por exemplo, quando o proprietário morre, ou um chefe executivo para um pequeno fornecedor, e assim por diante.

O maior problema cultural para o ocidental ao fazer negócios no Japão é, no entanto, a necessidade do «intermediário» e a dependência dele. Em grande medida, o governo no Japão funciona através da competição entre diferentes fações, cada uma organizada como um ministério, por exemplo, Ministério do Comércio Internacional e Indústria, Ministério das Finanças e Banco do Japão — as três principais agências governamentais no domínio económico. Cada uma esforça-se constantemente por aumentar o seu poder e o âmbito do seu controlo e considera as outras rivais. E cada uma, por sua vez, está aliada a grupos da economia e da sociedade, por exemplo, uma determinada indústria ou fação política ou um aspirante ao cargo de primeiro-ministro.

Esta é a razão pela qual mesmo as grandes empresas japonesas não lidam diretamente com o próprio governo. Utilizam um intermediário, normalmente um alto funcionário do governo reformado. Ele sabe mexer-se. Frequentou a mesma universidade que os que estão agora no poder e pode, por isso, falar com eles durante um jantar, enquanto tomam uma bebida, e não necessariamente nos seus gabinetes. A ele, por sua vez, pode ser dito qual é o ponto de situação e como é que o seu cliente, a empresa, se deve comportar para conseguir o que quer. O intermediário pode fazer perguntas difíceis e receber respostas muito francas e diretas. Mas a menos que um investidor estrangeiro tenha um parceiro japonês em *joint-venture*, nem sempre é fácil encontrar e identificar o intermediário certo.

Sim, os meus amigos japoneses têm razão quando dizem que é fácil fazer negócios no Japão, desde que o façam à maneira japonesa. Mas os meus amigos americanos também têm razão quando se queixam de como é extremamente difícil fazer negócios no Japão. Mas será que têm grande escolha? Embora os japoneses não comprem muitas importações, o seu apetite por mercadorias feitas por empresas americanas no Japão é aparentemente insaciável. De acordo com um estudo da McKinsey & Co., em 1984, os japoneses gastaram 600 dólares cada um em marcas americanas, em comparação com os 287 dólares gastos por cada americano em produtos japoneses.

(1985)

CAPÍTULO DEZ

O Comércio com o Japão: Como Funciona

NUNCA SE TINHA VISTO um dos principais países devedores com uma dívida aos seus credores estrangeiros na sua própria moeda, como acontece atualmente nos Estados Unidos. Todos os restantes principais países devedores da atualidade — Brasil, México, Zaire — têm dívidas na moeda do seu credor, principalmente em dólares. O mesmo aconteceu, nos anos 20, com a Alemanha e os outros países da Europa Continental, os grandes devedores daquela época. Mas hoje a dívida externa dos Estados Unidos é devida em dólares americanos.

As vantagens para os Estados Unidos são tremendas, e tão sem precedentes como a própria situação. Pela primeira vez, uma nação devedora beneficia, tanto na sua conta de capital como na sua conta comercial, da desvalorização da sua moeda. Historicamente, um país devedor ganha uma posição competitiva para os seus produtos ao desvalorizar a sua moeda, embora normalmente apenas por um período relativamente curto; as suas exportações sobem, as suas importações descem, e um défice comercial transforma-se num excedente comercial — como sucedeu na administração de Carter quando a política americana forçou fortemente a queda do dólar. Ao mesmo tempo, a balança de pagamentos do país deteriora-se, porque os juros e o capital têm de ser pagos na moeda do credor. Se a dívida externa for elevada, a penalização da balança de pagamentos pode ser maior do que o ganho da balança de comércio, que é, por exemplo, a razão pela qual os alemães em 1931 escolheram (erradamente, diria *a posteriori*) impor controlos cambiais para manter uma taxa de câmbio sobrevalorizada para o marco em vez de a desvalorizar e impulsionar as exportações e o emprego.

No entanto, uma queda acentuada do valor externo do dólar deverá melhorar a balança comercial americana e reduzir drasticamente o peso da dívida externa dos Estados Unidos na economia interna e o seu valor real para os credores americanos.

Porque esperou, então, a administração Reagan tanto tempo antes de tomar medidas para corrigir a evidente sobrevalorização do dólar, especialmente em relação ao iene? A sobrevalorização do dólar ter sido um fator importante, talvez o principal, no declínio da competitividade tanto dos produtos agrícolas americanos como dos produtos manufacturados americanos tem sido universalmente aceite, pelo menos desde 1983. No entanto, a política dos EUA — o que significa tanto o Conselho da Reserva Federal como o Tesouro — visava consistentemente, até finais de 1985, manter a taxa de câmbio do dólar o mais elevada possível, com a exclusão, ou assim pareceu à maioria dos analistas estrangeiros, de qualquer outra consideração ou objetivo de política económica.

A resposta é, evidentemente, que a administração tem precisado de empréstimos estrangeiros gigantescos. Só os japoneses, em 1985, emprestaram aos Estados Unidos entre 50 e 60 mil milhões de dólares, que só podiam obter através do seu excedente comercial com os Estados Unidos. Assim, forneceram a maior parte do dinheiro necessário para financiar o défice orçamental dos EUA. Para Washington, que se deparava com as alternativas de cortar drasticamente as despesas ou empréstimos governamentais a nível interno e aumentar as taxas de juro, um défice comercial externo com todas as suas consequências para os empregos americanos e a posição competitiva a longo prazo da América poderia, compreensivelmente, ter parecido a opção menos má.

Mas como a dívida externa dos EUA é em moeda americana, os credores estrangeiros podem ser facilmente expropriados. Não são necessárias quaisquer medidas legais, não há incumprimento, não há repúdio da dívida, e pode ser feito sem perguntar aos credores, aliás, sem sequer lhes dizer. Tudo o que requer é uma desvalorização do dólar. De facto, entre junho, quando o dólar atingiu um pico de 250 ienes, e fevereiro de 1986, os credores japoneses dos Estados Unidos — principalmente o Banco do Japão, os principais bancos japoneses e as grandes empresas comerciais — perderam um terço do valor das suas participações em títulos do Tesouro dos Estados Unidos, a forma sob a qual a maior parte do investimento japonês nos Estados Unidos é detida. (Ver também Capítulo 1, «A economia mundial mudada»).

Ninguém nos Estados Unidos parece estar ciente disto — pelo menos ninguém se pronuncia. Mas todos os decisores políticos que conheço no Japão — funcionários do governo, banqueiros, homens de negócios, economistas académicos — estão profundamente conscientes disto. E todos estão bastante convencidos de que esta perda é inevitável. Embora alguns japoneses, especialmente no seio dos economistas, se preocupem que essa perda possa pôr em perigo a solvência do sistema bancário japonês, todos a veem como um mal menor em comparação com cada uma das restantes alternativas do Japão.

Do ponto de vista do Japão, não existe uma forma prática de restabelecer a balança comercial entre os dois países. A principal causa não é o sobrevalorizado dólar nem a fraqueza da indústria americana, as exportações japonesas agressivas, e muito menos as barreiras à importação de bens americanos para o Japão (cuja eliminação total — que é, evidentemente, altamente desejável e muito esperada — cortaria no máximo 5 a 6 mil milhões de dólares de um défice de 50 mil milhões de dólares).

A principal causa é a queda mundial nos preços dos produtos primários, e especialmente nos preços dos produtos agrícolas e florestais. Medidos em relação aos preços dos produtos manufacturados — e especialmente dos produtos manufacturados de alto valor acrescentado, como os automóveis, câmaras, eletrónica de consumo e semicondutores que constituem o grosso das exportações japonesas para os Estados Unidos —, os produtos primários vendem-se agora aos preços mais baixos da história, mais baixos mesmo do que durante a Grande Depressão. O Japão é o maior importador mundial de produtos primários, e de facto o único grande importador mundial de géneros alimentícios (à exceção da União Soviética), agora que a própria Europa do Mercado Comum se tornou exportadora e a China, bem como a Índia, estão em equilíbrio alimentar. E o Japão é o maior exportador mundial de produtos manufacturados de alto valor acrescentado. Os Estados Unidos, pelo contrário, são o maior exportador mundial de produtos agrícolas e florestais. Se o comércio EUA-Japão for ajustado para isto — ou seja, se a relação entre os preços dos produtos primários e os preços dos bens manufacturados for assumida como tendo permanecido onde estava em 1973 — pelo menos um terço, talvez dois quintos, do défice comercial da América com o Japão desaparece.

No entanto, não há nada que os dois países possam fazer que corrija este desequilíbrio: existe um excedente mundial de produtos primários para o futuro em perspetiva. Na verdade, a única ação que poderia ser levada a cabo — e poderia sê-lo, caso os Estados Unidos entrassem numa guerra comercial contra o Japão — seria os japoneses passarem a fazer as suas compras de produtos primários (de algodão, tabaco, soja, trigo, milho, madeira, etc.) a outros países que não os Estados Unidos. Poderiam fazê-lo no prazo de 12 meses. Já lhes estão a ser oferecidas grandes quantidades de todos estes produtos por outros fornecedores, e a preços mais baixos do que aqueles que estão a pagar aos produtores americanos, só que a taxas muito inferiores de iene-dólar.

Todavia, o Japão não vê qualquer alternativa política ao impulso às exportações (financiando assim o défice dos EUA com o risco de perdas graves quase certas). Caso contrário, o Japão enfrentará um desemprego de uma magnitude — pelo menos o dobro da atual taxa de desemprego americana de 7% — que nenhum governo japonês poderia arriscar atingir. A economia interna japonesa está estagnada há cinco longos anos; nenhuma das medidas tomadas para a reanimar teve grande efeito. Há uma pressão política crescente para a renovar. No entanto, o défice do governo japonês já é tão elevado que o seu aumento pode reavivar a inflação. E o curto, mas severo, surto de inflação que o país sofreu a partir de meados dos anos 70 convenceu muitos japoneses bem-pensantes, especialmente no Banco do Japão e no Ministério das Finanças, de que têm baixa resistência contra essa perigosa doença.

As exportações fornecem cerca de 15% dos empregos japoneses. Sem as exportações do seu principal cliente, a indústria automóvel, a indústria siderúrgica japonesa ficaria provavelmente mais doente do que a americana; uma Nippon Steel que funcionou em 1985 a uma capacidade baixa (e deficitária) de

60% ficaria abaixo dos 40%. Proporcionalmente, as indústrias do aço e automóveis no Japão representam pelo menos o dobro da força de trabalho fabril que representam nos Estados Unidos. Este problema é agravado por a sociedade japonesa do pós-guerra se basear na promessa de emprego vitalício, pela incapacidade dos trabalhadores japoneses despedidos ou demitidos de obterem novos empregos graças à rigidez do sistema salarial japonês, e por o país não ter um seguro de desemprego. Não admira, então, que o decisor político japonês prefira as perdas quase certas, mas futuras, dos empréstimos feitos ao governo dos EUA aos riscos políticos e sociais — e imediatos — de desemprego maciço no país.

Estas são as realidades económicas da relação americano-japonesa. Explicam, em grande parte, porque é que os japoneses até agora não ficaram muito impressionados com as ameaças de retaliação protecionista de curto prazo dos EUA contra os produtos japoneses. Acham improvável que os Estados Unidos façam algo que ponha em perigo a sua já profundamente deprimida economia agrícola, obrigando a América a tomar medidas contra o seu défice governamental. Até agora têm tido razão: o latido norte-americano tem sido muito pior do que a sua mordidela desdentada. Mas estas realidades indicariam também que o governo dos EUA não compreende o que pode fazer.

As medidas por parte dos japoneses para remover as barreiras à entrada de bens e empresas americanas não afetariam materialmente o desequilíbrio comercial, mas poderiam ter um impacto psicológico significativo e remover uma boa parte da emoção que ameaça envenenar as relações entre os dois países. No entanto, é uma evidente má leitura das realidades económicas e políticas acreditar, como o Presidente Reagan tem acreditado, que o primeiro-ministro Nakasone, ou qualquer outro líder político japonês, pode fazer concessões voluntárias. Este teria de ter um «estrangeiro malvado» que pudesse culpar, teria de dizer «eu tive de ceder à força, com uma arma apontada à cabeça» — especialmente porque a política japonesa é hoje tão turbulenta que ninguém detém uma maioria fiável.

Mas a verdadeira implicação das realidades é que a chave para o problema do comércio americano-japonês, e para o problema da posição competitiva da América na economia mundial no seu conjunto, não reside num dólar mais barato, e nem sequer numa maior produtividade americana e em menores custos comparativos de mão-de-obra. Preços mais elevados dos produtos primários ajudariam muito, mas há poucas perspetivas para tal face à sobreprodução e excedentes mundiais. A raiz do problema da América é o défice do governo dos EUA e a consequente dependência crescente de empréstimos no estrangeiro.

(1985)

CAPÍTULO ONZE

Os Perigos do Comércio Contencioso

«PORQUE É QUE O OCIDENTE está obcecado com as nossas exportações?», perguntam todos os visitantes japoneses. «Os alemães exportam ainda mais e os seus excedentes comerciais também estão a crescer rapidamente.» Mas há uma diferença, embora os japoneses não a tenham em conta. Os alemães superam, de facto, os japoneses enquanto *exportadores* de bens manufacturados: só os Estados Unidos exportam ainda mais do que os alemães. Mas os alemães são também os segundos maiores *importadores* mundiais desses bens — mais uma vez, só superados pelos Estados Unidos. Os japoneses, contudo, apenas vendem; não compram. Praticam o *comércio contencioso.*

O modelo original do comércio internacional do século XVIII — o que Adam Smith formulou — assume um comércio *complementar*: Portugal, país quente e seco, vende vinho em troca de lã à fria e húmida Inglaterra. Cada lado compra o que não consegue produzir e vende o que está idealmente equipado para fazer. Todos ganham, ninguém perde.

Mas desde meados do século XIX, o sector de crescimento na economia internacional tem sido um *comércio competitivo* entre países desenvolvidos. Ambas as partes compram um ao outro bens semelhantes, que ambos são capazes de produzir. Assim, os Estados Unidos são simultaneamente o maior exportador mundial e o maior importador mundial de produtos químicos. *Per capita*, os suíços são os maiores exportadores mundiais de ferramentas elétricas e máquinas para a indústria têxtil, mas também os maiores importadores mundiais de ambos. A Alemanha exporta mais veículos automóveis (incluindo camiões e autocarros) do que o Japão; mas, para cada cinco veículos automóveis alemães vendidos no estrangeiro, os alemães importam três. No comércio competitivo há perdedores: os fabricantes de teares americanos — ou alemães, ou britânicos, ou suíços —, por exemplo, cujo produto tecnicamente inferior ou mais caro está a ser afastado do mercado pela marca mais avançada ou mais barata do seu concorrente estrangeiro. Mas globalmente todos ganham: não só o consumidor, mas também os produtores concorrentes que estão a ser forçados a concentrar-se naquilo que fazem melhor, otimizando assim tanto os recursos como os retornos. De facto, no comércio competitivo, o concorrente estrangeiro de uma indústria é geralmente também o seu melhor cliente.

Mas no comércio contencioso ambos os lados perdem — de um lado, o lado do comprador, a perda é imediata, do outro lado, o lado do vendedor, a perda surge dentro de uma década ou mais.

No comércio contencioso, os bens do vendedor substituem os bens produzidos pelos fabricantes do país comprador sem quaisquer compras compensatórias por parte do país vendedor. Assim, não estão a ser criados mercados alternativos nem qualquer poder de compra para os fabricantes do comprador estrangeiro. Como não há vendas compensatórias para os fabricantes nacionais no país comprador, estes não podem ganhar os recursos necessários para modernizar as suas fábricas e processos ou para adquirir o volume de produção necessário para reduzir os custos. Por conseguinte, na medida em que o vendedor no comércio contencioso tem êxito, ele enfraquece em vez de fortalecer a indústria e a economia produtiva do comprador. Mais a mais, se o vendedor no comércio contencioso for verdadeiramente bem-sucedido, acaba por destruir a indústria do comprador. Há 12 anos, por exemplo, havia mais de uma dúzia de fábricas americanas que fabricavam empilhadoras de garfos. Hoje em dia, não há nenhuma — nem sequer uma linha de montagem. O mesmo aconteceu à maior parte da eletrónica de consumo, por exemplo, em gravadores de vídeo e em muitas categorias de ferramentas elétricas e semicondutores. Isto significa também que, em última análise, até o consumidor no país comprador perde. A queda no seu rendimento como produtor, ou seja, no rendimento, acabará por mais do que compensar os seus ganhos através de preços mais baixos como consumidor. De facto, os efeitos da concorrência adversa — por mais involuntários que sejam — são surpreendentemente semelhantes ao que tanto os economistas como os advogados condenam como sendo *preços predatórios*, ou seja, preços tão baixos a ponto de destruir os concorrentes e estabelecer um monopólio.

No entanto, o vendedor no comércio contencioso pode acabar por perder ainda mais do que o comprador e ser totalmente incapaz de impedir que isso aconteça. O vendedor não tem como se defender contra uma ação de retaliação por parte do comprador. Não pode contra-atacar suspendendo as *suas* compras, já que não lhe faz compra nenhuma. Não há dúvida de que os japoneses estão entre os melhores clientes da América no que respeita a produtos agrícolas e florestais. Mas muito embora o poder político dos agricultores americanos ainda seja considerável, as exportações de produtos primários dos EUA tornaram-se uma parte demasiado pequena do total para serem um fator decisivo, e estão a decrescer cada vez mais. Também há poucas dúvidas de que os Estados Unidos se poderiam aguentar sem as importações de produtos manufacturados japoneses, e a um custo bastante baixo. O mesmo poderia ocorrer na Europa Ocidental. Mas sem exportações industriais para os Estados Unidos, o Japão enfrentaria uma grande depressão e uma taxa de desemprego de dois dígitos.

O vendedor no comércio contencioso está igualmente fadado, no final, a uma perda financeira. Não tem como ser pago. Afinal, os compradores só podem pagar se tiverem um rendimento, ou seja, se eles próprios forem pagos como vendedores. O vendedor no comércio contencioso, o vendedor que não compra, acabará por descobrir que doou os seus bens, embora não possa esperar que o destinatário aprecie o presente.

O Japão tem agora o maior excedente de fundos líquidos de sempre do mundo, tão grande como algum que a OPEP alguma vez tenha tido, e em breve será ainda maior. Os bancos japoneses detêm 640 mil milhões de dólares em ativos externos, praticamente todos em dinheiro ou em títulos a curto prazo, tais como bilhetes do Tesouro dos Estados Unidos. Este valor é várias vezes superior ao que o Japão necessita para financiar o seu comércio, é de facto tão grande que o Japão poderia, durante seis anos, pagar todas as importações sem ganhar um único iene com as exportações. O único paralelo na história económica é o excedente da América nos anos imediatamente após a Segunda Guerra Mundial, quando os Estados Unidos tinham a única grande economia a funcionar no mundo. Esse excedente pode ser utilizado para comprar bens — algo que os japoneses não estão dispostos a fazer. Pode ser doado, como os Estados Unidos fizeram nos anos do Plano Marshall. Ou será retirado. Os japoneses podem, evidentemente, continuar a acumular mais excedentes. Mas isto apenas significa que eles prolongarão ainda mais o crédito que nunca será reembolsado. E, eventualmente, as dívidas incobráveis terão de ser anuladas.

Até agora, o Japão era o único praticante de comércio contencioso. Não o planeou, é certo, embora seja um resultado lógico da abordagem tradicional japonesa ao comércio internacional — uma abordagem que, por sinal, fez todo o sentido enquanto o Japão esteve a recuperar, ou seja, até há relativamente pouco tempo, talvez por volta de 1965. Agora, porém, o país vizinho do Japão, a Coreia do Sul, está deliberadamente a embarcar no comércio contencioso. Também a China continental, se eventualmente se desenvolver no plano industrial, tentará certamente ser apenas um vendedor e não um comprador, ou seja, praticar o comércio contencioso — pelo menos segundo o atual quadro mental.

Estão a ser dados alguns pequenos passos para corrigir o desequilíbrio criado pelo comércio contencioso. Nos meses e anos vindouros, vamos ouvir falar muito de «quotas voluntárias», mas também de «*dumping* japonês». Os japoneses, sobretudo os fabricantes de automóveis, estão a deslocar rapidamente alguma produção para os Estados Unidos e para a Europa Ocidental para contrariar as medidas anti japonesas. Mas — algo em que os japoneses não repararam, curiosamente — isto ainda é visto como predatório no país do comprador, porque substitui o fabricante doméstico que o comércio adversário japonês tinha danificado ou destruído inicialmente. Mudar a produção para o país do comprador — a menos que seja acompanhada por compras para exportação a partir desse país — é, na melhor das hipóteses, melhor do que nada. Mais eficaz seria um «consórcio de produção» no qual os fabricantes do país comprador fornecessem o vendedor na qualidade de subcontratados ou parceiros — esta foi a forma como a Boeing, por exemplo, atribuiu 30 ou 40% do trabalho de desenvolvimento e fabrico de um novo avião comercial a empresas japonesas, ou como a Rolls-Royce, na Grã-Bretanha, foi incluída como fornecedor de motores para aviões de fabrico americano vendidos a companhias aéreas europeias. Até agora, porém, os acordos de consórcio têm sido alvo de resistência por parte dos japoneses. Podem também pagar a sua parte, assumindo os «empréstimos problemáticos» aos países em desenvolvimento dos bancos americanos — algo que está a começar a ser discutido em Nova Iorque e Washington, embora até agora apenas à porta fechada.

A menos que os japoneses tomem a iniciativa de tomar medidas que, de uma ou outra forma, contrariem as piores consequências do comércio contencioso — e até agora não mostraram qualquer sinal de o fazer ou sequer de reconhecer que existe um problema —, serão tomadas medidas políticas para abortar, ou pelo menos para limitar, o comércio contencioso, e muito em breve. A Europa Ocidental já foi bastante longe na sua própria proteção, especialmente no que diz respeito aos automóveis japoneses. E os Estados Unidos estão destinados a seguir o exemplo. Até agora, o Presidente tem-se oposto a qualquer tipo de protecionismo, mas bastaria uma pequena recessão económica ou um pequeno aumento do desemprego para que medidas protecionistas fossem decretadas pelo Congresso com maiorias esmagadoras — e com o esmagador apoio da população; e falta de propostas protecionistas não há.

Impõe-se parar, ou pelo menos confinar, o comércio contencioso. Mas há também o grande perigo de que as medidas tomadas para o fazer causem muito mais danos do que benefícios, e especialmente danos à economia dos EUA e à indústria transformadora norte-americana. Nenhuma das propostas atualmente em discussão — a proposta, por exemplo, que está perante uma subcomissão da Câmara dos Representantes e que proibiria bens manufacturados estrangeiros, a menos que tivessem 30 ou 40% de «conteúdo interno» — faz a distinção entre comércio competitivo e comércio contencioso. Todas elas são uniformemente protecionistas e penalizam todas as importações de produtos manufacturados. Mas isto prejudicaria seriamente e talvez até destruísse as nossas exportações para os países que nos compram, ou seja, para os nossos parceiros comerciais no comércio competitivo. Os europeus retaliariam sem demora. E todas as nossas indústrias saudáveis — talvez três quartos da base industrial do país — dependem das exportações para a Europa para o seu crescimento, ou até para a sua sobrevivência: desde aviões e instrumentos analíticos; passando pela biomedicina, produtos farmacêuticos e computadores; até aos químicos, robôs, maquinaria elétrica e *software*. O que precisamos é de uma medida que acabe com a doença degenerativa do comércio adversário sem matar o tecido saudável do comércio competitivo — talvez limitando quaisquer restrições comerciais que possamos promulgar às importações de países e indústrias que não comprem de outros países desenvolvidos (incluindo os Estados Unidos) bens manufacturados de tipo semelhante, pelo menos em valor igual a 50 ou 60% das suas exportações.

Os japoneses afirmam que não é culpa deles que consideremos os seus produtos mais aliciantes do que aquilo que nós próprios produzimos e que a força das suas exportações é simplesmente consequência de trabalharem mais arduamente e melhor, seja na conceção, na qualidade, no preço ou no serviço. Isto está certo em geral — a Japan Inc. é, em grande parte, uma invenção da imaginação ocidental. Mas é igualmente irrelevante. O comércio contencioso não será tolerado por muito mais tempo. Não foi planeado como tal, mas acabou por se tornar numa política que prejudica o próximo para nosso próprio benefício. E esta atitude acaba sempre por ser autodestrutiva.

(1986)

CAPÍTULO DOZE

Profetas Modernos: Schumpeter ou Keynes?

OS DOIS MAIORES ECONOMISTAS deste século, Joseph A. Schumpeter e John Maynard Keynes, nasceram há 100 anos, com apenas alguns meses de intervalo: Schumpeter a 8 de fevereiro de 1883, numa cidade de província austríaca; Keynes a 5 de junho de 1883, em Cambridge, Inglaterra. (E morreram com apenas quatro anos de intervalo — Schumpeter em Connecticut a 8 de janeiro de 1950, Keynes no Sul de Inglaterra a 21 de abril de 1946.) O centenário do nascimento de Keynes está a ser celebrado com uma série de livros, artigos, conferências e discursos. Se o centenário do nascimento de Schumpeter for notado sequer, será em algum pequeno seminário de doutoramento. No entanto, está a tornar-se cada vez mais claro que é Schumpeter quem vai moldar o pensamento e informar as questões sobre teoria económica e política económica para o resto deste século, ou até para os próximos 30 ou 50 anos.

Eles não foram antagonistas. Ambos desafiaram pressupostos de longa data. Os opositores de Keynes eram os próprios «austríacos» de que Schumpeter se afastara enquanto estudante, os economistas neoclássicos da Escola Austríaca. E embora Schumpeter considerasse todas as soluções de Keynes erradas, ou pelo menos enganadoras, era um crítico compreensivo. Na verdade, foi Schumpeter quem instituiu as ideias de Keynes na América. Quando a obra-prima de Keynes, *The General Theory of Employment, Interest and Money*, saiu, em 1936, Schumpeter, nessa altura membro sénior da Faculdade de Economia de Harvard, disse aos alunos para lerem o livro e disse-lhes também que o trabalho de Keynes tinha ultrapassado totalmente os seus próprios escritos precedentes sobre dinheiro.

Keynes, por sua vez, considerava Schumpeter um dos poucos economistas contemporâneos dignos do seu respeito. Nas suas palestras, referia-se repetidamente às obras que Schumpeter tinha publicado durante a Primeira Guerra Mundial, e especialmente ao ensaio de Schumpeter sobre o *Rechenpfennige* (ou seja, dinheiro/unidade de conta) como o estímulo inicial para as suas próprias ideias sobre dinheiro. A iniciativa política mais bem-sucedida de Keynes, a proposta de que a Grã-Bretanha e os Estados Unidos financiassem a Segunda Guerra

Mundial através de impostos e não de empréstimos, foi um resultado direto do aviso de Schumpeter de 1918 sobre as consequências desastrosas do financiamento da dívida da Primeira Guerra Mundial.

Schumpeter e Keynes são frequentemente contrapostos politicamente, sendo Schumpeter retratado como o «conservador» e Keynes o «radical». O oposto está mais próximo da verdade. Politicamente, as opiniões de Keynes eram bastante semelhantes ao que agora chamamos «neoconservador». A sua teoria teve origem no seu apego apaixonado ao mercado livre e no desejo de manter políticos e governos fora dele. Schumpeter, pelo contrário, tinha sérias dúvidas sobre o mercado livre. Acreditava que um «monopólio inteligente» — o sistema telefónico americano Bell Telephone, por exemplo — tinha muito de positivo para se recomendar. Podia dar-se ao luxo de ter uma visão a longo prazo, em vez de ser conduzido de transação em transação por conveniência a curto prazo. O seu amigo mais próximo durante muitos anos foi o mais radical e mais doutrinário dos socialistas de esquerda da Europa, o austríaco Otto Bauer, que, apesar de fortemente anticomunista, era ainda mais anticapitalista. E Schumpeter, embora nunca estivesse sequer perto de ser ele próprio um socialista, serviu durante 1919 como ministro das Finanças no único governo socialista da Áustria entre as guerras. Schumpeter sempre defendeu que Marx estava muito errado em cada uma das suas ideias, mas ainda se considerava um descendente de Marx e tinha-o em maior estima do que qualquer outro economista. Pelo menos, assim defendia, Marx fez as perguntas certas, e para Schumpeter as perguntas sempre foram mais importantes do que as respostas.

As diferenças entre Schumpeter e Keynes vão muito mais além dos teoremas económicos ou opiniões políticas. Os dois viam uma realidade económica diferente, preocupavam-se com problemas diferentes e definiam *economia* de forma bastante diferente. Estas diferenças são altamente importantes para uma compreensão do mundo económico de hoje.

Keynes, apesar de tudo o que contestou da economia clássica, atuava inteiramente dentro do seu enquadramento. Era um herege e não um infiel. A economia, para Keynes, era a economia de equilíbrio das teorias de Ricardo de 1810, que dominou o século XIX. Esta economia lida com um sistema fechado e estático. A questão-chave de Keynes era a mesma que os economistas do século XIX tinham colocado: «Como se pode manter uma economia em equilíbrio e em estase?»

Para Keynes, os principais problemas da economia são a relação entre a «economia real» de bens e serviços e a «economia de símbolos» de dinheiro e crédito; a relação entre indivíduos e empresas e a «macroeconomia» do Estado-nação; e finalmente, se a produção (ou seja, a oferta) ou o consumo (ou seja, a procura) fornece a força motriz da economia. Neste sentido, Keynes estava alinhado com Ricardo, John Stuart Mill, os «Austríacos» e Alfred Marshall. Por muito diferentes que fossem, a maioria destes economistas do século XIX, o que inclui Marx, tinha dado as mesmas respostas a estas questões: a «economia real» controla e o dinheiro é apenas o «véu das coisas», a microeconomia dos indivíduos e das empresas determina, e o governo pode, na melhor das hipóteses, corrigir discrepâncias menores e, na pior, criar deslocamentos; e a oferta controla, sendo a procura uma função da oferta.

Keynes fez as mesmas perguntas que Ricardo, Mill, Marx, os «austríacos» e Marshall tinham feito, mas, com uma audácia sem precedentes, deu completamente a volta a cada uma das respostas. No sistema keynesiano, a «economia de símbolos» do dinheiro e do crédito são «reais» e os bens e serviços dependem dela e das suas sombras. A macroeconomia — a economia do Estado-nação — é tudo, sendo que os indivíduos e as empresas não têm poder para influenciar, quanto mais para dirigir, a economia nem capacidade de tomar decisões eficazes contrárias às forças da macroeconomia. E fenómenos económicos, formação de capital, produtividade e emprego são funções da procura.

Agora sabemos, como Schumpeter sabia há 50 anos, que cada uma destas respostas keynesianas é a resposta errada. Na melhor das hipóteses, são válidas apenas para casos especiais e em âmbitos bastante restritos. Vejamos, por exemplo, o teorema principal de Keynes: o de que os acontecimentos monetários — défices governamentais, taxas de juro, volume de crédito e volume de dinheiro em circulação — determinam a procura e, com ela, as condições económicas. Isto pressupõe, como o próprio Keynes sublinhou, que a velocidade de rotação do dinheiro é constante e não é suscetível de ser alterada a curto prazo por indivíduos ou empresas. Schumpeter assinalou há 50 anos que todas as provas negam esta suposição. E de facto, sempre que foram experimentadas, as políticas económicas keynesianas, seja na versão original keynesiana ou na versão modificada de Friedman, foram derrotadas pela microeconomia das empresas e dos indivíduos, de forma imprevisível e sem aviso, alterando a velocidade de rotação do dinheiro quase da noite para o dia.

Quando as prescrições keynesianas foram inicialmente utilizadas — nos Estados Unidos, nos primeiros tempos do New Deal —, pareciam funcionar. Mas depois, por volta de 1935, os consumidores e as empresas reduziram bruscamente a velocidade de rotação do dinheiro em poucos meses, o que abortou uma recuperação baseada nos gastos do défice público e provocou um segundo colapso do mercado bolsista em 1937. O melhor exemplo, porém, é o que aconteceu neste país em 1981 e 1982. A tentativa propositada da Reserva Federal de controlar a economia através do controlo da oferta de dinheiro foi largamente derrotada por consumidores e empresas que de repente e quase violentamente transferiram os depósitos de poupanças para fundos do mercado monetário e de investimentos a longo prazo para ativos líquidos — ou seja, de baixa velocidade para dinheiro de alta velocidade —, ao ponto de já ninguém poder dizer realmente qual é a oferta de dinheiro ou mesmo o que significa o termo. Os indivíduos e as empresas que procuram otimizar o seu interesse próprio e que se orientam pela sua perceção da realidade económica encontrarão sempre uma forma de vencer o «sistema» — quer, como no bloco soviético, através da conversão de toda a economia num gigantesco mercado negro ou, como nos Estados Unidos em 1981 e 1982, através da transformação do sistema financeiro de um dia para o outro, apesar das leis, regulamentos ou economistas.

Isto não quer dizer que seja provável que a economia regresse ao neoclassicismo pré-keynesiano. A crítica de Keynes às soluções neoclássicas é tão definitiva como a crítica de Schumpeter a Keynes. Mas uma vez que agora sabemos que os indivíduos têm a capacidade de derrotar o sistema, e fá-lo-ão, perdemos a certeza que Keynes impôs à economia e que fez do sistema keynesiano a estrela da teoria económica e da política económica durante 50 anos. Tanto o monetarismo de Friedman como a economia do lado da oferta são tentativas desesperadas de remendar o sistema keynesiano da economia de equilíbrio. Mas é improvável que qualquer uma delas possa restaurar a economia de equilíbrio autocontida e autoconfiante, quanto mais uma teoria económica ou uma política económica em que um fator, seja o gasto governamental, as taxas de juro, a oferta monetária ou cortes fiscais, controla a economia de forma previsível e quase certa.

Para Schumpeter, era claro desde o início que as soluções keynesianas não se iriam revelar mais válidas do que as pré-keynesianas que tinham vindo substituir. Mas para ele isto era muito menos importante do que as perguntas keynesianas — que eram as mesmas dos antecessores de Keynes — não serem, na sua opinião, de todo as perguntas importantes. Para ele, a falácia básica era o próprio pressuposto de que a economia saudável, a «normal», é uma economia em equilíbrio estático. Schumpeter, desde os seus tempos de estudante, sustentava que uma economia moderna está sempre em desequilíbrio dinâmico. A economia de Schumpeter não é um sistema fechado como o universo de Newton — ou a macroeconomia de Keynes. Está sempre a crescer e a mudar e é de natureza biológica e não mecanicista. Se Keynes era um «herege», Schumpeter era um «infiel».

Schumpeter era um estudante dos grandes homens da economia austríaca e numa altura em que Viena era a capital mundial da teoria económica. Teve afeição pelos seus professores toda a vida. Mas a sua tese de doutoramento — que se tornou o mais antigo dos seus grandes livros, *A Teoria do Desenvolvimento Económico* (que na versão original alemã saiu em 1911, quando Schumpeter tinha apenas 28 anos) — começa com a afirmação de que o problema central da economia não é o equilíbrio, mas a mudança estrutural. Isto levou então ao famoso teorema de Schumpeter sobre o inovador enquanto verdadeiro sujeito da economia.

A economia clássica considerava a inovação como estando fora do sistema, como Keynes também fez. A inovação pertencia à categoria de «catástrofes externas» como terramotos, clima ou guerra, que, como era sabido, têm profunda influência na economia, mas não fazem parte da economia. Schumpeter insistiu que, pelo contrário, a *inovação* — ou seja, o empreendedorismo que transfere recursos daquilo que é velho e obsoleto para outros novos e mais produtivos — é a própria essência da economia e ainda mais de uma economia moderna.

Schumpeter foi o primeiro a admitir que chegou a esta noção através de Marx. Mas usou-a para contestar Marx. O *Desenvolvimento Económico* de Schumpeter faz o que nem os economistas clássicos nem Marx ou Keynes foram capazes de fazer: atribui uma função económica ao lucro. Na economia da mudança e inovação, o lucro, em contraste com Marx e a sua teoria, não é um *Mehrwert*, uma «mais-valia» roubada aos trabalhadores. Pelo contrário, é a única fonte de emprego para os trabalhadores e de rendimento do trabalho. A teoria do desenvolvimento económico mostra que ninguém, exceto o inovador, produz um verdadeiro «lucro»; e o lucro do inovador é sempre de curta duração. Mas a inovação na famosa frase de Schumpeter é também «destruição criativa». Torna obsoleto o equipamento de capital e o investimento de capital do passado. Portanto, quanto mais uma economia progredir, de mais formação de capital necessitará. Assim, o que o economista clássico — ou o contabilista ou a bolsa — considera «lucro» é um custo genuíno, o custo de permanecer no negócio, o custo de um futuro em que nada é previsível, exceto que o negócio lucrativo de hoje se tornará o elefante branco de amanhã. Assim, a formação de capital e a produtividade são necessárias para manter a capacidade de produção de riqueza da economia e, acima de tudo, para manter os empregos de hoje e criar os empregos de amanhã.

O «inovador» de Schumpeter com a sua «destruição criativa» é a única teoria até agora que explica o motivo pelo qual existe algo a que chamamos «lucro». Os economistas clássicos sabiam muito bem que a sua teoria não oferecia qualquer justificação para o lucro. Na verdade, na economia de equilíbrio de um sistema económico fechado, não há lugar para o lucro, não há para ele justificação ou qualquer explicação. Se o lucro é, contudo, um custo genuíno, e especialmente se o lucro é a única forma de manter empregos e de criar novos, então o capitalismo torna-se novamente um sistema moral.

Moralidade e lucros: os economistas clássicos tinham salientado que o lucro é necessário como incentivo para quem arrisca. Mas não será isto, na verdade, um suborno e, portanto, impossível de justificar moralmente? Este dilema levou o mais brilhante dos economistas do século XIX, John Stuart Mill, a abraçar o socialismo nos seus últimos anos de vida. Também abriu caminho a que Marx fundisse a análise desapaixonada do «sistema» com a repulsa moral de um profeta do Antigo Testamento contra os exploradores. A fraqueza em termos de bases morais do incentivo ao lucro permitiu a Marx condenar imediatamente os capitalistas como perversos e imorais e afirmar «cientificamente» que estes não têm qualquer função e que a sua rápida extinção é «inevitável». Contudo, assim que passamos do axioma de uma economia imutável, autónoma e fechada para a economia dinâmica, em crescimento, em movimento e em mudança de Schumpeter, aquilo a que se chama lucro já não é imoral. Torna-se um imperativo moral. Na verdade, a pergunta então já não é a mesma que agitou os classicistas e também Keynes: como é que a economia pode ser estruturada para minimizar o suborno do excedente sem função chamado lucro que tem de ser entregue ao capitalista para manter a economia a funcionar? A questão na economia de Schumpeter é sempre: há lucro suficiente? Existe uma formação de capital adequada para cobrir os custos do futuro, os custos de continuar em atividade, os custos da «destruição criativa»?

Só por si, isto faz com que o modelo económico de Schumpeter seja o único que pode servir como ponto de partida para as políticas económicas de que necessitamos. É evidente que o tratamento keynesiano — ou o classicista — dado à inovação como sendo «exterior», aliás, periférico à economia e com um impacto mínimo sobre ela, já não pode ser sustentado (se é que alguma vez poderia ter sido). A pergunta básica da teoria económica e da política económica, especialmente em países altamente desenvolvidos, é claramente: como é que a formação de capital e a produtividade podem ser mantidas para que as rápidas mudanças tecnológicas, bem como o emprego, possam ser sustentados? Qual é o lucro mínimo necessário para custear os encargos do futuro? Qual é o lucro mínimo necessário, acima de tudo, para manter os empregos e criar outros novos?

Schumpeter não deu qualquer resposta; não acreditava muito em respostas. Mas há 70 anos, quando era muito jovem, formulou aquela que vai claramente ser a pergunta central da teoria económica e da política económica nos anos vindouros.

Depois, durante a Primeira Guerra Mundial, Schumpeter percebeu, muito antes de qualquer outra pessoa — e uns bons dez anos antes de Keynes — que a realidade económica estava a mudar. Percebeu que a Primeira Guerra Mundial tinha trazido a monetarização das economias de todos os beligerantes. Um país após outro, incluindo o seu próprio ainda bastante atrasado Áustria-Hungria, tinha conseguido mobilizar toda a riqueza líquida da comunidade durante a guerra, em parte através da tributação, mas principalmente através de empréstimos. O dinheiro e o crédito, em vez de bens e serviços, tinham-se tornado a «economia real».

Num brilhante ensaio publicado numa revista económica alemã em julho de 1918 — quando o mundo no qual Schumpeter tinha crescido e conhecido estava a desmoronar-se ao seu redor —, argumentou que, a partir de então, o dinheiro e o crédito seriam a alavanca do controlo. O que argumentou foi que nem a oferta de bens, como os classicistas tinham argumentado, nem a procura de bens, como alguns dos anteriores dissidentes tinham defendido, iriam continuar no controlo. Os fatores monetários — défices, dinheiro, crédito, impostos — iriam ser os determinantes da atividade económica e da afetação de recursos.

Esta é, evidentemente, a mesma visão sobre a qual Keynes construiu mais tarde a sua *Teoria Geral*. Mas as conclusões de Schumpeter eram radicalmente diferentes daquelas a que Keynes chegou. Keynes chegou à conclusão de que a emergência da economia dos símbolos baseada no dinheiro e no crédito tornou possível o «economista-rei», o economista científico, que ao mexer em algumas simples chaves monetárias — despesas governamentais, taxa de juro, volume de crédito ou quantidade de dinheiro em circulação — iria manter um equilíbrio permanente com emprego total, prosperidade e estabilidade. Mas a conclusão de Schumpeter foi que a emergência da economia de símbolos enquanto economia dominante abria a porta à tirania. Aliás, convidava à tirania. Para ele, era pura arrogância o facto de então os economistas se proclamarem infalíveis. Mas, acima de tudo, percebeu que não seriam os economistas a exercer o poder, mas sim os políticos e os generais.

Mais tarde, no mesmo ano, pouco antes do fim da Primeira Guerra Mundial, Schumpeter publicou *The Tax State* («The Fiscal State» seria uma tradução melhor). Mais uma vez, a perceção é a mesma alcançada por Keynes 15 anos mais tarde (e, como muitas vezes reconheceu, graças a Schumpeter): o Estado moderno, através dos mecanismos de tributação e contração de empréstimos, adquiriu o poder de transferir rendimentos e, através de «pagamentos de transferência», de controlar a distribuição do produto nacional. Para Keynes, este poder era uma varinha mágica para alcançar tanto a justiça social como o progresso económico, e tanto a estabilidade económica como a responsabilidade fiscal. Para Schumpeter — talvez por ele, ao contrário de Keynes, ter estudado Marx e história —, este poder era um convite à irresponsabilidade política, porque eliminava todas as salvaguardas económicas contra a inflação. No passado, a incapacidade do Estado de tributar mais do que uma porção muito pequena do produto nacional bruto, ou de pedir emprestado mais do que uma parte muito pequena da riqueza do país, tinha tornado a inflação autolimitada. Agora, a única salvaguarda contra a inflação seria de ordem política, ou seja, a autodisciplina. E Schumpeter não era muito otimista quanto à capacidade de autodisciplina dos políticos.

O trabalho de Schumpeter como economista após a Primeira Guerra Mundial é de grande importância para a teoria económica. Ele tornou-se um dos pais da teoria do ciclo económico.

Mas a verdadeira contribuição de Schumpeter durante os 32 anos entre o fim da Primeira Guerra Mundial e a sua morte, em 1950, foi enquanto economista político. Em 1942, quando o medo de uma depressão deflacionista mundial era generalizado, Schumpeter publicou o seu livro mais conhecido, *Capitalism, Socialism and Democracy*, ainda hoje muito procurado, e merecidamente. Neste livro, Schumpeter defendeu que o capitalismo seria destruído pelo seu próprio sucesso. Isto iria gerar o que agora chamaríamos a nova classe: burocratas, intelectuais, professores, advogados, jornalistas, todos eles beneficiários dos frutos económicos do capitalismo e, na realidade, deles parasitas, e, no entanto, todos eles se opõem ao *éthos* da produção de riqueza, da poupança e da afetação de recursos à produtividade económica. Os 40 anos decorridos desde o aparecimento deste livro provaram certamente que Schumpeter foi um grande profeta.

Mais tarde, defendeu que o capitalismo seria destruído pela própria democracia que ele tinha ajudado a criar e tornado possível, pois numa democracia, para ser popular, o governo deslocaria cada vez mais os rendimentos dos produtores para os não-produtores, desviaria cada vez mais os rendimentos de onde seriam poupados para se tornarem o capital do amanhã, para onde seriam consumidos. O governo, numa democracia, estaria assim sob uma pressão inflacionista crescente. Eventualmente, profetizou ele, a inflação destruiria tanto a democracia como o capitalismo.

Quando escreveu isto em 1942, quase todos se riram. Nada parecia menos provável do que uma inflação baseada no sucesso económico. Agora, 40 anos mais tarde, surgiu como sendo o problema central da democracia e de uma economia de mercado livre, tal como Schumpeter tinha profetizado.

Os keynesianos na década de 1940 abraçaram a sua «terra prometida», na qual o economista-rei garantiria o equilíbrio perfeito de uma economia eternamente estável através do controlo do dinheiro, do crédito, dos gastos e dos impostos. Schumpeter, contudo, preocupou-se cada vez mais com a questão de como o sector público poderia ser controlado e limitado de modo a manter a liberdade política e uma economia capaz de um bom desempenho, crescimento e mudança. Quando a morte o atingiu na sua secretária, ele estava a rever o discurso presidencial que tinha dado à Associação Económica Americana apenas alguns dias antes. A última frase que escreveu foi «Os estagnacionistas estão errados no seu diagnóstico do motivo pelo qual o processo capitalista deveria estagnar; podem ainda vir a estar certos no seu prognóstico de que estagnará — com ajuda suficiente do sector público».

O ditado mais conhecido de Keynes é certamente «a longo prazo, estaremos todos mortos». Esta é uma das observações mais fátuas alguma vez feitas. É claro que, a longo prazo, estaremos todos mortos. Mas Keynes observou num momento de sensatez que os feitos dos políticos de hoje são normalmente baseados nos teoremas de economistas falecidos há muito. E é uma falácia total que, como Keynes implica, otimizar o curto prazo cria o futuro certo a longo prazo. Keynes é, em grande medida, responsável pelo enfoque extremo a curto prazo da política moderna, da economia moderna e das empresas modernas — o enfoque a curto prazo que é agora considerado, e com considerável justiça, um grande ponto fraco dos decisores políticos americanos, tanto no governo como nas empresas.

Schumpeter também sabia que as políticas têm de se enquadrar no curto prazo. Aprendeu esta lição da forma mais difícil — como ministro das Finanças da recém-formada república austríaca, na qual, sem qualquer sucesso, tentou travar a inflação antes que esta ficasse fora de controlo. Ele sabia que tinha falhado porque as suas medidas não eram aceitáveis a curto prazo — as mesmas medidas que, dois anos mais tarde, um homem que não era economista, um político e professor de teologia moral, aplicou para parar a inflação, mas apenas depois de esta ter praticamente destruído a economia e a classe média da Áustria.

Mas Schumpeter também sabia que as medidas a curto prazo de hoje têm impactos a longo prazo. Elas moldam o futuro de forma irrevogável. Não pensar no futuro das decisões a curto prazo e no seu impacto muito depois de «estarmos todos mortos» é irresponsável. Conduz também às decisões erradas. É esta ênfase constante de Schumpeter em pensar nas consequências a longo prazo do expediente, do popular, do inteligente e do brilhante que o torna um grande economista e o guia apropriado para hoje, altura em que a economia de curto prazo, engenhosa e brilhante — tal como a política de curto prazo, engenhosa e brilhante — se tornou falida.

De certa forma, Keynes e Schumpeter reproduziram o confronto mais conhecido dos filósofos da tradição ocidental — o diálogo platónico entre Parménides, o brilhante, inteligente, sofista irresistível, e o lento e feio, mas sábio, Sócrates. Ninguém nos anos entre guerras foi mais brilhante, mais esperto do que Keynes. Schumpeter, pelo contrário, parecia ser um pedestre — mas tinha sabedoria. A esperteza pode ter sucesso a curto prazo, mas a sabedoria perdura.

(1983)

PARTE II

Pessoas

CAPÍTULO TREZE

Escolher Pessoas: As Regras Básicas

OS EXECUTIVOS PASSAM mais tempo a gerir pessoas e a tomar decisões sobre pessoas do que em qualquer outra coisa, e devem fazê-lo. Nenhuma outra decisão é tão duradoura nas suas consequências ou tão difícil de anular. No entanto, de um modo geral, os executivos tomam más decisões em matéria de pessoal e de promoções de carreira. Feitas as contas, a sua média de decisões de sucesso não é melhor do que 0,333: no máximo, um terço dessas decisões são corretas; um terço são minimamente eficazes; e o outro terço são fracassos absolutos.

Em nenhuma outra área da gestão estaríamos dispostos a tolerar um desempenho tão miserável. Na verdade, não temos de tolerar e não devemos fazê-lo. Gestores a tomar decisões sobre pessoal nunca serão perfeitos, é claro, mas deveriam chegar a uma média muito perto de 1000, especialmente porque em nenhuma outra área da gestão temos tanto conhecimento.

Não obstante, as decisões de alguns executivos relativas ao pessoal já se aproximaram da perfeição. Na altura de Pearl Harbor, todos os oficiais generais do Exército dos EUA eram de idade já avançada. Embora nenhum dos homens mais jovens tivesse sido testado em combate ou num comando de tropas significativo, os Estados Unidos saíram da Segunda Guerra Mundial com o maior corpo de oficiais generais competentes que algum exército já teve. George C. Marshall, o chefe de Estado-Maior do exército, escolheu pessoalmente cada um dos homens. Nem todos foram grandes sucessos, mas praticamente nenhum foi um completo fracasso.

Nos cerca de 40 anos em que dirigiu a General Motors, Alfred P. Sloan, Jr., escolheu todos os executivos da GM — mesmo os gerentes de fabrico, controladores, gestores de engenharia e mestres mecânicos até na mais pequena divisão de acessórios. Pelos padrões atuais, a visão e os valores de Sloan podem parecer limitados. E eram. A sua preocupação era unicamente o desempenho na GM. No entanto, o seu desempenho a longo prazo na colocação de pessoas nos trabalhos certos foi impecável.

Os princípios básicos

Ninguém é infalível a julgar pessoas, pelo menos aqui na Terra. Há, no entanto, alguns executivos que levam a sério as suas decisões relativas ao pessoal e que trabalham essas decisões.

Marshall e Sloan eram dois seres humanos completamente diferentes, mas seguiram, e de forma muito consciente, os mesmos princípios na tomada de decisões sobre pessoal:

1. Se eu colocar uma pessoa num emprego e ela não tiver um bom desempenho, cometi um erro. Não tenho nada que culpar essa pessoa, não tenho nada que invocar o «Princípio de Peter», não tenho nada que me queixar. Cometi um erro.
2. «O soldado tem direito a um comando competente» já era uma velha máxima na época de Júlio César. É dever dos gestores certificarem-se de que as pessoas responsáveis nas suas organizações desempenham o seu papel.
3. De todas as decisões que um executivo toma, nenhuma é tão importante como as decisões sobre as pessoas, porque elas determinam a capacidade de desempenho da organização. Por conseguinte, é melhor que estas decisões sejam bem tomadas.
4. O único «não»: não dar a novas pessoas novas tarefas importantes, pois isso só agrava os riscos. Dê este tipo de tarefa a alguém cujo comportamento e hábitos conhece e que tenha conquistado confiança e credibilidade dentro da sua organização. Coloque um recém-chegado de alto nível primeiramente numa posição estabelecida, em que as expectativas são conhecidas e há ajuda à disposição.

Alguns dos piores fracassos em termos de colocação de pessoal a que já assisti envolveram europeus brilhantes contratados por empresas americanas — uma com sede em Pittsburgh, a outra em Chicago — para chefiar novos empreendimentos europeus. O Dr. Hans Schmidt e o Sr. Jean Perrin (os nomes são fictícios) foram aclamados como génios quando entraram. Um ano mais tarde, ambos tinham saído, totalmente derrotados.

Ninguém em Pittsburgh tinha compreendido que a experiência profissional e o temperamento de Schmidt o fariam sentar-se diante de uma nova missão durante os primeiros seis ou nove meses, pensando, estudando, planeando, preparando-se para uma ação decisiva. Schmidt, por sua vez, jamais imaginou que Pittsburgh estivesse à espera de uma ação imediata e resultados imediatos. Ninguém em Chicago sabia que Perrin, um homem sólido e determinado nos seus propósitos, era excitável e mercurial, brandia os braços, fazia discursos sobre trivialidades e fazia inúmeras iterações antes de tomar uma decisão definitiva. Embora se tenham tornado posteriormente CEO de grandes empresas europeias com grande sucesso, ambos os executivos foram fracassos em empresas que não os conheciam nem compreendiam.

Duas outras empresas americanas estabeleceram negócios com sucesso na Europa pela primeira vez durante o mesmo período (finais dos anos 60 e princípios dos anos 70). Para iniciar os seus projetos, cada uma enviou para a Europa um executivo americano que nunca tinha trabalhado ou vivido lá, mas que as pessoas nas respetivas sedes conheciam e compreendiam bem. Por sua vez, os dois gestores estavam completamente familiarizados com as suas empresas. Ao mesmo tempo, cada organização contratou meia dúzia de jovens europeus e colocou-os em cargos executivos de nível médio-alto nos Estados Unidos. Em poucos anos, cada empresa tinha uma filial europeia sólida e um corpo de executivos treinados, experientes e de confiança para a gerir.

Como o antepassado de Winston Churchill, o grande duque de Marlborough, afirmou há cerca de três séculos, «O problema básico na guerra de coligação é que se tem de confiar a vitória, ou a própria vida, a um colega comandante que se conhece pela reputação e não pelo desempenho».

Nas empresas, tal como nas forças armadas, sem um contacto pessoal constituído durante determinado período, não pode haver nem confiança nem comunicação eficaz.

As etapas da decisão

Tal como existem apenas alguns princípios básicos, existem também apenas alguns passos importantes a seguir na tomada de decisões eficazes em matéria de promoções e de pessoal:

1. Refletir bem sobre as tarefas

A descrição de um determinado cargo pode manter-se imutável durante muito tempo. Numa grande empresa transformadora, por exemplo, a descrição das funções para o cargo de diretor-geral de uma divisão praticamente não mudou desde que a empresa começou a descentralizar-se, há 30 anos. Na verdade, a descrição das funções dos bispos na Igreja Católica Romana não mudou em nada desde que a lei canónica foi codificada pela primeira vez no século XIII. Mas as tarefas mudam constantemente e de forma imprevisível.

Certa vez, no início dos anos 40, mencionei a Alfred Sloan que me pareceu que ele estava a passar um tempo excessivo a analisar as tarefas de um cargo de nível relativamente baixo — diretor-geral de vendas de uma pequena divisão de acessórios — antes de escolher entre três candidatos igualmente qualificados. «Olhe para as tarefas nas últimas vezes em que tivemos de preencher o mesmo cargo», respondeu Sloan. Para minha surpresa, descobri que os termos do trabalho eram bastante diferentes em cada ocasião.

Quando colocava um homem como comandante de divisão durante a Segunda Guerra Mundial, George Marshall analisava sempre primeiro a natureza da missão durante os 18 meses ou dois anos seguintes. Criar uma divisão e treiná-la é uma tarefa. Liderá-la em combate é outra bastante diferente. Assumir o comando de uma divisão que sofreu graves danos e restaurar o seu moral e força de combate é ainda outra.

Quando a tarefa é selecionar um novo diretor regional de vendas, o executivo responsável deve primeiro saber qual é o cerne da tarefa: recrutar e formar novos vendedores porque, por exemplo, a atual força de vendas está a aproximar-se da idade da reforma? Ou será para abrir novos mercados porque os produtos da empresa, embora se estejam a sair bem com as indústrias mais antigas na região, não conseguiram penetrar em mercados novos e em crescimento? Ou será, uma vez que o grosso das vendas ainda provém de produtos com 25 anos, para estabelecer uma presença de mercado para os novos produtos da empresa? Cada um deles é uma tarefa diferente e requer um tipo de pessoa diferente.

2. Considere várias pessoas potencialmente qualificadas

A palavra de controlo aqui é *número*. As qualificações formais são o ponto de partida; a sua ausência desqualifica automaticamente o candidato. É igualmente importante que a pessoa e a tarefa se encaixem uma na outra. Para tomar uma decisão eficaz, um executivo deve analisar três a cinco candidatos qualificados.

3. Pense bem sobre como olhar para estes candidatos

Se um executivo estudou a missão, ele ou ela compreende o que uma nova pessoa precisaria de fazer com alta prioridade e esforço concentrado. A questão central não é «O que pode este ou aquele candidato fazer ou não fazer». É, antes, «Quais são os pontos fortes que cada um possui e serão estes os pontos fortes certos para a missão?» Os pontos fracos são limitações, que podem, naturalmente, excluir um candidato. Por exemplo, uma pessoa pode ser muitíssimo qualificada para os aspectos técnicos de um trabalho, mas se o trabalho requer acima de tudo a capacidade de construir uma equipa e essa capacidade não existe, então não é a pessoa certa.

Mas os executivos eficazes não começam por olhar para os pontos fracos. Não se pode obter um bom desempenho a partir de fraquezas. Só se pode fazê-lo com base nos pontos fortes. Tanto Marshall como Sloan eram homens altamente exigentes, mas ambos sabiam que o que importava era a capacidade de fazer a tarefa atribuída. Se isso existir, a empresa pode sempre fornecer o resto. Se não existir, o resto é inútil.

Se, por exemplo, uma divisão precisasse de um oficial para uma missão de formação, Marshall procurava pessoas que pudessem transformar os recrutas em soldados. De um modo geral, todos os homens que eram bons nesta tarefa tinham sérias fraquezas noutras áreas. Um não era particularmente eficaz como comandante tático e era claramente incapaz no que dizia respeito a estratégia. Outro tinha uma falta de tato aguda e metia-se em apuros com a imprensa. Um terceiro era vaidoso, arrogante, egoísta e discutia constantemente com o seu comandante. Não interessa, sabia treinar recrutas? Se a resposta fosse sim — e especialmente se a resposta fosse «ele é o melhor» —, o emprego era dele.

Ao escolher os membros dos seus gabinetes, Franklin Roosevelt e Harry Truman disseram: «Não importam as fraquezas pessoais. Digam-me primeiro o que cada um deles é capaz de fazer.» Pode não ser coincidência que estes dois Presidentes tivessem os gabinetes mais fortes da história dos EUA do século XX.

4. Discutir cada um dos candidatos com várias pessoas que trabalharam com eles

O juízo de um só executivo é inútil. Uma vez que todos nós temos primeiras impressões, preconceitos, gostos e aversões, temos de ouvir o que pensam outras pessoas. Quando os militares escolhem oficiais generais ou a Igreja Católica escolhe bispos, este tipo de discussão extensiva é um passo formal no processo de seleção. Os executivos competentes fazem-no informalmente. Nos últimos tempos, Hermann Abs, o antigo chefe do Deutsche Bank, escolheu mais executivos de sucesso do que qualquer outra pessoa. Escolheu pessoalmente a maioria dos gestores de alto nível que conseguiram o «milagre económico» alemão do pós-Guerra, e informou-se sobre cada um deles primeiro com três ou quatro dos seus antigos chefes ou colegas.

5. Certifique-se de que a pessoa nomeada compreende o trabalho

Quando o nomeado já estiver no novo cargo há três ou quatro meses, ele ou ela deve concentrar-se nas exigências dessa nova posição e não nos requisitos que cumpria nas funções anteriores. É da responsabilidade do executivo chamar essa pessoa e dizer-lhe: «Há três meses que é diretor regional de vendas — ou outro cargo qualquer. O que tem de fazer para ser bem-sucedido no seu novo emprego? Pense bem e venha ter comigo daqui a uma semana ou dez dias e mostre-me por escrito. Mas posso desde já dizer-lhe uma coisa: aquilo que fez para ser promovido para este lugar é quase certo que agora já não se adequa.»

Se não seguir este passo, não culpe o candidato pelo mau desempenho. Culpe-se a si próprio. Falhou no seu dever como gestor.

A maior causa de promoções falhadas — e este é o maior desperdício que conheço na gestão dos EUA — é o fracasso em pensar, e ajudar os outros a pensar, no que um novo trabalho requer. Um caso muito típico é o de um antigo aluno meu, brilhante, que me telefonou há alguns meses, quase em lágrimas. «Tive a minha primeira grande oportunidade há um ano», disse ele. «A minha empresa fez-me diretor de engenharia. Agora dizem-me que acabou. No entanto, fiz um trabalho melhor do que nunca. Na verdade, concebi três novos produtos de sucesso para os quais vamos obter patentes.»

É humano dizer a nós próprios: «Devo ter feito algo bem ou não teria conseguido este novo trabalho importante. Portanto, o melhor é continuar a fazer mais daquilo que me levou a conseguir a promoção, agora que a consegui.» Não é intuitivamente óbvio para a maioria das pessoas que um trabalho novo e diferente requer um comportamento novo e diferente. Há quase 50 anos, um chefe meu questionou-me quatro meses depois de me ter promovido para uma posição de muito mais responsabilidade. Até ao momento em que ele me chamou à parte, eu tinha estado a fazer o mesmo que fazia antes. A seu crédito, ele compreendeu que era sua responsabilidade fazer-me ver que um novo trabalho implicava um comportamento diferente, um foco diferente e relacionamentos diferentes.

As decisões de alto risco

Mesmo que os executivos sigam todos estes passos, algumas das decisões sobre pessoal continuarão a falhar. Estas são, na sua maioria, as decisões de alto risco que, ainda assim, têm de ser tomadas.

Existe, por exemplo, um elevado risco na escolha de gestores em organizações de profissionais — por exemplo, num laboratório de investigação ou num departamento de engenharia ou jurídico de uma empresa. Os profissionais não aceitam prontamente como seu chefe alguém cujas credenciais na sua área eles não respeitem. Ao escolherem um gestor de engenharia, as escolhas limitam-se, portanto, aos engenheiros de topo do departamento. No entanto, não há nenhuma correlação (a menos que seja negativa) entre o desempenho como engenheiro e o desempenho como gestor. O mesmo se aplica quando um gestor operacional de alto desempenho é promovido a um posto de gestão de pessoal na sede ou quando um perito em pessoal passa para uma posição de linha. Temperamentalmente, as pessoas operacionais são frequentemente inadequadas às tensões, frustrações e relações do trabalho com pessoal, e vice-versa. Um gestor de vendas regional de primeira categoria pode muito bem tornar-se totalmente ineficaz se for promovido para estudos de mercado, previsão de vendas ou cálculo de preços.

Não sabemos como testar ou prever se o temperamento de uma pessoa se adequa a um novo ambiente. Só podemos descobri-lo por experiência. Se uma mudança de um tipo de trabalho para outro não resultar, o executivo que tomou a decisão tem de remover a pessoa desajustada, e rapidamente. Mas esse executivo também tem de dizer: «Cometi um erro, e a minha função é corrigi-lo». Manter uma pessoa desajustada num trabalho que não consegue fazer não é ser gentil; é ser cruel. Mas também não é razão para despedir a pessoa. Uma empresa tem sempre trabalho para um bom engenheiro, um bom analista, um bom gestor de vendas. O procedimento adequado — e que funciona na maioria das vezes — é oferecer ao funcionário desajustado um regresso ao antigo emprego ou um equivalente.

As decisões relativas a pessoal também podem falhar por um emprego se ter tornado aquilo a que os capitães dos navios da Nova Inglaterra há 150 anos chamavam um *faz-viúvas*. Quando um veleiro *clipper*, por muito bem concebido e construído que fosse, começava a ter «acidentes» fatais, os proprietários não redesenhavam ou reconstruíam o navio. Destruíam-no o mais rapidamente possível.

Os trabalhos faz-viúvas — isto é, empregos que regularmente derrotam até pessoas competentes — aparecem com mais frequência quando uma empresa cresce ou muda rapidamente. Por exemplo, nos anos 60 e início dos anos 70, o emprego de «vice-presidente internacional» nos bancos americanos tornou-se um faz-viúvas. Este sempre foi um cargo fácil de preencher. De facto, há muito que este era considerado um trabalho em que os bancos também podiam colocar com segurança um funcionário «de segunda» e esperar que este tivesse um bom desempenho. Mas, de repente, este cargo começou a derrotar novos nomeados uns após outros. Em retrospetiva, conseguimos agora perceber que o que aconteceu foi que a atividade internacional se tornou rapidamente, e sem aviso prévio, parte do funcionamento diário dos grandes bancos e das empresas suas clientes. Aquele que era até então um trabalho fácil tornou-se, literalmente, um «não trabalho» que ninguém podia fazer.

Sempre que um trabalho derrota duas pessoas seguidas, que nas suas missões anteriores tinham tido um bom desempenho, uma empresa tem um cargo faz-viúvas entre mãos. Quando isto acontece, um executivo responsável não deve pedir ao *headhunter* um génio universal. Deve, em vez disso, abolir o cargo. Qualquer trabalho que pessoas normalmente competentes não possam desempenhar é um trabalho que não pode ser desempenhado por ninguém. A menos que seja alterado, irá previsivelmente derrotar a terceira pessoa nomeada da mesma forma que derrotou as duas primeiras.

Tomar as decisões corretas sobre pessoal é o meio mais importante para controlar bem uma organização. Essas decisões revelam quão competente é a gestão, quais são os seus valores e se leva a sério o seu trabalho. Por mais que os gestores tentem manter as suas decisões em segredo — e alguns ainda se esforçam —, as decisões relativas ao pessoal não podem ser escondidas. Estas são eminentemente visíveis.

Muitas vezes, os executivos não têm como avaliar se uma jogada estratégica é uma jogada sábia — nem estão necessariamente interessados em saber. «Não sei porque estamos a comprar esta empresa na Austrália, mas não vai interferir com o que estamos a fazer aqui em Fort Worth» é uma reação comum. Mas quando esses mesmos executivos têm conhecimentos de que «O Joe Smith foi nomeado controlador na divisão XYZ», normalmente conhecem Joe muito melhor do que a gestão de topo. Estes executivos poderão dizer: «O Joe merece a promoção; é uma excelente escolha, exatamente a pessoa de que a divisão necessita para obter os controlos adequados ao seu rápido crescimento.»

No entanto, se Joe foi promovido por ser um político, todos o saberão. Todos dirão a si próprios: «Muito bem, esta é a forma de subir nesta empresa.» Desprezarão a administração por forçá-los a tornarem-se políticos, mas ou desistirão ou acabarão por se tornar eles próprios políticos. Como já sabemos há muito tempo, as pessoas nas organizações tendem a comportar-se da mesma forma que aqueles que veem ser recompensados. E quando as recompensas vão para o não-desempenho, para a lisonja ou para a mera esperteza, a organização declinará rapidamente no sentido do não-desempenho, da lisonja ou da esperteza.

Os executivos que não se esforçam por tomar as decisões corretas para o seu pessoal fazem mais do que arriscar-se a ter um mau desempenho. Arriscam-se a perder o respeito da sua organização.

(1985)

CAPÍTULO CATORZE

Medir a Produtividade dos Trabalhadores Administrativos

NOS ESTADOS UNIDOS, os trabalhadores administrativos já são substancialmente mais numerosos do que os trabalhadores fabris e absorvem uma parte ainda maior do total das despesas salariais. Representam, por exemplo, quase dois terços do total dos custos hospitalares. Mesmo nas indústrias tradicionais de operários, como é o caso dos automóveis, as despesas totais com salários dos trabalhadores administrativos são quase iguais às da força de trabalho fabril. No entanto, poucas administrações parecem muito preocupadas com a produtividade destes trabalhadores. A sua desculpa é: «Ninguém sabe como medi-la.»

Mas isto simplesmente não é verdade. Os critérios que temos podem ser rudimentares, mas são perfeitamente adequados.

O critério mais útil é a relação entre o número de unidades de produção, ou seja, os automóveis fabricados ou os dias de internamento no hospital, e o número de trabalhadores administrativos que constam da folha de pagamentos (ou o número de horas pagas a estes trabalhadores). Isto mede a posição competitiva de uma empresa ou de uma indústria. Decerto que uma empresa, independentemente da qualidade dos seus produtos ou da sua reputação no mercado, está em séria desvantagem competitiva se a produtividade dos seus funcionários de escritório for substancialmente inferior à da concorrência, seja nacional ou estrangeira.

Esta proporção permite-nos ainda identificar a localização de qualquer falta de produtividade destes funcionários e as suas causas, pois para além da relação entre a produção e o total de empregados de escritório, podemos geralmente também medir a relação entre o total da produção total e os grupos dentro da força de trabalho de escritório. E essa bitola indica a quantidade de melhorias a que se pode aspirar com uma probabilidade justa de sucesso. Não produz um valor absoluto ou ideal, mas compara uma organização com outra concorrente. Seguramente que o que uma empresa fez a outra pode sempre esforçar-se para alcançar, ou até para melhorar.

Finalmente, esta medição diz-nos se uma empresa ou uma indústria está a melhorar a produtividade dos funcionários ou a perder terreno e, com ela, a posição competitiva.

A maioria, se não a totalidade, da diferença de 1500 dólares em custos de mão-de-obra entre um pequeno carro fabricado nos Estados Unidos e um fabricado no Japão é explicada pelos salários, benefícios e regras sindicais de trabalho, e não por qualquer diferença na produtividade. Mas o Japão produz bastante mais carros por 100 empregados de escritório do que Detroit. E não é difícil descobrir onde Detroit fica para trás. Os fabricantes de automóveis dos EUA não empregam substancialmente mais engenheiros por carro fabricado e vendido do que os japoneses. Empregam menos — provavelmente demasiado poucos — funcionários de escritório para servir concessionários e clientes. Mas Detroit emprega muito mais escriturários, supervisores de escriturários e gestores de escriturários na manutenção de registos, relatórios e controlo. Substitui a informação por papel. Esta é uma doença tenaz, mas curável.

Medir a produtividade dos funcionários tem sido o verdadeiro «segredo» das cadeias hospitalares bem-sucedidas. «Quando ouvimos falar de um hospital que está à venda, analisamos cuidadosamente a sua base populacional, o pessoal médico e o equipamento», explica o diretor executivo de uma cadeia hospitalar. «Quando qualquer um destes valores está abaixo das normas, não tocamos no local. Mas sete em cada dez hospitais estão em apuros por causa de uma produtividade do pessoal abaixo do padrão. Uma vez identificado, este problema não é muito difícil de curar. Prevemos que os funcionários de um hospital que compramos atinjam em 12 a 18 meses a mesma produtividade dos funcionários de qualquer hospital médio da nossa cadeia. Isso ainda é bastante baixo em comparação com os nossos hospitais mais bem geridos, mas normalmente é o suficiente para transformar a anterior perda em lucro.»

A relação entre a produção e o emprego de escritório também nos permite comparar o passado com o presente e estabelecer objetivos para o futuro.

Saber se a produtividade deste tipo de trabalho sobe ou desce é especialmente importante à medida que uma empresa (ou indústria) cresce. Num negócio em rápido crescimento, o número de trabalhadores fabris sobe geralmente em proporção direta à produção, desde que outros fatores como a tecnologia e o equipamento de capital permaneçam iguais. Mas o emprego de funcionários de escritório deve aumentar muito mais lentamente do que a produção e as vendas num negócio em rápido crescimento, talvez apenas a metade do ritmo de crescimento. Se aumentar tão rapidamente como a produção ou as vendas, e ainda pior, se aumentar mais rapidamente, o negócio corre o risco de se tornar não competitivo, e depressa. Uma perda na produtividade dos empregados de escritório é normalmente o primeiro sinal de uma «crise de crescimento» que se avizinha, e um sinal altamente fiável. Ainda que a empresa ganhe posição no mercado, perde força competitiva. E nada é mais vulnerável ao ataque competitivo do que uma empresa que combina liderança de mercado com produtividade não competitiva por parte deste tipo de funcionários. Convida ao ataque, mas não dispõe de meios para se defender.

Na verdade, a produtividade destes empregados, tal como toda a produtividade, deve subir de forma constante. Se assim não for, em breve irá descer. A produtividade destes funcionários requer, portanto, um objetivo de melhoria e os meios para acompanhar o progresso em direção a esse objetivo. Também isto é fornecido pela relação entre a produção e o emprego de escritório, de forma rudimentar, mas adequada.

Há mais três métricas altamente úteis da produtividade destes funcionários. Podem ser comparadas com as medições da pressão arterial e do peso no corpo humano envelhecido: dão um alerta precoce das tendências degenerativas mais comuns e mais perigosas.

A primeira é o tempo que é necessário para que um novo produto ou serviço saia com êxito da fase de desenvolvimento para o mercado. Este pode ser o maior fator determinante do sucesso num mercado competitivo e é aquele em que o desempenho das empresas americanas (especialmente dos fabricantes americanos) se deteriorou significativamente nos últimos 10 ou 15 anos. Esta métrica é também o critério mais facilmente disponível da eficácia com que o nosso recurso mais caro, o trabalhador intelectual, realmente trabalha.

Em segundo lugar, e estreitamente relacionado com o primeiro, há o número de novos produtos e serviços bem-sucedidos que foram introduzidos num determinado período, especialmente em comparação com a concorrência nacional e internacional. Isto também é uma medida da produtividade dos trabalhadores administrativos, e especialmente dos trabalhadores intelectuais. Mais uma vez, os fabricantes norte-americanos deterioraram-se nesta área durante os últimos 10 ou 15 anos, tanto em relação ao desempenho anterior como em relação à concorrência estrangeira, por exemplo, os fabricantes japoneses ou alemães de automóveis ou a Sony. Em contrapartida, esta é provavelmente a área em que a indústria competitiva mais bem-sucedida da América, os serviços financeiros, melhorou muito, tanto em relação ao próprio recorde histórico como em relação à concorrência estrangeira.

E, em terceiro lugar, há um certo número de pessoal de apoio e, especialmente, os níveis de gestão necessários para uma determinada produção. O ideal seria que ambos, e especialmente os níveis de gestão, não aumentassem de todo com o volume de produção. Talvez nas organizações modernas ambos devessem realmente descer, pois existe uma «economia de escala da informação», tal como existem «economias de escala» de produção. Porém, certamente se os serviços de pessoal e os níveis de gestão subirem tão depressa como a produção ou, pior, mais depressa, a empresa não será capaz de gerir a produtividade dos seus funcionários de escritório e, em breve, perderá força competitiva.

Nada disto é particularmente novo ou sofisticado. Os grandes retalhistas americanos conhecem o número de clientes atendidos pelos vendedores e o número de vendas realizadas desde que a Sears Roebuck introduziu estas medidas de produtividade por volta de 1930. Isto explica porque é que o grande retalhista americano ainda é mais produtivo do que os retalhistas noutros locais, à exceção apenas da cadeia britânica Marks & Spencer. Também nos Laboratórios Bell não há ninguém que se lembre de uma altura em que a produtividade dos cientistas e engenheiros não fosse avaliada e valorizada com regularidade.

No entanto, a maioria das chefias americanas, e praticamente toda a nossa discussão pública, não presta atenção à produtividade deste tipo de empregados. Concentra-se nos trabalhadores fabris. Melhorar a produtividade dos trabalhadores fabris é, evidentemente, muito importante, e já devia ter sido feito há muito, mas é uma ação de retaguarda. Não podemos pretender competir contra a vasta oferta de jovens trabalhadores de salários baixos nos países em vias de desenvolvimento através da produtividade dos trabalhadores fabris, por muito que a melhoremos. A única vantagem competitiva que os Estados Unidos — e todos os outros países desenvolvidos — podem ter reside em tornar produtivo o seu único recurso abundante: pessoas com longos anos de escolaridade que só estão disponíveis para o trabalho de escritório. Para o resto deste século, e pelo próximo adentro, a batalha competitiva será ganha ou perdida pela produtividade dos funcionários de escritório.

(1985)

CAPÍTULO QUINZE

Terá Chegado o Crepúsculo dos Supervisores de Primeira Linha?

NENHUM TRABALHO VAI mudar mais na próxima década do que o do supervisor de primeira linha, tanto nas fábricas como nos escritórios — e poucas pessoas na força de trabalho estão menos preparadas para as mudanças e menos propensas a acolhê-las.

A automação é uma das forças que vai alterar drasticamente o papel do supervisor. Num processo automatizado, os trabalhadores não podem ser «supervisionados»; cada trabalhador tem de estar praticamente no controlo do processo, tem de o compreender, saber programar as máquinas pelas quais é responsável e redefini-las. Num processo automatizado, o trabalhador deixa de ser operador para ser programador. Em vez de um supervisor, precisa de um assistente. Precisa de informação e formação contínua. Precisa de alguém que se certifique de que as peças e os fornecimentos chegam a tempo e na sequência adequada. Precisa de coordenação com outras partes do processo.

A maior parte dos trabalhadores de nível básico tem pouca dificuldade em adaptar-se à automação, mas os seus supervisores têm. Quando a Nissan robotizou a sua grande fábrica de montagem de automóveis nos arredores de Yokohama, a formação dos trabalhadores para os novos trabalhos decorreu sem problemas de monta, mas praticamente todos os supervisores tiveram de ser transferidos para fábricas tradicionais. Os supervisores de escritório podem enfrentar mudanças ainda maiores e mais difíceis.

Igualmente traumáticas serão as mudanças nos relacionamentos dentro das indústrias — especialmente no trabalho fabril. Estas mudanças ameaçam a autoridade do supervisor e a sua autoimagem. As empresas que introduziram círculos de qualidade estavam à espera de se depararem com resistência por parte dos trabalhadores fabris, mas não houve praticamente nenhuma. Já os supervisores resistiram fortemente. A ideia geral do círculo de qualidade é que o operador da máquina sabe mais sobre o trabalho do que qualquer outra pessoa. O que fazer então com a autoridade do supervisor?

Pior ainda, nos círculos de qualidade e em todos os programas semelhantes, o funcionário da base trabalha diretamente com o pessoal dos quadros — com o controlo de qualidade, os engenheiros industriais, a programação e a manutenção da produção. Mas para o supervisor tradicional da indústria americana, o controlo do acesso dos trabalhadores a este pessoal é central para a sua autoridade e estatuto. Todas as outras mudanças nas relações industriais ao nível da produção que estão agora a ser experimentadas diminuem igualmente a autoridade e reduzem o controlo do supervisor, transferindo o poder para o trabalhador: benefícios flexíveis, participação no capital, bónus de produtividade, participação nos lucros, e assim por diante. Tudo isto se baseia no pressuposto de que o trabalhador assume a responsabilidade, tem o controlo, manda, em vez de ser mandado.

Nos escritórios existe um problema adicional: um crescente fosso entre gerações. Os supervisores de escritório tendem a ser o grupo mais antigo da força de trabalho. E este é um grupo constituído, em grande parte, por pessoas que não foram promovidas e que ficaram para trás na rápida expansão dos últimos 15 a 20 anos. As pessoas que eles supervisionam são cada vez mais jovens e mais bem escolarizadas. Num inquérito recente sobre a rotação anormalmente elevada de funcionários numa companhia de seguros a nível nacional, as razões mais comuns para desistir, dadas por ex-funcionários, foram «O meu supervisor era simplesmente inculto» e «O meu supervisor queria que usássemos canetas de pena, quando eu fui treinado para usar processadores de texto e computadores».

Pode argumentar-se que o supervisor tradicional é um anacronismo e um impedimento à produtividade.

Não se trata de um argumento novo. A IBM, dificilmente uma empresa permissiva, aceitou-o há 25 anos, quando aboliu o cargo de supervisor tradicional nas suas fábricas e o substituiu pelo de gestor cujo papel não é, de todo, o de supervisionar. O gestor da IBM é um professor, um expedidor e um assistente. Ele ou ela tem um mínimo de poder disciplinar e um máximo de responsabilidade para que o grupo de trabalho se responsabilize pelas suas tarefas, pela conceção dos seus trabalhos, pelas normas de produção e pelo trabalho de equipa. O trabalho de supervisão na IBM é, em grande parte, desempenhado pelos próprios operários, homens ou mulheres que o próprio grupo de trabalho designa como chefes de equipa e para os quais o gestor é um recurso e um assistente. Mas na maior parte das empresas americanas, os supervisores continuam a ser o que eram há muitos anos, um chefe, embora pouco reste da autoridade e responsabilidade que o chefe tinha há 50 anos, antes da chegada dos sindicatos e das poderosas funções dos vários tipos de pessoal.

Nos últimos anos, em muitas empresas, a ênfase voltou a recair na formação dos supervisores de primeira linha — e não era sem tempo —, pois aprendemos que a formação em novos processos de produção e novas relações industriais tem de começar pelo supervisor de primeira linha. Só quando os supervisores tiverem recebido formação completa é que poderemos formar trabalhadores com sucesso. Por exemplo, em todo o lado onde os círculos de qualidade foram bem-sucedidos, foram primeiramente testados com os supervisores de primeira linha, antes de serem aplicados aos trabalhadores em geral. O círculo de qualidade tornou-se, assim, o programa e a ferramenta dos supervisores (tal como acontece no Japão). Na altura em que o círculo se estendeu aos restantes funcionários, os supervisores também tinham aceitado o círculo de qualidade como forma de obter reconhecimento e estatuto.

Do mesmo modo, numa recente grande mudança para benefícios flexíveis numa grande fábrica de produção em massa, a chave para um eventual sucesso foram os supervisores de primeira linha e o seu envolvimento ativo. Antes de a empresa se comprometer com a nova abordagem, fez com que as especificidades fossem definidas por uma equipa de supervisores de primeira linha experientes. O grupo trabalhou durante vários meses com atuários consultores, desenvolveu com eles alternativas e opções, testou vários programas e ficou a conhecer a fundo o que cada um deles envolvia, o que cada um implicava em termos de benefícios adicionais e/ou «perdas» para cada grupo de empregados, e que novas responsabilidades cada um dos programas propostos iria impor aos supervisores de primeira linha. Só então é que a direção se reuniu com o sindicato para elaborar uma grande mudança na filosofia das relações laborais e nos contratos.

Precisamos de formação para um papel diferente em vez de reafirmar a função do supervisor tradicional. Para beneficiar das mudanças — na tecnologia, nas relações industriais, na demografia —, precisamos de um supervisor de primeira linha mais forte, mais confiante e mais responsável. Precisamos de fazer o que a IBM fez há 25 anos, quando determinou que o trabalho dos seus «gestores» era trazer à tona e pôr ao serviço os pontos fortes da força de trabalho: competência e conhecimento e capacidade de assumir responsabilidades. Isto não é ser permissivo; pelo contrário, é ser exigente. Mas é exigir coisas muito diferentes do que as empresas americanas em geral (ajudadas e incentivadas pelos contratos e relações sindicais tradicionais) têm vindo a exigir da primeira linha.

Durante e logo após a Segunda Guerra Mundial, os supervisores de primeira linha eram o centro das preocupações em matéria de relações industriais. Durante alguns curtos anos, pareceu que os supervisores de primeira linha se iriam sindicalizar para se defenderem tanto contra a administração de topo, por um lado, como contra os sindicatos dos trabalhadores que supervisionavam, por outro. Durante este breve período, as administrações prestaram atenção aos supervisores — à sua formação, ao seu estatuto e à sua remuneração. Nos últimos 40 anos, contudo, as empresas americanas, com algumas exceções, tomaram como garantidos os supervisores de primeira linha. Mas, na próxima década, os supervisores tornar-se-ão de novo centrais nas relações industriais. De facto, o estatuto, autoridade e responsabilidade dos supervisores — bem como a remuneração e oportunidades promocionais — podem tornar-se o nosso problema mais premente e difícil na gestão de pessoas no local de trabalho.

(1983)

CAPÍTULO DEZASSEIS

Executivos Remunerados em Excesso: O Efeito da Ganância

O IGUALITARISMO NUNCA teve grande apelo neste país, exceto para meia dúzia de intelectuais. Agora, no entanto, alguns rendimentos elevados de um número muito reduzido de executivos de topo de empresas estão a tornar-se uma questão nacional.

As remunerações dos executivos fizeram o papel de fantasma de Banquo nas negociações laborais de 1984. Não é, evidentemente, uma «questão negociável»; se tivesse sido levantada pelo sindicato, a direção tê-la-ia certamente declarado como irrelevante e inadmissível. No entanto, a remuneração dos executivos foi claramente o maior obstáculo às tentativas da direção de limitar os aumentos salariais para os escalões mais baixos e, assim, evitar uma inflação renovada e melhorar a sua posição competitiva. Existe demasiado ressentimento nas fileiras sindicais por, em muitas grandes empresas — especialmente nas indústrias transformadoras —, as concessões salariais e cedências dos sindicatos durante 1982 e 1983 terem sido seguidas por aumentos substanciais no «pacote de compensação total» dos executivos de topo. E onde quer que uma direção de topo, durante esses anos, tenha efetivamente efetuado cortes nas indemnizações, há muito que as restaurou, e normalmente com juros compostos. Se os dirigentes sindicais não fizerem essa afirmação, os seus membros fá-lo-ão.

O ressentimento em relação à remuneração da gestão de topo não se limita, de forma alguma, aos sindicatos e aos operários. Estende-se até às fileiras dos profissionais e gestores. Um grande fornecedor de materiais e serviços de defesa, por exemplo, perdeu cerca de 20 engenheiros e gestores de engenharia seniores em 1983 — alguns deles com 25 anos de serviço na empresa. Todos desistiram pela mesma razão. Um deles disse: «Enquanto os nossos aumentos salariais no ano passado foram mantidos em 3% com o argumento de que qualquer outro aumento seria inflacionário, as nove pessoas do grupo de gestão de topo votaram para si próprias bónus e opções de compra de ações adicionais no valor de 25% a 30% de aumento na sua remuneração — e isso é simplesmente desonesto». Escusado será dizer que nenhum destes homens é antinegócios ou sequer minimamente liberal.

O ressentimento contra esta perceção de ganância e abuso de poder em lugares cimeiros será provavelmente expresso em futuras faturas fiscais: aumentando a taxa máxima de imposto sobre rendimentos elevados, por exemplo; aumentando os impostos sobre ganhos de capital, ou penalizando as opções de compra de ações dadas aos executivos. De facto, uma proposta antiga — esquecida nestes últimos 30 ou 40 anos — está a ser recuperada: estabelecer um limite máximo para o montante pago a um executivo em compensação total (salário, bónus, provisão de pensões, seguro de saúde, opções de compra de ações, etc.) que é dedutível nos impostos para a empresa empregadora.

Todos sabem, evidentemente, que tais medidas não produzirão um cêntimo de receitas adicionais; pelo contrário, irão reduzi-la. Quase todos os defensores destas medidas concordariam também que estas são suscetíveis de prejudicar a economia, mas argumentariam que não limitar ou penalizar a compensação executiva excessiva causaria ainda mais danos, provocando exigências salariais inflacionistas e criando conflitos de classe divisionistas. Esta atitude não se limita aos chamados inimigos dos negócios. O mais ardente defensor de um limite à dedutibilidade fiscal sobre a remuneração dos executivos num recente seminário de gestão foi o consultor fiscal conservador de uma das maiores empresas do país.

Os gestores de topo, e especialmente os das grandes empresas, argumentarão que os ataques às remunerações dos executivos como sendo «excessivas» são totalmente infundados. As remunerações dos executivos, dirão, têm vindo a diminuir nos Estados Unidos nos últimos 30 anos, tanto se ajustadas à inflação como se comparadas com o pacote total de remunerações dos operários, em que os salários e especialmente os benefícios têm subido duas vezes mais depressa do que a inflação. De facto, até níveis bastante elevados nas grandes empresas — imediatamente abaixo do diretor-geral de divisão, como regra geral — a remuneração dos gestores está muito abaixo de qualquer parâmetro histórico. Os quadros médios, tais como supervisores de engenharia ou superintendentes de fábrica costumavam ganhar, depois dos impostos, cerca de três vezes mais do que os operários. Sendo que o pacote de compensação total para os trabalhadores fabris nas indústrias de produção em massa sindicalizadas, tais como aço ou automóveis, perfaz hoje em dia perto de 50 mil por ano — ou cerca de 43 mil líquidos por ano, porque mais de metade do pacote de compensação dos trabalhadores fabris é isenta de impostos ou estes são reduzidos, tais como os pagamentos para o fundo de pensões —, atualmente, os quadros médios recebem pouco mais do que os trabalhadores fabris. Até níveis de gestão bastante elevados, a distribuição de rendimentos nas empresas tornou-se extremamente igualitária, talvez até em demasia.

Mas a verdadeira questão não é a «compensação dos executivos» agregados. É a compensação de um pequeno grupo — não mais do que mil pessoas — no topo de um número muito reduzido de empresas gigantes. Estatisticamente, este grupo é totalmente insignificante, sem dúvida. Mas os seus membros gozam de grande visibilidade. E ofendem o sentido de justiça de muitos, aliás, da maioria das próprias pessoas das administrações. E são vistos como a encarnação da ética e dos valores dos negócios e da gestão americana.

Poucas pessoas — e provavelmente ninguém fora do quadro executivo — encontram justificação para estas remunerações muito elevadas dos executivos. Há pouca correlação entre elas e o desempenho da empresa. Os nossos concorrentes mais exigentes, os japoneses, pagam aos seus executivos de topo muito menos do que nós: cerca de um quarto dos nossos salários de gestão de topo e raramente mais do que oito vezes o que pagam aos operários. No entanto, as suas empresas não estão a sair-se muito mal. Mesmo nos Estados Unidos, encontramos incongruências gritantes dentro da mesma indústria: empresas que pagam muito mais de 1 milhão de dólares aos quadros superiores e, ainda assim, registam um desempenho bastante fraco, lado a lado com empresas que mal pagam metade disso e, ainda assim, conseguem fazer muito melhor.

De facto, a única correlação que temos vai no sentido oposto: a descoberta que J. P. Morgan fez há 80 anos de que a única coisa que tinham em comum as empresas que eram clientes da J. P. Morgan & Co. e que tinham um mau desempenho era cada executivo de topo da empresa receber mais de 130% da compensação das pessoas do escalão seguinte e estas, por sua vez, mais de 130% da compensação das pessoas do escalão imediatamente abaixo delas, e assim por diante. Salários muito elevados no topo, concluiu Morgan — que não desprezava grandes quantias de dinheiro nem era um «anticapitalista», de todo —, perturbam a equipa. Fazem com que mesmo as pessoas de alto nível da empresa vejam a sua própria gestão de topo como adversários e não como colegas — tal como o fornecedor de defesa mencionado anteriormente. E isso apaga qualquer vontade de dizer «nós» e de fazer um esforço, exceto no seu próprio interesse pessoal imediato.

Uma solução poderia ser estabelecer uma ligação visível entre a remuneração dos executivos e o bem-estar dos funcionários. Especialmente nas indústrias transformadoras, as administrações estão agora a tentar estabelecer essa ligação entre o bem-estar dos empregados e o desempenho da empresa através da posse de ações por parte dos empregados ou da sua participação nos lucros. Um complemento a isto poderia ser a ligação entre a remuneração dos executivos de topo e a segurança no emprego. Isto tem óbvios inconvenientes, claro. Recompensa a gestão de topo por manter o emprego — e com ele os custos — em níveis elevados. Mas pelo menos evitaria aquilo de que os empregados mais se ressentem: as pessoas de topo receberem grandes aumentos no mesmo ano em que uma empresa corta os salários dos funcionários das fábricas e dos escritórios.

Uma forma mais simples seria uma limitação voluntária do pacote de compensação total líquida pago a qualquer empregado — incluindo o diretor executivo — a um múltiplo predefinido do pacote de remuneração total líquida dos funcionários da base. O efeito real de tal medida seria mínimo; na maioria das empresas, seria nulo, mas o impacto psicológico seria considerável. Se o múltiplo fosse, por exemplo, fixado em 20, resultando num máximo de cerca de 850 mil para pessoas de topo, afetaria apenas cerca de 500 executivos no conjunto das empresas americanas. Se o múltiplo fosse fixado em 15 — com um resultado máximo líquido de cerca de 650 mil atualmente — cerca de mil pessoas seriam afetadas. Esses múltiplos seriam eminentemente aceitáveis e seriam muito inferiores ao que, segundo um bom número de inquéritos, os assalariados pensam que os executivos de topo fazem — «50 vezes mais do que eu recebo» é o palpite mais comum.

«Mas nas maiores empresas», dirão os quadros superiores, «a remuneração avultada dos executivos é necessária porque na nossa cultura a posição tem de ser expressa através do rendimento. Cada nível de gestão tem de ganhar mais do que o nível imediatamente abaixo — e se for a General Motors ou a Exxon ou a U.S. Steel, temos 20 níveis de gestão de modo que quem está no topo acaba por ficar com mais de um milhão de dólares se o operário receber 50 mil dólares por ano. De qualquer modo, estes rendimentos elevados são, em grande parte, simbólicos: o Tio Sam retira-lhes uma fatia muito pesada». A hierarquia é, de facto, a única explicação lógica para os rendimentos da gestão de topo, que não a simples ganância. Mas se é verdade que estes grandes pacotes de compensação para as pessoas do topo nas empresas muito grandes são emblemas de hierarquia em vez de «dinheiro real» (algo com que nenhum operário alguma vez concordará), então porque não tratá-los como símbolos? Na medida em que, por exemplo, o presidente e o diretor executivo da Universal International devem receber mais do que um certo múltiplo da remuneração de um operário, porque não fazer a empresa dar o excesso sob a forma de uma contribuição caritativa em seu nome a um beneficiário da sua escolha?

Existem, sem dúvida, outras vias — e talvez melhores — para equilibrar a necessidade de oferecer uma remuneração aos gestores de topo suficientemente elevada para proporcionar incentivos e recompensar o seu desempenho com a necessidade de uma relação equitativa entre a compensação dos gestores de topo e a remuneração dos restantes empregados da empresa. E algumas respostas serão trabalhadas nos próximos anos — sindicatos e políticos encarregar-se-ão disso.

(1983)

Nota de 1986: em 1985, a excessiva remuneração dos executivos tornou-se, na realidade, um problema nas negociações salariais. O facto de o presidente da Chrysler Corporation, o Sr. Lee Iacocca, ter atribuído a si próprio um bónus multimilionário no mesmo ano em que reduziu os salários dos funcionários em 30% foi a principal razão do sindicato para se recusar a fazer quaisquer concessões em matéria de salários, benefícios e condições de trabalho e para impor à Chrysler um contrato com custos de mão-de-obra tão elevados que é provável que destruam a empresa caso o mercado automóvel americano venha a diminuir durante alguns anos.

CAPÍTULO DEZASSETE

Executivos de Idade Avançada: Manter as Empresas Jovens

A MAIORIA DAS EMPRESAS, especialmente as grandes, ainda assume que 65 anos é a idade normal de reforma para gestores e executivos, mas muitos deles optam, cada vez mais, especialmente nas fileiras de quadros médios e em trabalhos altamente especializados, pela reforma antecipada, alguns com apenas 52 anos de idade. Um grupo ainda maior e de crescimento mais rápido começa a exercer o direito legal (de todos, menos de um pequeno grupo de executivos em «posições de decisão» com pensões de reforma muito grandes) de adiar a reforma até aos 70 anos. E a reforma obrigatória dos funcionários federais e dos empregados da Califórnia que não sejam executivos com cargos de decisão com pensões muito grandes já não é permitida em nenhuma idade. Portanto, a menos que o empregador planeie a reforma de executivos idosos, é provável que perceba que as pessoas que mais gostaria de manter são as que se reformam mais cedo, enquanto as que mais gostaria de se livrar ficam na folha de pagamentos até aos 70 anos ou mais.

Até agora, os empregadores, em regra, estão a tratar destes problemas caso a caso. Continuam a pensar que têm liberdade para decidir se querem que os executivos fiquem ou saiam quando estão na casa dos 50 ou para os libertar quando chegam aos 65. Mas isso quase lhes garante que venham a ser acusados de discriminação com base na idade.

«Ainda não fomos processados por discriminação de idade por nenhum dos nossos gestores ou profissionais», disse-me recentemente o vice-presidente de recursos humanos de uma grande companhia de seguros. «Mas só porque recuamos imediatamente quando alguém sequer insinua que nos desafia — devemos ter cedido pelo menos 30 vezes nos últimos anos.»

De facto, o planeamento da reforma dos executivos deve começar quando estes ainda estão no início da meia-idade, pois a lei define agora a idade de 42 anos como sendo o início do *envelhecimento* — pelo menos para efeitos de não discriminação. Após essa idade, qualquer decisão que afete um indivíduo — uma nova colocação ou a falta dela, um aumento ou uma promoção ou a sua negação, mesmo uma transferência transversal — pode, e será, contestada como discriminação por idade, a menos que o empregador tenha uma política clara e bem documentada para assegurar a igualdade de tratamento de todos os empregados com base no desempenho e na sua avaliação.

Muitas das reformas antecipadas nestes últimos anos foram involuntárias e resultantes de cortes nos postos de trabalho, mas um número muito maior foi voluntário — e esse número está a aumentar. Uma proporção considerável são as pessoas que de facto se reformam, ou pelo menos planeiam fazê-lo, especialmente as que têm problemas de saúde. Mas muitos mais «reformam-se» para fazer outra coisa, por exemplo, para abrir o seu próprio pequeno negócio. A *Modern Maturity*, a publicação da Associação Americana de Reformados — a terceira maior revista do país —, está cheia de histórias de segundas carreiras bem-sucedidas e de arranque de negócios bem-sucedidos por pessoas que estão oficialmente «reformadas» e «na reforma». Um bom número destes reformados não-reformados esperou que os filhos crescessem e as suas pensões lhes fossem atribuídas para deixar os seus empregos. Mas muitos mais — alguns acreditam que se trata de uma maioria substancial — teriam preferido ficar, mas sentiram que os seus talentos não estavam a ser plenamente aproveitados ou sentiram que tinham chegado ao ponto em que não havia mais progressão na carreira. Muitos deles têm razão, e deveriam ter sido encorajados a saírem muito mais cedo. Mas muitas pessoas que aceitam a reforma antecipada porque se sentem desnecessárias e indesejadas estão completamente erradas, só que ninguém lhes diz o contrário.

O que é necessário é uma análise sistemática dos executivos e gestores de uma empresa no início ou meados da sua quarta década de vida. Quais é que a empresa quer realmente manter até atingirem a idade da reforma, ou seja, por mais 20 ou 25 anos? Quais já atingiram o pico ou estão prestes a atingir o ponto a partir do qual é pouco provável que avancem e é pouco provável que deem qualquer contribuição adicional? E quais — a categoria mais crítica — são pessoas produtivas e valiosas, mas apenas dentro de uma gama bastante restrita e especializada?

Sabemos o que fazer em relação às pessoas que já atingiram o auge nos seus primeiros 40 anos. Devem ser ajudadas a encontrar um emprego noutro lugar, e numa idade em que ainda possam ser colocadas facilmente, ou seja, antes de atingirem os 40 e muitos anos. Se ficarem mais dez anos, apenas bloqueiam o avanço das pessoas mais jovens. O desafio está no outro grupo, o das pessoas que devem ser encorajadas a ficar, em vez de procurarem a reforma antecipada. Naqueles que é provável que se vão embora, a menos que algo seja feito para os reter. No entanto, são precisamente estas as pessoas que acham mais fácil e tentador optar pela reforma antecipada, para se mudarem para empresas mais pequenas, para abrirem os seus próprios negócios ou para se tornarem consultores. Estas são tipicamente as pessoas que querem continuar o que estão a fazer e querem continuar onde estão — mas sentem que a empresa já não as aprecia, não precisa delas ou não as respeita. São as pessoas que mais necessitam de planeamento de carreira, e *antes* que comecem a sentir-se rejeitadas e supérfluas: ou seja, antes de atingirem os seus 40 e muitos anos.

A altura para começar é agora. Em 1990, o primeiro grupo de crianças do *baby boom* terá passado os 40 anos, e os jovens executivos de hoje tornar-se-ão de meia-idade. Então, os empregadores, especialmente os de grandes dimensões, encontrar-se-ão subitamente com uma «barriga protuberante de meia-idade» no seu corpo de executivos. De repente, terão um grande número de pessoas ainda jovens que tiveram anos de promoções rápidas e que de repente se veem presas num trabalho terminal. Até chegar esse momento, já deverá estar montada e a funcionar uma política de identificação dos que devem ficar e dos que devem partir.

Até lá, qualquer empregador deve ter em vigor uma política para os gestores e profissionais com mais de 60 anos. Antes do final dos anos 80, as pessoas que começaram as suas carreiras executivas e profissionais na primeira grande onda de contratações desde 1929, a que houve no início dos anos 50, atingirão e ultrapassarão os 60 anos de idade. Ao contrário dos seus predecessores, porém, não desaparecerão automaticamente cinco anos mais tarde. Uma pessoa que mudou para uma «segunda carreira» aos 45, ou mesmo aos 50 anos, sabe como encontrar e desenvolver uma terceira, 20 anos mais tarde. Mas sair e recomeçar aos 63 ou 65 anos, se nunca o fez antes, é difícil e desanimador.

A regra básica, e que deve ser claramente estabelecida e firmemente aplicada, é que as pessoas com mais de 60 e poucos anos de idade devem ser dispensadas de grandes responsabilidades de gestão. É uma regra sensata para qualquer um, e não apenas para o executivo, ficar fora das decisões se não vai estar por perto para ajudar a salvar a empresa quando as decisões causam problemas alguns anos depois — como acontece na maioria das vezes. O executivo mais velho deve passar a desempenhar funções que possa fazer sozinho, em vez de ser o «chefe». Deve fazer um trabalho em que se especializa, concentrando-se numa grande contribuição: aconselha, ensina, estabelece padrões, resolve conflitos, em vez de trabalhar como «gestor». Os japoneses têm «conselheiros», e trabalham de forma muito eficaz, por vezes até à casa dos 80.

Um bom exemplo americano é um velho executivo de um dos nossos maiores bancos. Até aos 63 anos, foi chefe da divisão Ásia-Pacífico do banco e transformou-o num grande gerador de dinheiro. Depois, há dez anos, saiu das operações e tornou-se o decisor político, estratega e consultor sobre os empréstimos problemáticos do banco para o Terceiro Mundo. Agora, os seus associados persuadiram-no a permanecer por mais alguns anos — mas ele já não viaja e já não negoceia. O segredo, como este exemplo mostra, é identificar os pontos fortes específicos de uma pessoa e pô-los ao serviço.

Não será tudo isto uma grande trabalheira? Sim, mas de facto não há alternativa. Os empregadores encontrar-se-ão cada vez mais presos entre a proverbial espada e a parede ao abordar os executivos de idade avançada. A espada é a lei ao abrigo da qual o empregador tem de provar que uma decisão sobre o pessoal — qualquer decisão sobre o pessoal — que afete um empregado com mais de 42 anos não é discriminatória em relação à idade.

Mas também, pelo próximo século adentro — até cerca de 2015, quando os primogénitos do *baby boom* atingirem eles próprios os 65 anos — os empregadores estarão sob forte pressão da sua gente mais jovem.

O *baby boom* só terminou com o «*baby bust*» de 1961. As últimas coortes do *baby boom* só agora é que estão a sair das escolas de licenciatura e profissionais. Por mais dez anos, até que os bebés nascidos em 1960 atinjam o seu 35.º ano, teremos um número muito grande de jovens nos quadros de direção e profissionais. E por mais dez anos a seguir, teremos grupos muito grandes nos «melhores anos», os anos entre 35 e 45. Estes jovens serão altamente instruídos e ambiciosos e esperarão as rápidas promoções dos seus predecessores imediatos. A empresa que não possa ou não queira satisfazer este posto difícil, as expectativas dos mais jovens, arrisca-se a perder o seu recurso humano mais valioso; os ambiciosos irão desistir e os que ficarem para trás irão trabalhar sem afinco.

O que é, portanto, necessário são políticas que satisfaçam tanto o imperativo legal de manter o executivo envelhecido no emprego como o imperativo demográfico de criar oportunidades promocionais para as pessoas mais jovens. E, para manter a empresa saudável, tanto os mais velhos como os jovens têm de estar concentrados no desempenho, no desafio e na produtividade.

(1984)

CAPÍTULO DEZOITO

Pagar as Escolas Profissionais

O MELHOR INVESTIMENTO disponível é, de longe, nas escolas profissionais. Quer seja escola de engenharia ou de medicina, escola de direito ou de bibliotecários, escola de negócios ou de arquitetura, completar uma graduação numa delas aumenta o poder de remuneração de uma pessoa ao longo da sua vida por um múltiplo substancial do *investimento*, ou seja, do custo da sua educação.

Nem todas as escolas profissionais produzem os mesmos retornos económicos, claro, mas mesmo as que têm o menor «rendimento» (provavelmente escolas de educação, trabalho social e bibliotecários) dotam os seus diplomados do potencial de ganharem muito acima do rendimento médio americano. No entanto, o financiamento da educação profissional tornar-se-á cada vez mais difícil, quer a escola tenha apoios públicos ou seja privada.

Os custos têm aumentado muito mais rapidamente nas escolas profissionais do que nas faculdades de artes liberais. No entanto, uma boa parte das escolas profissionais vai ver as suas despesas ainda mais aumentadas. É nessas escolas, afinal de contas — e de forma alguma apenas nas escolas de engenharia ou de negócios — que os salários das faculdades se estão a tornar tão pouco competitivos, a ponto de já haver uma séria fuga de talentos. Com as verbas para o ensino superior a tornarem-se cada vez mais escassas, os fornecedores, quer sejam entidades legislativas ou doadores privados, são obrigados a cortar no apoio a essas instituições — as escolas para a «elite» e os «ricos» — e não no apoio à educação para as «massas» nas faculdades de artes liberais.

John R. Silber, presidente da Universidade de Boston, propôs há muito tempo colmatar o fosso entre as riquezas que as universidades geram para os seus licenciados e a sua própria penúria com um programa de empréstimos ao abrigo do qual os licenciados reembolsariam às suas escolas o custo total das propinas ao longo de cinco ou dez anos.

O problema com essa proposta é que poderia dissuadir um número substancial de candidatos muito capazes; endividar-se por um montante considerável logo no início da carreira é assustador, especialmente para os jovens oriundos de famílias de baixos rendimentos.

Um programa de empréstimos desse tipo também discriminaria, em grande medida, um licenciado que optasse por dedicar a sua vida ao serviço público, em vez de seguir o rasto do dinheiro — o médico, por exemplo, que se dedica à investigação ou se torna missionário em África, em vez de cirurgião plástico na Park Avenue, ou o advogado que se torna procurador, em vez de especialista em aquisições de empresas. Se a formação profissional for tratada como um investimento, no entanto, o problema é bastante simples. Os investimentos são pagos a partir do valor adicional que criam. Tudo o que é necessário para financiar a educação profissional é devolver-lhe uma fração do valor acrescentado por ela, ou seja, do aumento do poder de ganho vitalício do licenciado.

Isto não sobrecarregaria a pessoa que escolhe tornar-se médica missionária; a sua responsabilidade seria zero. E também não sobrecarregaria o colega que arrecada dinheiro enquanto um bem-sucedido cirurgião plástico, pois tem dinheiro para isso. Uma proporção bastante pequena do valor acrescentado através da educação profissional — no máximo, 5% dos rendimentos do licenciado acima do rendimento mediano — deveria ser adequada para apoiar a escola profissional e dar-lhe independência financeira. Seria mesmo possível apoiar as escolas de pós-graduação em artes e ciências — as escolas da maioria das nossas universidades que se encontram na pior forma financeira — desta forma. As escolas de pós-graduação em artes e ciências são, por assim dizer, a fonte de «I&D» para as escolas profissionais, e seria uma gestão míope reduzir a investigação e desenvolvimento ao que poderia ganhar com a «venda» dos seus subprodutos.

No entanto, é exatamente isto que muitas das nossas universidades estão a fazer quando cortam o orçamento da escola de pós-graduação em artes e ciências ao que esta pode apoiar através da formação de doutorados para trabalhos de docência em faculdades em grande parte inexistentes. O principal «produto» dessa escola de pós-graduação é o conhecimento e a visão — e isso precisa de ser apoiado adequadamente, quer haja um grande número de estudantes de doutoramento ou apenas meia dúzia.

Se financiarmos as escolas profissionais através da avaliação do valor acrescentado ao poder de remuneração vitalício dos seus licenciados, e depois colocarmos, digamos, um décimo do rendimento das escolas profissionais nas escolas de pós-graduação de artes e ciências, estaremos, estou convencido, com uma base financeira sólida para a investigação e bolsas de estudo em todas as áreas, exceto nas mais caras. Alcançaríamos um grau de independência financeira que garantiria que as bolsas de investigação, quer do governo quer da indústria, voltariam a ser a cereja no bolo, e não o próprio bolo.

Mas como organizaríamos isto? Uma forma — fácil, mas perigosa — seria através do sistema fiscal.

Vamos assumir que os diplomados das escolas profissionais recebem um número de Segurança Social distinto. Tudo o que seria então necessário seriam algumas linhas na declaração anual de impostos onde os contribuintes deduziriam um montante igual ao rendimento familiar médio do seu rendimento tributável, calculariam 5% da diferença e adicionariam o resultado ao imposto que remetem. Isto não seria mais difícil do que o cálculo do imposto da Segurança Social sobre os trabalhadores independentes, que já faz parte do formulário 1040. Não seria necessário alterar a lei fiscal para tornar o imposto de 5% dedutível como contribuição de caridade — legalmente, é um pagamento sobre um penhor de caridade.

Eu preferiria, contudo, um mecanismo separado e não governamental; chamemos-lhe a Corporação de Crédito Académico. Seria uma cooperativa à qual as universidades entregariam os seus créditos, que a cooperativa cobraria por todos eles.

Uma grande vantagem disto é, evidentemente, que os créditos se tornariam rapidamente — talvez dentro de cinco e certamente dentro de dez anos — instrumentos bancários que poderiam ser vendidos no mercado financeiro ou contraídos, gerando assim um fluxo de caixa inicial de volta às escolas profissionais, com base nas expectativas atuariais e na experiência de cobrança contra penhores. Ainda mais importante e desejável: essa cooperativa manteria as escolas e o seu dinheiro à parte do governo.

Não consigo pensar em maior contribuição que as nossas principais fundações pudessem dar atualmente do que emular o que a Fundação Carnegie fez há 60 anos, quando subscreveu a Teachers Insurance and Annuity Association (assegurando assim, na minha opinião, a sobrevivência do ensino superior privado na América), assim subscrevendo a Academic Credit Corporation.

E quanto à possibilidade de que o facto de se exigir um compromisso de reembolso de 5% do valor acrescentado, especialmente se fosse irrevogável e firmemente cobrável, dissuadir os candidatos?

Com certeza, se uma escola profissional fraca fosse pioneira da ideia, poderia perder candidatos, mas uma escola forte — a faculdade de medicina da Universidade de Harvard, por exemplo, ou a Wharton School, da Universidade da Pensilvânia — só poderia ganhar. Isto porque já há fortes indícios de que um grande número de candidatos capazes já é dissuadido pelo elevado e crescente custo das escolas profissionais. Se pudessem adiar o pagamento até poderem pagar — isto é, até terem o rendimento que uma educação profissional torna possível —, poderiam e entrariam, de facto.

A menos que as escolas profissionais encontrem uma forma de serem pagas quando os seus licenciados forem capazes de pagar com o valor acrescentado do diploma profissional, poderão em breve concluir que se fixaram preços fora do alcance de todos, exceto dos filhos dos ricos, o que pode não ser o suficiente para manter as faculdades, bibliotecas, laboratórios e investigação.

(1982)

CAPÍTULO DEZANOVE

Os Empregos e as Pessoas: A Crescente Incompatibilidade

ESTÁ A TORNAR-SE MODA passar a chamar o departamento de pessoal «departamento de recursos humanos», mas poucos empregadores, na verdade, poucos gestores de recursos humanos propriamente ditos, percebem que é necessário mais do que um melhor departamento de pessoal. Enfrentamos um crescente desfasamento entre empregos e oferta de mão-de-obra disponível.

Ambos estão a mudar, mas em direções diferentes, muitas vezes opostas. Como resultado, as vagas de emprego adaptam-se cada vez menos às pessoas disponíveis. Por sua vez, as qualificações, expectativas e valores das pessoas que procuram trabalho estão a mudar ao ponto de deixarem de se adequar aos empregos oferecidos.

Isto aplica-se ao emprego em que a maioria das pessoas ainda pensa quando se fala de «mão-de-obra», o emprego de operário na produção. Mesmo fora da «*rust bowl*»*, o desemprego fabril ainda é suficientemente elevado para manter os salários baixos. Contudo, alguns dos empregos fabris mais desejáveis e mais bem remunerados são cada vez mais difíceis de preencher. Aquilo a que antes se chamava «mão-de-obra qualificada» exige cada vez mais um técnico, ou seja, alguém que tenha um mínimo de conhecimentos teóricos, por exemplo, na instalação de sistemas de informação ou na programação de robôs e equipamentos automatizados de movimentação de materiais. É nestes trabalhos que a indústria transformadora oferece as oportunidades de emprego de mais rápido crescimento. Mas ainda nem sequer sabemos se os operários da velha guarda podem ser requalificados em grande número para tais trabalhos. Nos hospitais, a única grande área de emprego com necessidade de preencher tais postos de trabalho no passado, atualizar a mão-de-obra tradicional não tem funcionado.

* O termo «*rust bowl*» é uma referência às regiões onde se concentravam indústrias do aço ou transformadoras. Estas regiões, outrora prósperas, passaram a ser referidas como «*rust belt*» ou «*rust bowl*» no final dos anos 70, após um declínio acentuado do trabalho industrial ter deixado muitas fábricas abandonadas. *[N. da T.]*

Os «paramédicos» representam um grupo com diferentes antecedentes, formação, expectativas e qualificações. E os técnicos das fábricas necessitam, na realidade, de uma maior capacidade de adquirir conhecimentos adicionais — e, portanto, uma base teórica mais firme — do que os paramédicos com as suas limitadas especializações.

As mudanças nos empregos e nos seus conteúdos estão também a criar desajustes na gestão. A tecnologia é um dos fatores. Sabemos como formar pessoas para fazer tecnologia, como a engenharia ou a química, mas não sabemos como dotar os gestores de *literacia tecnológica*, ou seja, de uma compreensão da tecnologia e da sua dinâmica, das oportunidades que esta oferece e do seu impacto sobre produtos e processos, mercados, estruturas organizacionais e pessoas. No entanto, a literacia tecnológica é cada vez mais um requisito importante para os gestores, especialmente nos níveis médio e inferior.

Mas não são apenas os postos de trabalho em si que estão a ser alterados; as estruturas das organizações, também. A tecnologia é novamente um fator. À medida que mais informação se torna disponível, são necessários menos níveis de gestão, mas mais especialistas de todos os tipos. As mudanças no ambiente económico e social estão a impelir as empresas na mesma direção. Há 20 anos, os especialistas de alto nível estavam, em geral, confinados à investigação e ao processamento de dados. Hoje, mesmo uma empresa de médias dimensões pode muito bem ter um especialista ambiental, um tesoureiro assistente que não faz mais do que gerir dinheiro e liquidez que tenta proteger a empresa contra perdas cambiais, e outro que zela por programas de benefícios dispendiosos.

Os nossos estagiários de gestão, contudo, não estão preparados para carreiras enquanto especialistas. As suas aspirações e expectativas apontam-nos para empregos de gestão. E nos negócios, os valores, oportunidades de carreira e recompensas ainda assumem uma estrutura organizacional na qual uma nomeação para um cargo de gestão, em vez de uma nomeação um cargo profissional, implica reconhecimento, promoção e recompensa. Sem dúvida que, há 30 anos, algumas empresas, nomeadamente a GE, foram pioneiras em «escadas paralelas» de reconhecimento e promoção para gestores e colaboradores profissionais individuais. Mas, salvo em trabalhos estritamente científicos, até agora isto ainda não funcionou verdadeiramente.

Para os tesoureiros adjuntos que se ocupam da exposição cambial da empresa ou dos seus planos de benefícios, progredir na carreira equivale a ser promovido de um especialista para a «gestão geral», no entanto, há cada vez menos oportunidades de ser promovido para a gestão geral.

Nos cargos administrativos, forças semelhantes têm os mesmos efeitos. O «correio eletrónico», por exemplo, torna obsoleta a maioria das competências da secretária tradicional. Em vez disso, é provável que ela se veja obrigada a definir a única parte do trabalho do seu chefe que doravante será da sua própria responsabilidade direta. E mesmo a secretária que vê nisto uma promoção é pouco provável que esteja preparada para a mudança.

As mudanças na estrutura populacional e na estrutura etária podem ter um impacto ainda maior no desfasamento entre empregos e oferta de mão-de-obra, pelo menos um impacto mais visível. A participação na força de trabalho de mulheres casadas com menos de 50 anos é tão elevada como a dos homens. Por conseguinte, é pouco provável que aumente ainda mais. Mas um número muito grande de mulheres na força de trabalho — a maior parte das que entraram desde 1970, quando começou a afluência de mulheres — está agora a chegar a meados da sua terceira década. Estão a aproximar-se da idade em que devem decidir se querem ter um segundo filho. E a maioria, salvo apenas a proporção minúscula nas fileiras executivas, quer tanto uma carreira como uma família.

A maioria das mulheres casadas permanece no mercado de trabalho após ter o primeiro filho. Poucas, ao que parece, desistem totalmente, mesmo depois do segundo, mas uma grande parte muda para trabalho a tempo parcial, pelo menos até o segundo filho entrar na terceira classe. Alguns empregadores organizaram-se para isso e criaram empregos permanentes a tempo parcial dedicado às mulheres empregadas. A grande maioria dos empregadores não o fez. E mesmo aqueles que oferecem oportunidades de trabalho a tempo parcial não pensaram, em regra, no que estes empregados permanentes a tempo parcial exigem em termos de benefícios, oportunidades, pensões, e assim por diante. Enquanto os direitos das mulheres foram a grande «causa» do final dos anos 70, os direitos das trabalhadoras a tempo parcial podem tornar-se a causa do final dos anos 80 e início dos anos 90.

Outro fator importante é a chegada dos bebés do *baby boom* à meia-idade. Muitas empresas estão a acelerar a reforma antecipada dos funcionários com mais de 50 anos para dar lugar a grandes massas de *baby boomers* — os mais velhos dos quais têm agora quase 40 — que exigem promoções para empregos importantes. Mas os mais velhos dos bebés do «*baby-bust*» também já têm 25 anos, e estão a entrar nos seus primeiros empregos de gestão. E contam com ter as mesmas oportunidades e rápidos avanços que os seus antecessores apenas ligeiramente mais velhos tiveram. No entanto, estas expectativas são irrealistas.

Quando os *baby boomers* entraram na força de trabalho, houve um vácuo nos cargos de direção. Mas os recém-chegados vão verificar que os lugares já estão ocupados. A maioria dos *baby boomers* atingiram o limite superior das suas carreiras de gestão e permanecerão nos empregos atuais por mais cerca de 30 anos. Existe, assim, uma total dissonância entre a realidade e as expectativas perfeitamente normais dos jovens que agora entram na força de trabalho. Para o superar, não nos bastará mudar as expectativas; teremos de redesenhar postos de trabalho de gestão e profissionais, para que mesmo as pessoas capazes continuem a ser desafiadas pelo emprego após cinco ou mais anos. Cada vez mais, por outras palavras, teremos de aumentar a responsabilidade sobre as pessoas em postos de júnior. E, acima de tudo, teremos de encontrar recompensas e reconhecimento para além da promoção de cargo — mais dinheiro, bónus, férias extra, talvez uma «citação presidencial», e assim por diante. Entretanto, porém, cresceu toda uma geração para a qual a promoção é a única satisfação «real», e o fracasso em obter uma por ano ou de dois em dois anos equivale a ser um «falhado».

Acresce ainda a emergência do empreendedorismo, especialmente nas empresas existentes. Estas terão cada vez mais de aprender a ser inovadoras e a criar empreendedorismo no âmbito da atividade em curso. Sabemos como o fazer; existem vários exemplos à nossa volta. As pessoas a todos os níveis dentro e fora da empresa estão prontas para se tornarem inovadoras e empreendedoras. Contudo, com exceção de um número bastante pequeno de empresas empreendedoras — Johnson & Johnson, Procter & Gamble, 3M neste país, Marks & Spencer na Grã-Bretanha, etc. —, as empresas existentes, as pequenas ainda mais do que as grandes, conhecem apenas empregos de gestão, pagam apenas pelo desempenho da gestão, têm apenas uma estrutura de gestão e ferramentas e medidas de gestão.

Para atrair e manter as pessoas empreendedoras e para promover a inovação e o empreendedorismo, as empresas terão de criar novas estruturas com novas relações e novas políticas e complementar a remuneração, benefícios e recompensas de gestão com as adequadas às realidades muito diferentes do empreendedorismo.

Para superar o crescente desencontro entre empregos e oferta de mão-de-obra, os empregadores — especialmente os grandes — terão primeiro de pensar e projetar as suas necessidades de emprego durante alguns anos. Até agora, planear significa sobretudo antecipar os mercados de produtos e serviços a alguns anos de distância, analisar a tecnologia e projetar ambos em relação às necessidades de dinheiro. Cada vez mais, o planeamento terá de projetar também as necessidades das pessoas e, por sua vez, projetar empregos e tendências demográficas sobre produtos e serviços, tecnologia, e necessidades de dinheiro. Cada vez mais, o planeamento terá de questionar: será que estes nossos objetivos tiram partido das tendências na oferta de mão-de-obra e das expectativas, aspirações, qualificações e valores das pessoas? Ou será que são incompatíveis com eles? O planeamento mais bem-sucedido no futuro pode muito bem começar com tendências e evoluções na oferta de pessoas e não com objetivos financeiros ou projeções de mercado.

Além disso, as empresas terão de intensificar e alterar consideravelmente a sua formação. As empresas americanas já são o maior educador do país, mas a maioria das empresas tem «programas de formação», em vez de uma «política de formação». Poucos concentram a sua formação nas necessidades da empresa daí a cinco anos ou nas aspirações dos seus empregados. Menos ainda têm ideia do retorno que estão a ter por todo o dinheiro e esforço que gastam em formação, quanto mais do que deveriam estar a ter. No entanto, a formação pode já estar a custar tanto como os cuidados de saúde com os empregados — talvez mais.

Finalmente, os empregadores terão, cada vez mais, de mudar a sua definição de «mercado de trabalho». Cada vez mais, será o candidato ao emprego que é o «cliente», sendo que as oportunidades e características do emprego é que terão de satisfazer o candidato. Tradicionalmente, os empregadores têm encarado o mercado de trabalho como sendo homogéneo, dividido apenas por linhas muito amplas: idade e sexo, por exemplo, ou trabalhadores fabris, trabalhadores administrativos e trabalhadores de gestão e profissionais. Mas cada vez mais a força de trabalho disponível está a segmentar-se num número bastante grande de diferentes mercados, em que um indivíduo tem uma liberdade considerável para mudar de um para outro. Cada vez mais, portanto, os empregadores terão de aprender que os empregos são produtos que têm de ser concebidos para compradores específicos a quem têm de apelar e ser vendidos.

(1985)

CAPÍTULO VINTE

Educação de Qualidade: A Nova Área de Crescimento

NÃO HÁ DÚVIDA de que as escolas da América irão melhorar — radicalmente e muito em breve.

Quão rapidamente irão melhorar ainda não sabemos, embora possa ser mais rápido do que estamos à espera. Nem é, de modo algum, claro como as mudanças se realizarão, mas as recompensas económicas pelo conhecimento e perícia, após meio século de declínio constante, estão a subir acentuadamente — e o mesmo acontece com as penalizações pela sua ausência.

De um modo geral, acredita-se que, neste século, os empregos se tornaram mais exigentes. Mas isto aplica-se apenas a uma minoria, e, por regra, apenas àqueles que sempre tiveram elevadas exigências ao nível do conhecimento, como médicos ou engenheiros. Para muitos outros, as credenciais educacionais têm muitas vezes aumentado sem qualquer mudança real nos conhecimentos ou nas exigências de competências; enquanto outrora os candidatos necessitavam de um diploma do ensino secundário, por exemplo, precisam agora geralmente de quatro anos de faculdade, embora não haja qualquer mudança discernível no próprio emprego. Mas para o maior grupo de indivíduos, aquele que melhor se saiu neste século — os trabalhadores manuais fabris com poucas qualificações — nem o conhecimento nem os requisitos de credenciais se tornaram mais rígidos. E enquanto há meio século as recompensas económicas para a aquisição de conhecimentos ou competências eram extremamente elevadas no seio deste grupo, agora desceram tão abruptamente que praticamente desapareceram.

Há 75 anos, um trabalhador industrial tinha de trabalhar durante três anos para ganhar os 750 dólares correspondentes ao preço original desse milagre de baixo custo, o Modelo T da Ford. E os 250 dólares por ano em dinheiro era tudo o que esse trabalhador ganhava nessa altura — e apenas no caso mais improvável de estar empregado a tempo inteiro, dez horas por dia, seis dias por semana e 50 semanas por ano. Não havia «franjas» — não havia Segurança Social, reforma, seguro de vida de grupo, seguro de saúde, subsídio de doença, subsídio de desemprego, subsídio de trabalho, nem, evidentemente, qualquer pagamento extra por trabalhar horas extraordinárias ou aos domingos.

O descendente direto deste trabalhador manual do passado, o trabalhador fabril sindicalizado nas indústrias de produção em massa — aço, automóvel, maquinaria elétrica, borracha, químicos —, custa um mínimo de 50 mil dólares por ano (cerca de metade das «franjas»), ou nove vezes o preço de um carro novo de baixo preço de hoje. E isto subestima o rendimento real; pois o trabalhador fabril de hoje, com o seu dia de oito horas e semana de cinco dias, trabalha num ano menos um terço das horas que trabalhava o seu antecessor há 75 anos. O seu salário por hora, medido pelos preços dos automóveis, aumentou assim 40 a 50 vezes. Apesar de o custo médio da mão-de-obra para o trabalho semiqualificado na manufactura ser muito inferior ao custo nas grandes indústrias de produção em massa, totalmente sindicalizadas — 15 dólares por hora contra 25 dólares no U.S. Steel —, mesmo isso representa um rendimento real anual de 30 mil dólares, ou cinco carros novos, ou um aumento de 20 vezes o rendimento por hora há 75 anos.

Esta mudança fundamental na posição económica dos trabalhadores pouco qualificados nos países desenvolvidos é o acontecimento social central deste século. Nunca houve nada sequer remotamente semelhante na história social. Em grande medida, reflete, evidentemente, o aumento da produtividade que disparou nos últimos 100 anos. Mas embora normalmente chamado «um aumento da produtividade laboral», este aumento foi conseguido na sua totalidade através de maior investimento de capital, melhores máquinas e ferramentas, e, acima de tudo, melhor gestão. Contrariamente a tudo o que Marx considerava «científico» e absolutamente certo, o trabalho, e especialmente o trabalho menos qualificado e menos conhecedor (o «proletariado» de Marx), colheu todos os frutos do aumento da produtividade, e talvez um pouco mais.

Este é, certamente, um dos feitos mais dignos de crédito da Humanidade, pois o trabalhador de hoje não trabalha mais e mais arduamente do que o trabalhador de 1907; trabalha menos horas e, graças a Deus, com uma fração do trabalho físico exaustivo e dos acidentes do passado. Acima de tudo, o seu trabalho não requer mais conhecimento ou habilidade. De facto, é um puro eufemismo chamar-lhe «semiqualificado» — nada que possa ser aprendido em três semanas, como é o caso da maioria dos trabalhos na linha de produção, pode ser considerado dependente de qualquer qualificação. Levava muito mais tempo a ganhar proficiência na escavação de uma vala com picareta e pá.

Mas na maioria das outras profissões da nossa economia, os rendimentos reais subiram muito menos rapidamente. De facto, quanto mais habilidade ou conhecimento um trabalho requer, menos o seu rendimento real aumentou. Os vendedores nas lojas retalhistas tinham mais ou menos o mesmo salário que os trabalhadores fabris nos primeiros anos do século — talvez um pouco mais. Hoje em dia, têm, em média, entre um terço e um meio. Os médicos e advogados tinham um rendimento real pelo menos cinco vezes superior ao dos operários. O seu «pacote de compensação» total é hoje, em média, menos do dobro do dos trabalhadores altamente sindicalizados das fábricas de aço ou automóveis. O rendimento real dos professores nos mais bem pagos sistemas das grandes cidades era então cerca de três vezes superior ao de um operário. Mesmo tendo em conta menos dias de trabalho, férias mais longas e planos de pensões liberais dos professores, estes ganham agora muito menos do que os trabalhadores sindicalizados das fábricas.

A compressão dos diferenciais de rendimento foi maior na indústria transformadora. O diferencial entre trabalhadores qualificados (maquinistas e eletricistas, por exemplo) e semiqualificados desceu para 25%; há 75 anos, os trabalhadores qualificados ganhavam três vezes mais, com um famoso anúncio de automóveis da Ford a ostentar que «o Modelo T não custa mais do que aquilo que um bom artesão pode ganhar num ano». Em 1910, os licenciados começavam a ganhar cerca de 20 dólares por semana, ou três vezes o salário de um operário. Agora, os seus salários iniciais são mais baixos do que os dos trabalhadores. Mesmo os queridinhos da indústria, os MBA das prestigiadas escolas de negócios, trabalham frequentemente durante cinco anos antes de o seu pacote total de remuneração exceder o do trabalhador fabril não qualificado que sobrevive ao período de experiência de 30 dias.

Não é preciso ser um igualitário convicto para considerar a maioria destes avanços benéficos e, de facto, de uma justiça elementar. Mas o subproduto, nem pretendido nem previsto, tem sido uma desvalorização constante do conhecimento e da perícia, e com ele uma diminuição constante dos incentivos para manter a capacidade de desempenho das escolas.

Há 75 anos, a escola era, em geral, a *única* maneira de sair da pobreza desgastante e da insegurança total, e o único acesso a uma riqueza modesta, ao autorrespeito e ao respeito da própria comunidade. O conhecimento e as competências não eram, evidentemente, garantia de sucesso. Mas sem eles o fracasso era praticamente certo. Daí a enorme pressão da comunidade sobre a escola para manter os padrões e exigir um bom desempenho. As exigências que os imigrantes judeus destituídos fizeram às escolas da cidade de Nova Iorque no primeiro quartel deste século foram descritas com frequência. O que raramente se percebe é que estas exigências transformaram o que, antes de 1890 ou 1900, era um sistema escolar desprovido de brilho ou mesmo de fraca qualidade na panela de pressão educacional tão vividamente descrita nas memórias dos escritores judeus nova-iorquinos.

A comunidade agrícola de Iowa ou os colonos suecos do Minnesota exerceram a mesma pressão sobre as suas escolas, e pela mesma razão. «Só tem de nos dizer se tem algum arruaceiro ou algum rapaz que não queira aprender e nós tratamos dele», disseram os anciãos da comunidade à «*schoolmarm*» de 18 anos vinda da Nova Inglaterra quando esta chegou para se encarregar da escola de uma só sala da vila na pradaria, e os anciãos estavam a falar a sério.

Os empregos que exigem conhecimentos e perícia — ou que pelo menos requerem essas credenciais — ainda trazem muito mais prestígio social, é claro.

E muitas outras forças atuam nas escolas para além da economia. Ainda assim, desde a Segunda Guerra Mundial, o conhecimento e a perícia deixaram de ser a única escotilha de fuga económica. Um professor universitário ainda considera vergonhoso que um filho seu desista dos estudos e vá trabalhar para uma linha de montagem. Mas o filho vive tão bem como o pai. Além disso, o que um operário vê é que o seu filho mais velho, que trabalha como operador de máquinas na fábrica de vidro, ganha tanto como o mais novo que se formou na universidade estatal, e começou a ganhar muito mais cedo. Não admira que este trabalhador esteja então disposto a contentar-se com uma escola que seja «dedicada», em vez de «exigente».

Mas esta conjuntura já acabou. Teria acabado mesmo que a recuperação restaurasse cada um dos empregos fabris, com salários e benefícios completos. A mudança para um trabalho baseado no conhecimento como área de crescimento da economia e o movimento em grande escala no sentido das novas tecnologias significam, acima de tudo, que a produtividade será cada vez mais determinada pelo conhecimento e competência que os trabalhadores colocam nas suas tarefas. E a produtividade, no final, determina sempre a capacidade de pagar e o nível real dos rendimentos.

Esta é a razão pela qual podemos dizer, com confiança, que a escola americana irá melhorar — e rapidamente.

(1983)

PARTE III

Gestão

CAPÍTULO VINTE E UM

A Gestão: Os Problemas do Sucesso

O SEGREDO MAIS BEM GUARDADO sobre a gestão é que as primeiras aplicações sistemáticas da teoria da gestão e dos seus princípios não tiveram lugar em empresas comerciais. Ocorreram no sector público. A primeira aplicação sistemática e deliberada dos princípios de gestão nos Estados Unidos — empreendida com plena consciência de ser uma aplicação da gestão — foi a reorganização do Exército dos EUA por Elihu Root, secretário de guerra de Teddy Roosevelt. Apenas alguns anos mais tarde, em 1908, veio o primeiro «gestor da cidade» (em Staunton, Virgínia), o resultado de uma aplicação consciente de princípios de gestão na altura tão novos como a separação da «política» (entregue a um conselho municipal eleito e politicamente responsável) da «gestão» (entregue a um profissional não político, responsável em termos de gestão). O gestor da cidade, a propósito, foi o primeiro executivo sénior em qualquer lugar chamado de *gestor*; nos negócios, este título era ainda bastante desconhecido. Frederick W. Taylor, por exemplo, no seu famoso testemunho de 1911 perante o Congresso dos EUA nunca usou o termo, mas falou dos «proprietários e os seus ajudantes». Quando pediram a Taylor que nomeasse uma organização que praticasse verdadeiramente «Gestão Científica», não nomeou uma empresa, mas a Clínica Mayo.

Trinta anos mais tarde, o gestor da cidade Luther Gulick aplicou princípios de gestão à organização de um governo federal que tinha ficado fora de controlo nos anos do New Deal. Só em 1950 e 1951, ou seja, mais de dez anos depois, conceitos e princípios de gestão semelhantes foram sistematicamente aplicados numa empresa a uma tarefa semelhante: a reorganização da General Electric Company depois de ter ultrapassado a sua anterior estrutura de organização puramente funcional.

Hoje em dia, certamente, há tanta gestão fora das empresas como no mundo empresarial — talvez até mais. Entre as nossas atuais instituições, as mais conscientes da gestão são provavelmente as militares, seguidas de perto pelos hospitais. Há 40 anos, os então recentes consultores de gestão consideravam apenas as empresas comerciais potenciais clientes. Hoje, metade dos clientes de uma empresa típica de consultoria de gestão são empresas não comerciais: agências governamentais, militares, escolas e universidades, hospitais, museus, associações profissionais e organismos comunitários como os Escoteiros e a Cruz Vermelha.

Cada vez mais, os titulares do diploma avançado em Administração de Empresas, o MBA, são os recrutas preferidos para carreiras na gestão de cidades, em museus de arte, e nos Gabinetes de Gestão e Orçamento dos governos federais.

No entanto, a maioria das pessoas ainda associa a palavra *gestão* a *gestão de empresas*. Os livros de gestão ultrapassam frequentemente todos os outros livros de não-ficção nas listas dos mais vendidos; no entanto, costumam ser analisados na página de negócios. Uma após outra, as «escolas de comércio» [*business schools*] renomeiam-se «Escolas de Gestão» [*Schools of Management*]. Mas o grau que atribuem continua a ser o M*B*A, o Master of *Business* Administration. Os livros de gestão, quer sejam livros didáticos de apoio ao ensino universitário ou livros para o leitor geral, tratam principalmente de negócios e utilizam exemplos e casos de empresas comerciais.

Pensarmos em *gestão de empresas* sempre que ouvimos ou lemos a palavra *gestão* tem uma explicação simples. As empresas comerciais não foram as primeiras instituições a ser geridas. As universidades modernas e o exército moderno antecedem a empresas comerciais modernas em meio século. Surgiram durante e pouco depois das Guerras Napoleónicas. De facto, o primeiro «CEO» de uma instituição moderna foi o chefe do pessoal do exército prussiano pós-napoleónico, um cargo desenvolvido entre 1820 e 1840. Tanto em espírito como em estrutura, quer as novas universidades quer os novos exércitos representaram uma rutura brusca com os antecessores. Mas ambos ocultaram isto — deliberadamente — usando os títulos antigos, muitos dos antigos ritos e cerimónias e, especialmente, mantendo a posição social da instituição e dos seus líderes.

Contudo, jamais alguém confundiria os novos empreendimentos comerciais, tal como surgiram no terceiro quarto do século XIX, com um prolongamento direto das antigas e tradicionais «empresas de negócios» — do género da «casa de contabilidade» composta por dois irmãos idosos e um escriturário, como as que figuram tão proeminentemente nos livros populares de Charles Dickens publicados nas décadas de 1850 e 1860, e em tantos outros romances do século XIX, até ao *Buddenbrooks*, de Thomas Mann, publicado em 1906.

Para começar, os novos empreendimentos comerciais — as *ferrovias de longa distância* como a que se desenvolveu nos Estados Unidos após a Guerra Civil, o *Bancos Universais* como os que se desenvolveram no continente europeu, ou os *trusts* como o United States Steel, que J. P. Morgan forjou nos Estados Unidos na viragem do século XX — não eram geridos pelos «proprietários». Na verdade, não tinham proprietários, tinham «acionistas». Legalmente, as novas universidades ou os novos exércitos eram as mesmas instituições que tinham sido desde tempos imemoriais, por muito que o carácter e a função tivessem mudado. Mas para acomodar as novas empresas, uma nova e diferente *personalidade* jurídica tinha de ser inventada, a «*corporation*». Um termo muito mais preciso é a expressão francesa *Société Anonyme*, o coletivo anónimo que não pertence a ninguém e está aberto ao investimento de todos. Nestas empresas, as ações tornam-se uma reivindicação de lucros e não de propriedade. A propriedade das ações é, necessariamente, separada do controlo e da gestão, e facilmente divorciada de ambos. Além disso, nas novas empresas, o capital é fornecido por um número elevado, frequentemente muito elevado, de pessoas de fora, cada uma delas detendo apenas uma fração ínfima e nenhuma delas tendo necessariamente um interesse ou — uma novidade total — qualquer responsabilidade pela condução do negócio.

Esta nova «*corporation*», «*Société Anonyme*», «*Aktiengesellschaft*», não poderia ser explicada como uma *reforma*, que foi como as novas versões do exército, das universidades e dos hospitais se apresentaram. Foi claramente uma inovação genuína, e rapidamente esta inovação começou a proporcionar os novos empregos — no início, para o proletariado urbano em rápido crescimento, mas cada vez mais também para pessoas instruídas. Em pouco tempo, começou a dominar a economia. Aquilo que nas instituições mais antigas podia ser explicado como diferentes procedimentos, regras ou regulamentos, nas novas instituições tornou-se desde muito cedo uma nova função, a gestão e um novo tipo de trabalho. E isto, em seguida, chamou a si o estudo; suscitou atenção e controvérsia.

Mas ainda mais extraordinária e sem precedentes foi a posição deste recém-chegado na sociedade. Era a primeira nova instituição autónoma em centenas de anos, a primeira a criar um centro de poder dentro da sociedade, mas independente do governo central do Estado nacional. Isto era uma ofensa, uma violação de tudo o que o século XIX (e os cientistas políticos do século XX ainda) consideravam «lei da história», e francamente um escândalo.

Por volta de 1860, um dos principais cientistas sociais da época, o inglês Sir Henry Maine, cunhou a expressão no seu livro *Ancient Law* que o progresso da história é «do estatuto ao contrato». Poucas frases se tornaram tão populares e tão amplamente aceites como esta.

No entanto, no preciso momento em que Maine proclamou que a lei da história exige a eliminação de todos os centros de poder autónomos dentro da sociedade, surgiu o empreendimento comercial. E desde o início era claramente um centro de poder dentro da sociedade e claramente autónomo.

Para muitos contemporâneos era, compreensivelmente, um acontecimento totalmente antinatural e uma conspiração monstruosa. O primeiro grande historiador social que a América produziu, Henry Adams, viu-o claramente desta forma. O seu importante romance, *Democracia*, que escreveu durante a administração de Grant, retrata o novo poder económico como sendo, ele próprio, corrupto e que, por sua vez, corromperá o processo político, o governo e a sociedade. O irmão de Henry, Brooks Adams, algumas décadas mais tarde, aprofundou este tema num dos livros políticos mais populares jamais publicados nos Estados Unidos, *The Degeneration of the Democratic Dogma*.

Da mesma forma, o economista de Wisconsin, John R. Commons — o cérebro por detrás do *movimento progressista* no Wisconsin, pai da maior parte das «reformas» que mais tarde se tornaram as inovações sociais e políticas do New Deal, e, por último, mas não menos importante, habitualmente considerado o pai do «sindicalismo empresarial» da América — seguiu a mesma linha. Ele culpava os grandes empreendimentos comerciais de serem responsáveis por uma conspiração de advogados que levou a uma interpretação errónea da Décima Quarta Emenda à Constituição segundo a qual as empresas eram dotadas da mesma «personalidade jurídica» que um indivíduo.

Do outro lado do Atlântico, na Alemanha, Walter Rathenau — ele próprio chefe executivo bem-sucedido de uma das novas «corporações» muito grandes (e que mais tarde se tornou uma das primeiras vítimas do terror nazi quando foi assassinado, em 1922, enquanto ministro dos Negócios Estrangeiros da nova República de Weimar) — também considerava que estas empresas eram algo radicalmente novo, algo bastante incompatível com as teorias políticas e sociais prevalecentes e, na verdade, um grave problema social.

No Japão, Shibusawa Eiichi, que tinha deixado uma promissora carreira governamental na década de 1870 para construir um Japão moderno através da construção de empresas, também viu nestes empreendimentos comerciais algo bastante novo e distintamente desafiante. Tentou domá-los, infundindo-lhe a ética confucionista; e as grandes empresas japonesas, tal como se desenvolveram após a Segunda Guerra Mundial, são, em grande parte, feitas à imagem de Shibusawa.

Em todos os restantes lugares, as novas grandes empresas foram igualmente vistas como uma inovação radical e perigosa. Na Áustria, por exemplo, Karl Lueger, o fundador dos partidos «cristãos» que ainda dominam a política na Europa Continental, foi eleito presidente da Câmara de Viena em 1897, numa plataforma que defendia o honesto e honrado pequeno empresário — o lojista e o artesão — contra as grandes empresas maléficas e ilegítimas. Alguns anos mais tarde, um obscuro jornalista italiano, Benito Mussolini, subiu à proeminência nacional ao denunciar «as corporações sem alma».

Deste modo, muito naturalmente, talvez mesmo inevitavelmente, as preocupações com a gestão, quer hostis a ela, quer amigáveis, concentraram-se assim nas empresas. Por muito que o mesmo tipo de gestão estivesse a ser aplicada a outras instituições, eram estas empresas que eram visíveis, proeminentes, controversas e, acima de tudo, novas e, portanto, significativas. No entanto, quase 100 anos após o surgimento da gestão nas primeiras grandes empresas da década de 1870, é evidente que a gestão diz respeito a todas as instituições sociais. Nos últimos 100 anos, cada uma das principais funções sociais ficou entregue a uma organização grande e administrada por gestores. Os hospitais de 1870 eram ainda o local onde os pobres iam morrer. Em 1950, os hospitais tinham-se tornado numa das organizações mais complexas, que exigiam uma gestão de extraordinária competência. Os sindicatos de trabalhadores nos países desenvolvidos são hoje dirigidos por pessoal de gestão remunerado, e não pelos políticos que nominalmente os encabeçam. Mesmo as universidades muito grandes de 1900 (e a maior de então tinha apenas cinco mil estudantes) ainda eram simples, com faculdades de, no máximo, algumas centenas, cada professor a ensinar a sua própria especialidade. Hoje em dia, está cada vez mais complexa — incluindo estudantes de propedêutico, licenciatura e pós-graduação —, com institutos de investigação e bolsas de investigação do governo e da indústria e, cada vez mais, com uma grande superestrutura administrativa. Mais ainda, nos exércitos modernos, a questão básica é saber até que ponto a gestão é necessária e até que ponto interfere com a liderança — aparentemente a gestão sai vencedora.

Identificar gestão apenas com as empresas é, portanto, algo que já não tem sustentação. Muito embora os nossos manuais e os nossos estudos ainda se concentrem fortemente no que se passa nas empresas — e tipicamente, as revistas que têm a palavra *management* [gestão] no título (por exemplo, *Management Today* da Grã-Bretanha ou *Management Magazin* da Alemanha) ocupam-se principalmente, ou exclusivamente, com o que se passa nas empresas —, a gestão tornou-se o órgão pervasivo e universal de uma sociedade moderna.

Com efeito, a sociedade moderna tornou-se uma «sociedade de organizações». Atualmente, correspondem a uma pequena minoria os indivíduos que se conformam com o que os teóricos políticos e sociais ainda consideram ser a norma: o indivíduo que está na sociedade diretamente e por conta própria, sem qualquer instituição intermediária, da qual é membro e funcionário, entre ele próprio e o governo soberano. A esmagadora maioria das pessoas nas sociedades desenvolvidas são empregados de uma organização; retiram o seu sustento do rendimento coletivo de uma organização, veem as suas oportunidades de carreira e sucesso principalmente como oportunidades no seio de uma organização; e definem o seu estatuto social em grande parte através da sua posição dentro das fileiras de uma organização. Cada vez mais, especialmente nos Estados Unidos, a única forma de um indivíduo poder acumular alguns bens é através do fundo de pensões, ou seja, através da sua filiação numa organização.

Por sua vez, o funcionamento de cada uma destas organizações depende da gestão. A gestão torna numa organização aquilo que de outra forma seria uma turba. É o órgão eficaz, integrador e gerador de vida.

Numa sociedade de organizações, o ato de gerir torna-se uma função social chave e a gestão o órgão constitutivo, determinante e diferencial da sociedade.

O novo pluralismo

O dogma do «Estado liberal» ainda é ensinado nos departamentos governamentais das nossas universidades e nas nossas faculdades de direito. De acordo com ele, todo o poder organizado é exercido por um governo central. Mas a sociedade das organizações é uma sociedade *pluralista*. Em aberto desafio ao dogma dominante, ela contém uma diversidade de organizações e centros de poder. E cada uma tem de ter uma equipa de gestão e tem de ser gerida. O empreendimento comercial é apenas um tipo de organização; existem os sindicatos e as organizações agrícolas, as instituições de saúde e as escolas e universidades, para não mencionar os meios de comunicação social. De facto, mesmo o governo está a tornar-se cada vez mais uma congregação pluralista de centros de poder quase autónomos, muito diferente, de facto, dos ramos de governo da Constituição americana. A função pública, por exemplo. O último Presidente dos Estados Unidos que teve o controlo efetivo da função pública foi Franklin D. Roosevelt há 50 anos; em Inglaterra, foi Winston Churchill; na Rússia, Estaline. Desde essa altura, o funcionalismo público em todos os principais países tornou-se um organismo por direito próprio. O mesmo acontece, cada vez mais, com os militares.

No século XIX, o «Estado liberal» teve de admitir os partidos, embora o tenha feito de má vontade e com grande desconfiança. Mas o objetivo dos partidos era a conquista do governo. Eles eram, por assim dizer, engrenagens na máquina governamental e não tinham nem existência nem justificação fora dela.

Nenhum desses propósitos anima as instituições do novo pluralismo.

As instituições do velho pluralismo, ou seja, da Europa ou do Japão medievais (os príncipes e os barões feudais, as cidades livres, os artesãos, os bispados e as abadias), eram, elas próprias, governos. Cada uma tentou, de facto, anexar a plenitude do poder governamental o máximo que pôde. Cada uma cobrava impostos e direitos aduaneiros. Cada uma tentou obter o direito de fazer leis, e de estabelecer e governar os seus próprios tribunais de justiça. Cada uma tentou conferir títulos de cavaleiro, patentes de nobreza ou títulos de cidadania. E cada uma tentou alcançar o direito mais cobiçado de todos, o de cunhar a sua própria moeda.

Mas o objetivo das instituições pluralistas de hoje é não governamental: fazer e vender bens e serviços, proteger empregos e salários, curar doentes, ensinar jovens, e assim por diante. Cada uma só existe para fazer algo que é diferente do que o governo faz ou, na verdade, para fazer algo para que o governo não precise de o fazer.

As instituições do antigo pluralismo também se viam a si próprias como comunidades totais. Até as guildas artesanais, como os poderosos tecelões de lã de Florença, por exemplo, se organizaram principalmente para controlar os seus membros. É claro que os tecelões eram pagos pela venda de produtos de lã a outras pessoas. Mas a sua guilda tentava, o máximo possível, isolar os membros contra impactos económicos provenientes do exterior, restringindo severamente o que podia ser feito, quanto, como e a que preço podia ser vendido e por quem. Cada guilda reuniu membros do seu próprio bairro de uma cidade, sobre o qual exercia o controlo governamental. Cada uma construiu imediatamente a sua própria igreja com o seu próprio santo padroeiro. Cada uma construiu imediatamente a sua própria escola; ainda existe a «Merchant Taylor's» em Londres.

Cada uma controlava o acesso à filiação no grémio. Se as instituições do antigo pluralismo tivessem de lidar com o exterior, fá-lo-iam como «relações externas» através de pactos formais, alianças, rixas e, muitas vezes, guerra aberta. Os de fora eram autênticos estrangeiros.

As instituições do novo pluralismo não têm qualquer propósito que não seja exterior a elas próprias. Elas existem na contemplação de um «cliente» ou de um «mercado». O sucesso no contexto de um hospital não é uma enfermeira satisfeita, mas sim um paciente curado. O sucesso para uma empresa não é uma força de trabalho feliz, por muito desejável que isso seja; é um cliente satisfeito que volta a encomendar o produto.

Todas as instituições do novo pluralismo, ao contrário das antigas, são instituições com um único objetivo. São instrumentos da sociedade para suprir uma necessidade social específica, seja o fabrico ou venda de automóveis, a prestação de serviços telefónicos, a cura de doentes, o ensino da leitura a crianças ou o pagamento de subsídios a trabalhadores desempregados. No entanto, para darem esta contribuição única e específica, as próprias instituições necessitam de uma considerável medida de autonomia. Precisam de ser organizadas perpetuamente, ou pelo menos por longos períodos. Precisam de dispor de uma quantidade considerável dos recursos da sociedade, de terra, de matérias-primas e de dinheiro, mas sobretudo de pessoas, e especialmente do recurso mais escasso de todas elas: pessoas com formação e educação elevadas. Além do mais, precisam de uma quantidade considerável de poder sobre as pessoas, e de poder coercivo, já agora. É demasiado fácil esquecer que, num passado não tão distante, apenas escravos, criados e condenados tinham de estar no trabalho numa altura definida por um terceiro.

Estas instituições têm — e têm mesmo de ter — poder para conceder ou reter reconhecimento social e recompensas económicas. Qualquer que seja o método utilizado para selecionar pessoas para tarefas e promoções — nomeação por parte de um superior hierárquico, seleção pelos pares, até mesmo rotação entre empregos —, é sempre uma decisão de poder tomada para o indivíduo e não por ele, e com base em critérios impessoais que estão relacionados com o propósito da organização e não com o propósito do indivíduo. O indivíduo é, assim, por necessidade, sujeito a um poder baseado no sistema de valores de qualquer finalidade social específica que a instituição tenha sido criada para satisfazer.

O órgão através do qual este poder é exercido na instituição é o órgão a que chamamos *gestão*.

Isto é algo novo e sem precedentes. Ainda não temos nem teoria política nem teoria social para isto.

Este novo pluralismo levanta imediatamente a questão: quem cuida do bem comum quando a sociedade está organizada em centros de poder individuais, cada um preocupado com um objetivo específico e não com o bem comum?

Cada instituição numa sociedade pluralista vê a sua própria finalidade como a central e a mais importante. De facto, não pode fazer o contrário. As escolas, por exemplo, ou as universidades não poderiam funcionar, a menos que encarassem o ensino e a investigação como aquilo que forma uma boa sociedade e um bom cidadão. Certamente que ninguém escolhe entrar na administração hospitalar ou na enfermagem, a menos que acredite na saúde como um valor absoluto. E como inúmeras fusões e aquisições falhadas atestam, nenhuma gerência fará um bom trabalho na gestão de uma empresa, a menos que acredite no produto ou serviço que a empresa fornece, e a menos que respeite os clientes da empresa e os seus valores.

Charles E. Wilson, presidente da GM (mais tarde secretário da Defesa do Presidente Eisenhower), nunca disse: «O que é bom para a General Motors é bom para o país». O que realmente disse foi «O que é bom para o país é bom para a General Motors, e vice-versa». Mas Wilson ter sido mal citado é bastante irrelevante. O que importa é que todos acreditaram que ele não só disse o que tinha sido mal citado, mas que realmente acreditava nisso. E de facto ninguém podia chefiar a General Motors — ou a Universidade de Harvard, ou o Hospital da Misericórdia, ou os Bricklayers, ou o Corpo de Fuzileiros Navais — a menos que acreditasse que o que é bom para a GM, ou Harvard, ou a Misericórdia, ou os Bricklayers, ou os Fuzileiros Navais é, de facto, bom para o país e é efetivamente uma «missão», se não divinamente ordenada, pelo menos essencial para a sociedade.

No entanto, cada uma destas missões é uma e apenas uma dimensão do bem comum — importante, sim, indispensável talvez, e, no entanto, um bem relativo e não um bem absoluto. Como tal, deve ser limitada, ponderada e muitas vezes subordinada a outras considerações. É necessário fazer emergir o bem comum, de alguma forma, a partir do choque e do clamor dos interesses especiais.

O velho pluralismo nunca resolveu este problema. Isto explica porque é que a sua supressão se tornou a «causa progressiva» com a qual os filósofos morais da era moderna (ou seja, do século XVI ao século XIX) se alinharam.

Poderá o novo pluralismo fazer melhor? Uma solução é, evidentemente, suprimir as instituições pluralistas. Esta é a resposta dada pelo totalitarismo e é, de facto, a sua verdadeira essência. O Estado totalitário, quer se chame a si próprio fascista, nazi, estalinista ou maoísta, torna todas as instituições subservientes e extensões do Estado (ou do partido omnipotente). Isto salva o «estado» da teoria política moderna, mas com o sacrifício da liberdade individual, do livre pensamento e da livre expressão, e de qualquer limitação do poder, de um modo geral. O estado (ou o partido) é então, de facto, o *único* centro de poder, tal como predica a teoria tradicional. Mas só tem a capacidade de manter o seu monopólio do poder por se basear no terror puro e duro. E mesmo a esse preço horrível, não funciona verdadeiramente. Como sabemos agora — e a experiência de todos os regimes totalitários é exatamente a mesma, quer se autodenominem Direita ou Esquerda —, as instituições pluralistas persistem por detrás da fachada monolítica. Só podem ser privadas da sua autonomia se elas e a sociedade no seu conjunto se tornarem incapazes de atuar, como aconteceu, por exemplo, através das purgas de Estaline ou da Revolução Cultural de Mao. O que os regimes totalitários provaram é que a sociedade moderna *tem* de ser uma «sociedade de organizações», e isso significa uma sociedade pluralista. A única escolha é se a liberdade individual está a ser mantida ou está a ser suprimida e destruída, embora sem outra finalidade que não seja o poder nu e cru.

A abordagem oposta à do totalitarismo é a americana. Os Estados Unidos foram a única nação, entre as nações modernas, que nunca aceitou plenamente o dogma do Estado liberal. Opôs-lhe, muito cedo na sua história, uma teoria política pluralista, a da «maioria concorrente» de John C. Calhoun. Na forma como Calhoun apresentou a sua teoria nos anos de 1830 e 1840, ou seja, como um pluralismo exercido através dos estados individuais e destinado a evitar a rutura da União por causa do tema da escravatura, a «maioria concorrente» não sobreviveu à Guerra Civil. Mas, 30 anos mais tarde, Mark Hanna, o fundador do partido Republicano moderno e da política americana moderna em geral, reformulou o pluralismo de Calhoun como uma maioria concorrente dos «interesses» principais: agricultores, trabalhadores, empresas. Cada uma destas três «herdades do reino» pode efetivamente vetar a maioria. Não deve impor a sua vontade aos outros, mas deve ser capaz de impedir que os outros lhe imponham a sua vontade. Passados mais 30 anos, Franklin D. Roosevelt fez disto o credo político básico do New Deal. No sistema de Roosevelt, o governo tornou-se o árbitro cuja função é garantir que nenhum interesse se torne demasiado poderoso. Quando Roosevelt interveio, o «capital» — o termo *negócios* só surgiu mais tarde, e *gestão* mais tarde ainda — aparentava ter demasiado poder. Agricultores e trabalhadores foram assim organizados para compensar o poder empresarial. Posteriormente, não muitos anos mais tarde, quando a força de trabalho parecia estar a tornar-se demasiado poderosa, os agricultores e as empresas organizaram-se para compensar e equilibrar a força de trabalho, e assim por diante.

Cada um dos «interesses» é livre de perseguir os seus próprios objetivos independentemente do bem comum; na verdade, espera-se que o faça. Nos dias mais negros da Segunda Guerra Mundial, em 1943, quando as tropas americanas ainda não tinham armas e munições, John L. Lewis, fundador do Congresso das Organizações Industriais (ou seja, do sindicalismo americano moderno) e poderoso chefe do sindicato dos mineiros de carvão, convocou uma greve do carvão para obter salários mais elevados para os seus homens, desafiando o controlo salarial nacional. O Presidente Roosevelt atacou-o publicamente por pôr em perigo a sobrevivência da nação. Lewis retorquiu: «O Presidente dos Estados Unidos é pago para zelar pela sobrevivência da nação. Eu sou pago para zelar pelos interesses dos mineiros de carvão». E apesar de os jornais terem atacado Lewis duramente, a opinião pública aparentemente sentiu que Lewis só tinha dito em voz alta o que a administração Roosevelt tinha praticado desde o início. Deu a Lewis apoio suficiente para vencer a greve.

Este exemplo, contudo, mostra que a doutrina pluralista americana dificilmente é a mais adequada. Na verdade, tal como aconteceu com o velho pluralismo, deu origem a tantos interesses instalados e grupos de pressão, que é quase impossível levar a cabo os assuntos do governo, quanto mais orientá-los para o bem comum.

Em 1984–85, praticamente toda a gente nos Estados Unidos concordava que o país necessitava de uma reforma fiscal drástica para substituir um código fiscal cada vez mais complicado e irracional, com poucas taxas de imposto e com isenções eliminadas, mas esse código não pôde ser promulgado. Cada isenção transformava-se na causa sagrada de um interesse particular. Embora algumas delas representassem apenas algumas centenas ou alguns milhares de eleitores, podiam bloquear a reforma fiscal, e de facto fizeram-no.

Haverá uma saída? Os japoneses parecem ser os únicos até agora capazes de reconciliar uma sociedade de organizações com a busca do bem comum. Espera-se dos grandes interesses japoneses que eles façam a sua parte daquilo «que é bom para o país»: depois espera-se que encaixem o que é bom para si próprios no quadro de uma política pública concebida para servir o interesse nacional.

Todavia, é duvidoso que mesmo o Japão consiga manter esta abordagem por muito tempo. Reflete um passado em que o Japão se via isolado num mundo hostil e estranho — de modo que todo o Japão, independentemente dos interesses imediatos, tinha de se manter unido. Será que esta atitude sobreviverá ao sucesso do Japão? E poderia essa abordagem ser bem-sucedida no Ocidente, onde se espera que os interesses se comportem como interesses?

Será feita a pergunta: será isto um problema de gestão? Não será um problema de política, de governo ou de filosofia política? Mas se a gestão não o resolver, então, quase inevitavelmente, serão impostas soluções políticas. Quando, por exemplo, as instituições de cuidados de saúde na América, os hospitais e a profissão médica não assumiram a responsabilidade pela escalada dos custos dos cuidados de saúde, o governo impôs-lhes restrições, por exemplo, as restrições do Medicare aos cuidados dos idosos nos hospitais. Estas regras não se preocupam, de modo algum, com os cuidados de saúde e podem mesmo ser prejudiciais para os mesmos. Foram concebidas para servir as preocupações fiscais a curto prazo do governo e dos empregadores, ou seja, concebidas para substituir uma abordagem diferente, mas igualmente unilateral, por uma abordagem unilateral e autocentrada dos «interesses» dos cuidados de saúde.

Este deverá ser o resultado, a menos que as direções das instituições do novo pluralismo assumam como tarefa sua a de conciliar a preocupação pelo bem comum com a prossecução da missão especial em prol da qual a sua instituição existe.

A legitimidade da gestão

O poder tem de ser legítimo. Caso contrário, só tem força e nenhuma autoridade, é apenas um poder destituído de razão. Para ser legítimo, o poder tem de ser fundamentado fora dele em algo que o transcenda e que seja aceite como um valor genuíno, ou até como um verdadeiro absoluto por aqueles sujeitos ao poder — quer seja proveniente dos deuses ou da sucessão apostólica; de instituição divina ou da sua congénere moderna e totalitária, as leis científicas da história; do consentimento da eleição popular ou, como em grande parte da sociedade moderna, da magia de um diploma avançado. Se o poder é um fim em si mesmo, torna-se despotismo e tanto ilegítimo como tirânico.

As chefias têm de ter poder para fazer o seu trabalho, qualquer que seja a organização. Nesse aspecto, há pouca diferença entre uma diocese católica, uma universidade, um hospital, um sindicato de trabalhadores e uma empresa. E como o órgão dirigente de cada uma destas instituições tem de ter poder, tem de ter legitimidade.

É aqui que nos deparamos com um *puzzle*. A gestão das principais instituições da nossa sociedade de organizações é, de um modo geral, aceite como legítima. A única exceção é a gestão das empresas comerciais. Os empreendimentos comerciais são considerados necessários e aceites como tal. De facto, a sociedade está frequentemente mais preocupada com a sobrevivência de uma grande empresa ou de uma indústria do que com a de qualquer outra instituição. Se uma grande empresa estiver em apuros, há uma crise e tentativas desesperadas de salvar a empresa. Mas, ao mesmo tempo, suspeita-se da gestão das empresas. E qualquer exercício do poder por parte da administração é denunciado como usurpação, com protestos vindos de todos os lados a favor de legislação ou de ação judicial para refrear ou para suprimir por completo o poder da administração.

Uma explicação comum é que as grandes empresas exercem mais poder do que qualquer outra instituição. Mas este argumento, simplesmente, não resiste a escrutínio. Não é só por as empresas se depararem com limites ao seu poder vindos de todas as direções — do governo e regulamentos governamentais, dos sindicatos, etc. Até mesmo a maior e mais rica empresa tem um poder insignificante comparado com o da universidade, agora que um diploma universitário se tornou um pré-requisito para o acesso a todos os empregos, exceto os mais modestos. A universidade e a sua gestão são frequentemente criticadas, mas a sua legitimidade raramente é questionada.

Os grandes sindicatos de trabalhadores na Europa Ocidental e nas indústrias americanas de produção em massa têm certamente mais poder do que qualquer empresa no seu país ou indústria. De facto, na Europa Ocidental, tanto na Grã-Bretanha como no continente, os grandes sindicatos de trabalhadores tornaram-se as instituições mais poderosas da sociedade no período após a Segunda Guerra Mundial, por vezes mais poderosas do que o governo desse país. O exercício do poder dos sindicatos durante este período foi, com demasiada frequência, egoísta, irresponsável, até. Mas mesmo os seus críticos mais amargos na Europa Ocidental e nos Estados Unidos raramente questionaram a legitimidade dos sindicatos.

Outra explicação — a que prevalece atualmente — é que a gestão de todas as demais instituições é altruísta, ao passo que as empresas têm fins lucrativos e, por conseguinte, procuram o seu próprio bem e são materialistas. Mas mesmo que se aceite que para muitas pessoas a ausência de lucro é virtuosa, enquanto o lucro é duvidoso, ou mesmo pecaminoso, a explicação de que o lucro compromete a legitimidade da administração de uma empresa não é adequada. Em todos os países ocidentais a legitimidade dos proprietários, ou seja, dos verdadeiros capitalistas, e dos seus lucros são geralmente aceites sem grande questionamento. A de uma gestão profissional não o é, no entanto, a gestão profissional obtém lucros para outras pessoas e não para si própria — e os seus principais beneficiários hoje em dia são os fundos de pensões dos empregados.

Depois, há a situação no Japão. Em nenhum outro país, nem mesmo em França ou na Suécia, o clima intelectual do período pós-guerra foi tão hostil ao «lucro» como no Japão, pelo menos até cerca de 1975. Os intelectuais de esquerda do Japão nas universidades ou nos jornais podem ter querido nacionalizar as grandes empresas do Japão, mas nem sequer aos mais puros marxistas entre eles ocorreu questionar a necessidade de uma gestão ou a sua legitimidade.

A explicação reside claramente na imagem que a gestão japonesa tem de si própria e que apresenta à sua sociedade. No direito japonês, como no direito americano e europeu, a direção serve os acionistas. Mas, na prática, os japoneses consideram-no pura ficção. A realidade que norteia o comportamento da administração das grandes empresas japonesas (mesmo em empresas que são familiares e geridas pela família como a Toyota) é a gestão enquanto órgão do próprio negócio. A direção é o servo da empresa em atividade, que reúne num interesse comum vários elementos: empregados primeiro, depois clientes, depois credores e finalmente fornecedores. Os acionistas são apenas um grupo especial de credores, em vez de «os proprietários» para cujos interesses a empresa existe. Tal como o seu desempenho demonstra, as empresas japonesas não são dirigidas como instituições filantrópicas e sabem como obter resultados económicos. De facto, os bancos japoneses, que são os verdadeiros centros de poder na economia japonesa, observam de perto o desempenho económico e intervêm numa gestão de topo com mau desempenho ou sem brilho muito mais rapidamente do que os conselhos de administração das empresas públicas ocidentais. Mas os japoneses institucionalizaram a empresa em funcionamento e os seus valores através do emprego vitalício, segundo o qual a reivindicação de emprego e rendimento dos empregados vem em primeiro lugar — a menos que a própria sobrevivência da empresa esteja em perigo.

A formulação japonesa apresenta problemas muito reais, especialmente numa altura de rápida mudança estrutural na tecnologia e na economia, quando a mobilidade da mão-de-obra é extremamente necessária. Ainda assim, o exemplo japonês indica porque é que a legitimidade da gestão é um problema no Ocidente. A gestão empresarial no Ocidente (e em particular nos Estados Unidos) ainda não enfrentou o facto de a nossa sociedade se ter tornado uma sociedade de organizações das quais a gestão é o órgão essencial.

Há cerca de 30 anos, quando o estudo sério da gestão começou, Ralph Cordiner, então CEO da General Electric Company, tentou reformular a responsabilidade da direção de topo das empresas. Falou de esta ser a «fiduciária dos melhores interesses equilibrados de acionistas, empregados, clientes, fornecedores e comunidades das fábricas» — os grupos que agora seriam chamados de *partes interessadas* ou *constituintes*. Este foi um *slogan* que pegou logo. Inúmeras outras empresas americanas escreveram-no na sua declaração de Filosofia Empresarial. Mas nem o Sr. Cordiner nem nenhum dos outros diretores e presidentes que abraçaram a sua retórica fizeram o que os japoneses fizeram: institucionalizar as suas profissões. Não pensaram no que significaria o interesse mais equilibrado destas diferentes partes interessadas, como avaliar o desempenho face a um objetivo tal, e como criar responsabilidade por ele. A declaração ficou-se pelas boas intenções. E as boas intenções não são suficientes para tornar o poder legítimo. De facto, as boas intenções como fundamento para o poder caracterizam o «déspota iluminado», e o despotismo iluminado nunca funciona.

O termo *déspota iluminado* foi cunhado no século XVIII — tendo sido Voltaire provavelmente o seu maior e mais entusiasta expoente —, quando o direito divino dos príncipes já não era geralmente aceite como base para um poder legítimo. O príncipe com as melhores intenções entre os déspotas iluminados do século XVIII, ele próprio um modelo do progressista, do liberal iluminado, era o imperador austríaco José II (reinou entre 1765 e 1790). Cada uma das reformas de que foi pioneiro foi um passo na direção certa — a abolição da tortura; tolerância religiosa para protestantes, judeus e mesmo ateus; educação universal gratuita e hospitais públicos em todos os condados; abolição da servidão; codificação das leis; e assim por diante. No entanto, os seus súbditos, e especialmente os seus súbditos nas partes mais avançadas do seu império, os Países Baixos austríacos, insurgiram-se contra ele em revolta. E quando, alguns anos mais tarde, estalou a Revolução Francesa, os déspotas iluminados da Europa tombaram como tordos. Não tinham um círculo de constituintes que os apoiasse.

Uma vez que Ralph Cordiner e os seus contemporâneos nunca tentaram sequer fundamentar o poder da administração em arranjos institucionais, a sua afirmação transformou-se muito rapidamente em despotismo iluminado. Nas décadas de 1950 e 1960 tornou-se *capitalismo empresarial*, no qual uma gestão «profissional» esclarecida tem poder absoluto dentro da sua empresa, controlada apenas por ela própria e inamovível, exceto em caso de catástrofe. A «propriedade das ações», argumentou-se, tinha se tornado de tal modo dispersa que os acionistas já não podiam interferir, quanto mais exercer controlo.

Mas isto é *arrogância*: arrogância e orgulho pecaminoso, que domina sempre antes de uma grande queda. Dez anos após o anúncio da independência das administrações nas grandes empresas de propriedade pública, o «capitalismo empresarial» começou a entrar em colapso. Por exemplo, a posse de ações voltou a concentrar-se, nas mãos dos fundos de pensões.

Em seguida, a inflação distorceu valores, como acontece sempre, de modo que os preços das ações, que se baseiam nas expectativas de ganhos, passaram a parecer muito inferiores aos valores contabilísticos e aos valores de liquidação. O resultado foi a onda de aquisições hostis que tem vindo a inundar a economia americana nestes últimos anos e que está agora a alastrar-se à Europa. Subjacente a isto está a afirmação de que os empreendimentos comerciais existem apenas e somente em nome dos lucros dos acionistas e dos lucros imediatos a curto prazo.

Por ora, tornou-se amplamente aceite — exceto em Wall Street e entre os advogados de Wall Street — que as aquisições hostis são deletérias e, de facto, uma das principais causas da perda da posição competitiva da América na economia mundial. De uma forma ou de outra, as aquisições hostis vão acabar (sobre este assunto, ver também o Capítulo 28). Pode ser através de um «*crash*»; os *booms* especulativos acabam sempre por colapsar. Pode ser através de alterações como a mudança para diferentes classes de ações ordinárias, com as ações detidas pelo público externo a terem uma fração do poder de voto das ações dos internos, ou através da renúncia total ao direito de voto para ações ordinárias detidas pelo público. (Devo esta sugestão ao Sr. Walter Wriston, o presidente emérito do Citibank de Nova Iorque.)

Independentemente da forma como o *boom* das aquisições hostis seja finalmente travado, terá deixado claro que o problema da legitimidade da gestão tem de ser resolvido. Conhecemos algumas das especificações para a solução. Tem de haver salvaguardas adequadas ao desempenho económico de uma empresa: a sua posição no mercado, a qualidade dos seus produtos ou serviços e o seu desempenho enquanto inovador. Tem de haver ênfase e controlo do desempenho financeiro. Se o *boom* de aquisições nos ensinou alguma coisa, é que não deve ser permitido que a administração tenha um desempenho financeiro abaixo dos níveis padrão.

Mas, de alguma forma, os vários «interessados» também têm de ser incluídos no processo de gestão (por exemplo, através do plano de pensões da empresa como representante dos empregados da empresa para os quais o plano de pensões é o administrador fiduciário). E, de alguma forma, a manutenção da capacidade de produção de riqueza e de emprego da empresa, ou seja, a manutenção da empresa em funcionamento, precisa de ser incorporada nas nossas disposições legais e institucionais. Isso não deverá ser difícil. Afinal de contas, incorporámos a preservação da empresa em funcionamento nas nossas leis de falência há 90 anos, quando lhe demos prioridade sobre todos os outros créditos, incluindo os créditos dos credores. Mas quaisquer que sejam as especificidades, a gestão empresarial tem de alcançar legitimidade; o seu poder tem de ser fundamentado numa justificação exterior a ela e maior do que ela, e tem de lhe ser dada a sanção «constitucional» que ainda lhe falta em grande parte.

Estreitamente ligada ao problema da legitimidade da administração está a sua remuneração.

A administração, para ser legítima, deve ser aceite como «profissional». Os profissionais têm sido sempre bem pagos, e merecem sê-lo. Mas sempre foi considerado pouco profissional pôr o dinheiro à frente da responsabilidade profissional e dos padrões profissionais. Isto significa que tem de haver limitações aos rendimentos de gestão. Não é certamente profissional para um chefe executivo dar a si próprio um bónus de vários milhões no preciso momento em que o salário dos restantes empregados da empresa é reduzido em 30%, como fez o chefe executivo da Chrysler há alguns anos. Não é decerto totalmente profissional para as pessoas que são empregadas e não «proprietárias» atribuírem a si próprias salários e bónus muito superiores ao que recebem os próprios colegas, ou seja, os outros membros da direção. E não é profissional pagar a si próprio salários e bónus que estão tão acima da norma a ponto de criar tensão social, inveja e ressentimento. De facto, não há justificação económica para rendimentos executivos muito elevados. Os gestores de topo alemães e japoneses fazem certamente um trabalho tão bom como os gestores de topo americanos — talvez, a julgar pelos resultados, ainda melhor. No entanto, os seus rendimentos são, no máximo, metade do que os chefes executivos americanos de empresas em indústrias semelhantes e de dimensão semelhante estão por vezes a ser pagos.

Mas há também trabalho a ser feito na preparação, avaliação e seleção, e depois na sucessão dos cargos de gestão de topo nas grandes empresas; na estrutura da gestão de topo; nas suas normas de desempenho e nas disposições institucionais para a sua monitorização e aplicação.

A gestão empresarial ainda não é plenamente aceite como legítima no Ocidente, porque ainda não nos apercebemos de todas as implicações do seu sucesso. Os executivos, mesmo os das maiores empresas, são, em grande parte, anónimos. Só fazem figura de parvos se tentarem comportar-se como se fossem aristocratas. Estas pessoas são contratadas tal como todos nós. No dia em que se reformam e deixam o conjunto dos executivos, perdem a importância, mesmo na sua antiga empresa. Mas enquanto exercem o cargo, são representantes; individualmente, quase não têm rosto, mas coletivamente constituem um grupo governante. Como tal, o seu comportamento é visto como representativo. Aquilo que seria considerado um pecadilho privado para os comuns mortais torna-se uma má conduta repreensível e mesmo uma traição se for feito por um líder. Isto porque o líder não só é visível, como é seu dever dar o exemplo.

Temos ainda a grande questão do que se está agora a chamar «responsabilidade social» da direção. Não é, apesar de toda a retórica em contrário, uma responsabilidade social das empresas, mas de todas as instituições — caso contrário, dificilmente teríamos tantos processos por negligência contra hospitais americanos ou os que alegam discriminação contra faculdades e universidades americanas. Mas as empresas são certamente uma das instituições chave de uma sociedade de organizações e, como tal, precisam de determinar quais são as suas responsabilidades sociais — e aquilo que não o é.

Certamente que as empresas, como qualquer outra pessoa, são responsáveis pelo seu impacto: a responsabilidade pelo seu impacto é, afinal de contas, um dos mais antigos princípios da lei. E certamente, as empresas, como qualquer outra entidade, estão a violar as suas responsabilidades se causarem impactos que vão além dos necessários e implícitos na sua finalidade social, por exemplo, a produção de bens e serviços. Ultrapassar estes limites constitui um delito, ou seja, uma violação.

Então e os problemas que não resultam de um impacto ou de qualquer outra atividade empresarial e que, no entanto, constituem graves males sociais? Claramente não é responsabilidade das empresas, ou de qualquer organização, agir onde lhe falte competência; fazê-lo não é responsabilidade, mas sim irresponsabilidade. Assim, quando um antigo presidente da câmara de Nova Iorque, nos anos 60, apelou à «General Electric e às outras grandes empresas de Nova Iorque para ajudar a resolver o problema do Gueto Negro, certificando-se de que há um pai na casa de cada uma das mães negras apoiadas pela segurança social», ele não estava só a ser ridículo. Estava a pedir às empresas que fossem irresponsáveis.

Mas a direção também não deve aceitar «responsabilidades» se, ao fazê-lo, prejudicar e impedir o que é o seu primeiro dever: o desempenho económico da empresa. Isto é igualmente irresponsável.

Para além destas ressalvas, existe uma terra de ninguém onde nem sequer compreendemos bem quais são as perguntas certas. Os problemas de Nova Iorque, por exemplo, não são, de forma alguma, causados pelas empresas. Foram, em grande parte, causados por políticas públicas contra as quais as empresas tinham advertido e combatido: principalmente pelo controlo do arrendamento, que, como sempre acontece, destrói a própria habitação de que os pobres necessitam, ou seja, habitações decentes, e bem conservadas, no caso das mais antigas; por políticas demagógicas de bem-estar social; e por políticas igualmente demagógicas de relações laborais. No entanto, quando a cidade de Nova Iorque estava à beira da autodestruição, no final dos anos 60 e início dos anos 70, um pequeno grupo de altos executivos de grandes empresas de Nova Iorque mobilizou a comunidade empresarial para inverter o deslize descendente e renovar a cidade — pessoas como Austin Tobin, da Autoridade do Porto de Nova Iorque; David Rockefeller, do Chase Manhattan Bank; Walter Wriston e William Spencer, do Citibank; Felix Rohatyn, do Lazard Frères, os banqueiros privados; a direção de topo da Pfizer, uma empresa farmacêutica; entre vários outros. Eles não o fizeram «assumindo a responsabilidade» por coisas para as quais não tinham competência, por exemplo, os problemas do gueto negro. Fizeram-no através daquilo em que eram altamente competentes: começaram e lideraram o desenvolvimento arquitetónico mais dramático de qualquer grande cidade desde que Napoleão III tinha criado uma nova Paris e Francis Joseph uma nova Viena 100 anos antes. O gueto negro ainda lá está, assim como todos os males a ele associados, por exemplo, o crime nas ruas, mas a cidade foi revitalizada.

Nada disto aconteceu por estas empresas e as suas administrações precisarem da cidade; à exceção apenas da Autoridade do Porto de Nova Iorque, todos elas poderiam ter-se mudado, como muitas outras fizeram — por exemplo, a IBM, a General Electric ou a Union Carbide. Agiram porque a cidade precisava delas, muito embora, como é evidente, acabassem por beneficiar, quanto mais não fosse porque uma empresa — e qualquer outra instituição — tem um melhor desempenho num ambiente social saudável do que num ambiente social enfermo.

Haverá uma lição a reter? Há, pelo menos, um desafio.

De um modo geral, para que as administrações das grandes empresas atinjam a plena legitimidade, terão de perceber que, para permanecerem «privadas», têm de aceitar que desempenham uma função social, e isso significa uma função «pública».

O emprego enquanto direito de propriedade

Quando, em 1985, uma empresa japonesa de tamanho considerável se viu subitamente ameaçada por uma oferta de aquisição hostil feita por um grupo de «*raiders*» americanos e britânicos — a primeira oferta deste tipo na história recente japonesa —, a direção da empresa afirmou que os verdadeiros proprietários do negócio, e os únicos que poderiam vendê-lo, não eram os acionistas, mas os empregados. Esta era uma afirmação algo exagerada, claro. Os verdadeiros donos de uma empresa japonesa importante são os bancos, como já foi dito, mas é verdade que os direitos dos empregados aos seus empregos são a primeira e principal reivindicação numa grande empresa japonesa, exceto quando o negócio enfrenta uma crise tão grave que a sua própria sobrevivência está em jogo.

Aos ouvidos ocidentais, a declaração da empresa japonesa parece muito estranha, mas, na realidade, os Estados Unidos — e o Ocidente em geral — podem muito bem-estar igualmente avançados em fazer dos empregados o interesse dominante nas empresas, e não apenas nas empresas grandes como no Japão. A percentagem das receitas de uma empresa destinada aos empregados, quase independentemente da dimensão da empresa, excede o que os «proprietários» podem alguma vez esperar obter: varia de quatro vezes maior (ou seja, 7% de lucros após impostos, contra 25% para salários) até 12 vezes maior (ou seja, 5% para lucros contra 60% das receitas para salários). O fundo de pensões aumentou consideravelmente a parte das receitas que vão para o «fundo salarial», ao ponto de, em anos fracos, o fundo de pensões poder reclamar a totalidade dos lucros e mais. A lei americana dá agora também ao fundo de pensões prioridade sobre os acionistas e os seus direitos de propriedade na liquidação de uma empresa, muito para além de tudo o que a lei japonesa e os costumes japoneses dão aos trabalhadores japoneses.

Acima de tudo, o Ocidente, com os Estados Unidos na liderança, está rapidamente a converter o emprego do trabalhador num novo direito de propriedade e, paradoxalmente, no preciso momento em que a primazia absoluta dos direitos a curto prazo dos acionistas está a ser afirmada pelas aquisições hostis. O veículo para esta transformação nos Estados Unidos não é o contrato sindical ou as leis que obrigam ao pagamento de indemnizações por despedimento, como em muitos países europeus.

O veículo é o processo judicial. Primeiro, vieram os processos alegando discriminação, seja na contratação de um empregado, no despedimento, na promoção, na remuneração ou na atribuição de tarefas — discriminação em função da raça ou sexo, idade ou deficiência. Mas, cada vez mais, estes processos nem sequer alegam discriminação alguma, mas sim violação do «devido processo». Alegam que o empregador tem de tratar o trabalho do empregado, incluindo as suas expectativas de remuneração e promoção, como algo cuja fruição só pode ser diminuída ou retirada apenas com base em padrões predefinidos e objetivos e através de um processo estabelecido que inclui uma revisão imparcial e o direito de recurso. Mas estas são as características que definem «propriedade» na história da lei. De facto, são as únicas características que um direito deve possuir para ser chamado de propriedade na tradição jurídica ocidental.

E algo que ainda poucas administrações parecem ter percebido é que, em praticamente todos esses processos, o queixoso ganha e o empregador perde.

Esta evolução era previsível. Na verdade, era inevitável. E é irreversível. Também não é «novo» ou «radical». Aquilo que dá acesso aos recursos produtivos de uma sociedade — dá assim acesso a um meio de subsistência e a uma função e estatuto sociais e constitui uma via importante, se não a principal, para a independência económica por mais modesta que seja — sempre se tornou um «direito de propriedade» na sociedade ocidental. Foi precisamente nisto que o trabalho se tornou, e especialmente o trabalho do trabalhador intelectual enquanto gestor ou profissional.

Continuamos a chamar a um terreno propriedade «real». Isto porque, até muito recentemente, somente a terra dava à grande maioria da Humanidade — 95% ou mais — o que a «propriedade» dá: acesso e controlo sobre os recursos produtivos da sociedade; acesso a um meio de subsistência e a um estatuto social e função; e finalmente uma oportunidade numa propriedade (o próprio termo significava, no início, uma propriedade fundiária) e, com ela, a independência económica.

Nas sociedades desenvolvidas de hoje, no entanto, a esmagadora maioria — exceto 5% ou 10% da população — tem acesso e controlo sobre os recursos produtivos e acesso a um meio de subsistência e a um estatuto e função social ao serem empregados de organizações, ou seja, através dos seus empregos.

Para pessoas altamente qualificadas, o emprego é praticamente a única via de acesso. Noventa e cinco por cento, ou mais, de todas as pessoas com diplomas universitários passarão toda a sua vida profissional como empregados de uma organização. A organização moderna é o primeiro, e até agora o único, local onde podemos colocar um grande número de pessoas altamente qualificadas a fazer um trabalho produtivo e pagar-lhes pela aplicação dos seus conhecimentos.

Para a grande maioria dos americanos, além disso, o fundo de pensões no seu local de trabalho é o seu único acesso a alguma «propriedade», ou seja, a um pouco de independência económica. Quando o principal ganha-pão da família americana, seja um operário ou um trabalhador intelectual, tiver 45 anos, a reivindicação ao fundo de pensões será provavelmente o maior património da família, excedendo em muito o valor do património da casa ou dos bens pessoais da família, por exemplo, os seus automóveis.

Assim, o trabalho tinha de se tornar um direito de propriedade — a única questão é de que forma e com que rapidez.

Resolver coisas como esta através de processos judiciais pode ser «tão americano como a tarte de maçã», mas dificilmente é tão salutar. Há ainda uma oportunidade para as administrações tomarem a iniciativa nesta evolução e moldarem os novos direitos de propriedade no trabalho de modo a servirem igualmente os empregados, as empresas e a economia. Precisamos de manter a flexibilidade do emprego. Precisamos de tornar possível a uma empresa contratar novas pessoas e aumentar o seu pessoal. E isto significa que temos de evitar o nó de forca que os europeus puseram à volta do pescoço: a indemnização por despedimento que a lei de tantos países continentais mandata torna tão caro despedir qualquer empregado que as empresas simplesmente não contratam pessoas. A Bélgica e a Holanda terem taxas de desemprego tão extraordinariamente elevadas é quase inteiramente resultado das leis de indemnização por despedimento destes países. Mas seja qual for a forma como estruturamos os novos direitos de propriedade que o trabalho encarna, haverá vários requisitos que cada empregador, ou seja, cada organização, terá de satisfazer. Em primeiro lugar, devem existir padrões de desempenho objetivos e iguais para todas as pessoas que desempenham um determinado trabalho, independentemente da raça, cor, sexo ou idade. Em segundo lugar, para satisfazer os requisitos do devido processo, a avaliação em relação a estes padrões de desempenho tem de ser revista por alguém que seja verdadeiramente desinteressado. Finalmente, o devido processo exige um direito de recurso — algo que, a propósito, uma empresa tão «autoritária» como a IBM já tem há mais de meio século.

A evolução do emprego para um «direito de propriedade» muda a posição do indivíduo dentro da organização. Irá mudar igualmente, se não mais, a posição da organização na sociedade, pois tornará claro o que ainda é atualmente nebuloso: instituições organizadas e geridas tornaram-se cada vez mais os órgãos de oportunidade, de concretização e de realização para o indivíduo na sociedade das organizações.

Conclusão

Temos ainda um importante — e grande — trabalho pela frente em áreas que são convencionalmente consideradas «gestão» nas escolas de gestão, nas revistas de gestão e pelos próprios gestores em exercício. Mas os principais desafios são novos, e vão muito além do campo da gestão, tal como habitualmente o definimos. De facto, argumentar-se-á que os desafios que tenho vindo a discutir não são, de todo, do campo da gestão, mas que pertencem à teoria política e social e ao direito público. Precisamente. O sucesso da gestão não alterou o trabalho da gestão, mas mudou muito o significado da gestão. O seu sucesso fez da gestão a função geral, a função omnipresente e o órgão distinto da nossa sociedade de organizações. Como tal, a gestão tornou-se inevitavelmente «afetada pelo interesse público». Saber o que isto significa para a teoria e a prática da gestão serão os «problemas de gestão» dos próximos 50 anos.

(1986)

CAPÍTULO VINTE E DOIS

Assumir o Controlo do Pessoal de Serviços

O *PESSOAL DOS SERVIÇOS* empresariais — as pessoas que analisam e planeiam, fornecem conhecimentos, concebem políticas e dão conselhos — têm vindo a crescer a uma enorme velocidade na maioria das organizações americanas. O seu crescimento é ainda mais rápido no sector sem fins lucrativos do que nas empresas comerciais. Mas desde os anos 50, em muitas grandes empresas transformadoras, o emprego deste pessoal cresceu cinco a dez vezes mais rapidamente do que o número de pessoas «operacionais» na produção, engenharia, contabilidade, investigação, vendas e serviço ao cliente. O crescimento desenfreado e o poder excessivo do pessoal dos serviços são considerado por praticamente todos os nossos críticos estrangeiros como uma séria fraqueza da indústria dos EUA, e uma das principais causas do seu fraco desempenho.

O pessoal de serviços nem sempre foi tão inflacionado na América. Nos anos 50, muitos visitantes estrangeiros, especialmente os japoneses, vieram aos Estados Unidos para aprender como as empresas deveriam utilizar o seu pessoal. Pode ser útil lembrarmo-nos de algumas das lições que os nossos visitantes põem em prática nos próprios países, mas que muitas empresas americanas aparentemente esqueceram.

Em primeiro lugar, o pessoal dos serviços deve concentrar-se em tarefas de grande importância que irão continuar por muitos anos. Uma tarefa de menor importância, se tiver mesmo de ser executada, deve ser feita em operações e por pessoal operacional. Uma tarefa de grande importância que não irá durar para sempre — por exemplo, a reorganização da gestão de uma empresa — deverá ser tratada como uma tarefa pontual. Para tal chama-se um consultor externo ou, muitas vezes a melhor escolha, forma-se uma *task force ad hoc*. É possível livrarmo-nos de qualquer uma delas assim que o trabalho estiver concluído. Mas um pessoal de «consultores de organização» internos construirá imediatamente o seu próprio império e começará a procurar lugares para «reorganizar», uma busca que inevitavelmente causará danos.

O trabalho do pessoal deve ser limitado a algumas tarefas de alta prioridade. Esta é a regra mais frequentemente violada nas empresas americanas, especialmente nas maiores. Um departamento de pessoal que conheço tem 28 secções, cada uma das quais retifica «políticas», «programas», «procedimentos», «manuais» e «cursos de formação»; há 30 anos, tinha quatro secções. Outra empresa tem 14 secções de «serviços de marketing».

A proliferação de serviços de pessoal priva-os de eficácia. Pior ainda, destrói a eficácia das pessoas que produzem resultados, as pessoas que operam. Cada serviço de pessoal está convencido de que a sua preocupação é a área mais importante do negócio, quer seja a administração de salários e vencimentos, ou a previsão de vendas, ou a gestão de inventários. Cada um está ocupado, tal como é suposto que esteja, a produzir políticas e procedimentos. E cada um espera então que o pessoal operacional, desde o supervisor de primeira linha até ao diretor executivo principal, lhe dê tempo e atenção adequados.

A menos que o número de tarefas do pessoal seja rigorosamente controlado, estes funcionários absorverão cada vez mais o recurso mais escasso do pessoal operacional: tempo. Gosto de fazer uso de um teste simples: se a totalidade do trabalho do pessoal de serviços — desde o planeamento e análise do fluxo de caixa até uma nova política de relações públicas — requer mais de três ou quatro dias por mês do tempo de trabalho das pessoas operacionais de qualquer nível, então, exceto em raros momentos de crise, é necessário «podar» o pessoal.

Isto significa que cada vez que o pessoal de serviços assume uma nova tarefa, deve abandonar uma antiga. «Muito bem, quer enveredar pela investigação da produtividade», dizemos ao vice-presidente do pessoal. «De qual das coisas que está a fazer agora vai desistir?»

Um trabalho de pessoal eficaz exige metas e objetivos específicos, alvos e prazos claros. «Esperamos reduzir o absentismo para metade no prazo de três anos» ou «Daqui a dois anos, esperamos compreender suficientemente a segmentação dos nossos mercados para reduzir o número de linhas de produtos em pelo menos um terço». Objetivos como estes resultam em trabalho produtivo. Objetivos vagos como «controlar o comportamento dos funcionários» ou «um estudo da motivação dos clientes» não obtêm esses resultados.

De três em três anos ou mais, é importante sentar-se com cada unidade de pessoal e perguntar: «Com que contribuiu nestes últimos três anos que tenha feito uma verdadeira diferença para esta empresa?» O trabalho do pessoal de serviços numa empresa, num hospital ou numa agência governamental não se destina a fazer avançar o conhecimento; a sua única justificação é a melhoria do desempenho do pessoal operacional e de toda a organização.

É tão importante que haja regras para o pessoal de serviços como para o trabalho que fazem. Por exemplo, nunca coloque ninguém num trabalho de serviços a menos que ele ou ela tenha tido sucesso em vários trabalhos operacionais, de preferência em mais do que uma área funcional. Porque se o pessoal não tiver experiência operacional, será arrogante em relação às operações, que parecem sempre tão simples para o «planeador». Mais a mais, a menos que um funcionário de serviços tenha dado provas de um bom trabalho em operações, faltar-lhe-á credibilidade entre o pessoal operacional e será ignorado por ser um «teórico».

Esta é uma regra tão elementar que mesmo o mais extremista defensor da supremacia do pessoal, o exército prussiano do século XIX, a respeitou rigorosamente. Um oficial tinha primeiro de ser promovido duas vezes no comando de tropas — de segundo a primeiro-tenente e depois a capitão — antes de poder fazer o exame geral do Estado-Maior.

Mas hoje, no governo ainda mais do que nas empresas, colocamos jovens recém-saídos das faculdades de gestão ou de direito em empregos de pessoal bastante superiores como analistas ou planeadores ou conselheiros de pessoal. A sua arrogância e a sua rejeição por parte da organização operacional praticamente garantem que serão muito pouco produtivos. Em contrapartida, nenhum homem no Japão, seja numa empresa ou no governo, chega a qualquer tipo de trabalho de pessoal até ter tido sete — ou, mais frequentemente, dez — anos de desempenho bem-sucedido em três ou quatro tarefas operacionais.

Com raras exceções, este trabalho de serviços não deve ser a «carreira» de uma pessoa, mas apenas uma *parte* da carreira. Após cinco ou sete anos num trabalho desses, as pessoas devem voltar às operações e não regressar a um trabalho de pessoal durante cerca de cinco anos. Caso contrário, em breve se tornarão «puxadores de fios nos bastidores», «eminências cinzentas», «fazedores de reis», como aqueles brilhantes malfeitores, os oficiais do pessoal do exército da Prússia. O trabalho do pessoal de serviços, por definição, tem grande autoridade, a autoridade do conhecimento. Mas não tem responsabilidade; compete-lhe aconselhar, planear, prever, e não decidir, executar, obter resultados; e é o mais antigo adágio da política que a autoridade sem responsabilidade corrompe.

Acima de tudo, o verdadeiro resultado que se pretende do trabalho do pessoal de serviços é um pessoal operativo mais produtivo. O pessoal de serviços é um apoio ao pessoal operacional e não um substituto.

(1982)

CAPÍTULO VINTE E TRÊS

Adelgaçar a Cintura da Administração

UM ARTIGO AMPLAMENTE citado publicado na *Harvard Business Review*, há 30 anos, questionava «Será a gestão intermédia obsoleta?» e respondia um retumbante sim. Mas em vez de desaparecer ou sequer diminuir, a gestão intermédia tem vindo a aumentar exponencialmente nas últimas décadas. Em muitas empresas, o «intermédio» entre o supervisor de primeira linha e o topo da empresa tem crescido três ou quatro vezes mais depressa do que as vendas, mesmo antes do ajustamento à inflação.

O crescimento não se limitou às grandes empresas; a gestão intermédia nas pequenas e médias empresas pode ter crescido ainda mais rapidamente: desde há 30 anos a esta parte, muitas destas empresas não tinham «gestão», exceto a família proprietária. E não tem estado confinado às empresas; o crescimento da gestão intermédia tem sido ainda maior no governo, nas forças armadas e numa série de instituições sem fins lucrativos. Há 30 anos, um hospital comunitário de 250 camas tinha um administrador (muitas vezes um médico idoso reformado da clínica) e um diretor de enfermagem. Agora tem também três ou quatro administradores associados ou assistentes, um controlador e meia dúzia de «diretores»: do laboratório médico, do raio X, da fisioterapia, dos serviços alimentares, do processamento de dados, e assim por diante. Uma faculdade de artes liberais que conheço tinha, em 1950, um presidente, um reitor, um reitor assistente de estudantes que também tratava das admissões e um escriturário-chefe que cuidava dos livros. As matrículas duplicaram, de 500 para um milhar, mas o pessoal administrativo aumentou seis vezes, com três vice-presidentes, quatro reitores e 17 reitores assistentes e vice-presidentes-adjuntos.

Algum deste crescimento é saudável. Há 30 anos, a gestão intermédia estava sobrecarregada e com excesso de trabalho, na sequência de 25 anos de taxas de natalidade muito baixas e 20 anos (com início em 1929) de baixas contratações e promoções lentas. Além do mais, como é evidente, todas as instituições se expandiram tremendamente desde então, com a população como a economia a crescerem a grande velocidade. Parte deste crescimento tem sido imposto a partir do exterior. Dos três novos vice-presidentes de um hospital comunitário, um trabalha a tempo inteiro nas relações laborais, outro nos regulamentos governamentais. Mais a mais, as empresas têm crescido em complexidade e em novas exigências de desempenho. O computador que a *Harvard Business Review* julgou que tornaria a gestão intermédia obsoleta, em vez disso, gerou um número muito grande de novos empregos de gestão intermédia.

Mas uma grande parte, talvez a maior parte, deste crescimento deveu-se à inflação pura e simples. A inflação nos cargos de gestão foi ainda mais severa nestes últimos 30 anos do que a inflação do dinheiro. Num colégio de artes liberais em 1950, por exemplo, cinco secretários faziam o mesmo trabalho que agora é realizado por sete ou oito reitores, reitores assistentes e vice-presidentes assistentes — e faziam-no muito bem. O chefe de Cartas de Crédito de um grande banco comercial era então um «supervisor» ou, no máximo, um «gerente»; agora é vice-presidente sénior. Havia muitas grandes empresas com apenas um vice-presidente. A inflação de títulos foi ainda pior nas forças armadas e nos governos estaduais e locais.

A demografia impulsionou o crescimento rápido de postos e títulos de gestão intermédia, especialmente nos últimos dez anos, altura em que os *baby boomers* entraram na força de trabalho de gestão. Como entraram pessoas em grande número, os mais antigos tiveram de ser promovidos para criar espaço para os novos. Para além disso, como os salários de entrada dos jovens altamente qualificados subiram, os mais velhos tiveram de receber aumentos correspondentes e títulos para os acompanhar.

Em consequência, as chefias intermédias tendem, hoje em dia, a ter excesso de pessoal ao ponto da obesidade (e de forma alguma apenas nos Estados Unidos — a Europa pode estar ainda pior). Isto torna os processos de decisão cada vez mais lentos e torna a organização cada vez mais incapaz de se adaptar às mudanças. Muito poucas pessoas, mesmo em altas posições com títulos imponentes, estão expostas ao desafio de produzir resultados. E não é só nas forças armadas que o «apoio» cresceu ao ponto de ofuscar as tropas de combate e empregar muito mais pessoas. Numerosas empresas grandes e pequenas tornaram-se igualmente burocráticas e também sofrem de um evidente excesso de peso à volta da cintura, isto é, na sua gestão intermédia.

No entanto, no final dos anos 80, a oferta de jovens vai diminuir drasticamente à medida que as crianças do *baby bust* substituem as crianças do *baby boom* nas escolas de formação profissional. No final da década, a oferta de jovens candidatos à gestão poderá estar 30% abaixo do que tem sido nos últimos anos. Tornar-se-á não só progressivamente mais fácil corrigir o volume de gestão intermédia, mas também progressivamente mais importante. Manter o atual nível de empregos de gestão intermédia ou, pior ainda, continuar a expandi-lo, apenas conduziria a mais aumentos nos salários dos gestores e a uma ainda maior inflação dos títulos de gestão. Agora é o momento de começar a controlar o peso da gestão intermédia.

Um dos meios para o fazer é o desgaste*. Quando um emprego vagar por motivo de reforma, morte ou demissão, não o preencha automaticamente. Também não «faça um estudo». Deixe o emprego em aberto durante seis ou oito meses e veja o que sucede; se passado esse tempo não houver um clamor generalizado para preencher a vaga, elimine-a. As poucas empresas que tentaram esta abordagem afirmaram que cerca de metade das «vagas» desapareceram ao fim de seis meses. Uma grande universidade que está a utilizar a mesma abordagem relata resultados semelhantes.

Acima de tudo, faça uso do desgaste para reduzir o número de «níveis» de gestão. Nos últimos 30 anos, os níveis aumentaram ainda mais rapidamente do que os postos de chefia intermédia. Nas grandes universidades, que estão agora a tentar reduzir a gestão, os níveis administrativos cresceram duas vezes mais rapidamente do que os postos de pessoal administrativo (que por sua vez cresceram quase três vezes mais depressa do que o número de estudantes matriculados). E proporções semelhantes ou piores podem ser encontradas em muitas grandes empresas, bem como em laboratórios de investigação. Cada nível acrescido, contudo, aumenta a rigidez. Abranda o processo de tomada de decisões. E é uma lei da teoria da informação que cada *transmissor* (ou seja, «nível») reduz pela metade a informação transmitida e duplica o ruído. Os níveis devem aumentar muito mais lentamente do que os números, ou não aumentarem de todo.

A justificação para este crescimento da gestão irá desaparecer: deixaremos de ter pessoas inexperientes que têm de ser promovidas rapidamente para posições para as quais estão inadequadamente preparadas e nas quais não permanecem o tempo suficiente para se tornarem proficientes, pois serão novamente promovidas para o cargo seguinte. Com a estrutura etária da população de gestores a mudar rapidamente — a mediana estará acima dos 40 anos em 1990; no início dos anos 80 era de trinta e muito poucos — a «maravilha de noventa dias» na gestão está prestes a ser substituída por pessoas com anos de experiência. De facto, podemos muito bem assistir a um regresso à velha regra de que as pessoas não estão prontas para uma promoção, a menos que já saibam o suficiente sobre o seu novo trabalho para o desempenharem sem supervisão ao fim de muito pouco tempo. E a «amplitude do controlo» pode então ser substancialmente alargada, uma vez que se espera que os subordinados assumam a responsabilidade pelas comunicações ascendentes e pelo autocontrolo. Depois, à medida que o desgaste cria uma vaga num nível, esse nível deverá ser abolido.

Uma segunda forma de reduzir o volume da gestão intermédia é substituir as promoções pelo aumento do campo de ação de um trabalho. Nos últimos 30 anos, e especialmente nos últimos 10 ou 15, fomos quase forçados a dar ênfase às promoções. Ainda recentemente, em 1960, os gestores de topo tendiam a ser bastante velhos na maioria das organizações. Graças às baixas taxas

* *Attrition*, em inglês, uma redução do número de empregados que ocorre quando as pessoas saem porque se demitem, se reformam, etc., e não são substituídas. *[N.da T.]*

de natalidade entre 1925 e 1950 e às taxas ainda mais baixas de contratação e promoção durante a maior parte desse período, não havia por perto quadros médios suficientes para os substituir, quanto mais para fornecer pessoal de gestão para uma rápida expansão. Assim, a partir de 1960, os jovens tiveram de ser promovidos assim que demonstravam ser «promissores».

Mas, a curto prazo, as condutas estão lotadas. Qual é a oportunidade promocional, por exemplo, para o ávido e brilhante vice-presidente de 31 anos num grande banco comercial, quando o VP sénior a quem reporta tem 38, o VP executivo 46 e o presidente 50? Ou para o seu homólogo no meio académico, o reitor assistente de 29 anos, cujo reitor tem 34, o diretor 45 e o presidente 46? A única forma de proporcionar satisfação e realização a estes jovens gestores e executivos — e às pessoas ainda mais jovens que trabalham com eles — é tornar os empregos mais amplos, mais desafiantes, mais exigentes e mais autónomos, utilizando cada vez mais transferências laterais para diferentes tarefas, em vez de promoções, como recompensa pelo desempenho excecional.

Há 20 anos, incorporávamos na análise de desempenho dos gestores a pergunta: «Estarão prontos para ser promovidos?» Agora temos de substituir essa pergunta por «Estarão prontos para um desafio maior e mais exigente e para a adição de novas responsabilidades ao seu trabalho atual?».

(1983)

CAPÍTULO VINTE E QUATRO

As Organizações Baseadas na Informação

O «ESCRITÓRIO DO FUTURO» ainda é, em grande parte, especulação, mas a organização do futuro está a tornar-se rapidamente realidade — uma estrutura em que a informação serve como eixo e como suporte estrutural central. Algumas empresas — o Citibank, por exemplo, nos Estados Unidos, a Massey-Ferguson, a multinacional canadiana fabricante de tratores, e algumas das grandes empresas comerciais japonesas — estão a remodelar intensamente a sua estrutura de gestão em torno do fluxo de informação. E nos locais onde temos estado a avançar para uma genuína automatização da produção fabril, como na fábrica de locomotivas da General Electric em Erie, na Pensilvânia, estamos a concluir que temos de reestruturar a gestão e redesenhá-la enquanto uma organização baseada na informação.

O organograma de um sistema baseado na informação pode parecer perfeitamente convencional. No entanto, essa organização comporta-se de forma bastante diferente e requer um comportamento diferente dos seus membros.

Uma estrutura baseada na informação é *plana*, com muito menos níveis de gestão do que os exigidos por uma estrutura convencional. Quando um grande fabricante multinacional se reestruturou em torno da informação e do seu fluxo, concluiu que 7 dos seus 12 níveis de gestão poderiam ser eliminados. Do mesmo modo, em fábricas automatizadas, por exemplo, a fábrica de montagem automóvel Nissan nos arredores de Yokohama, no Japão, e a fábrica de locomotivas GE em Erie, a maioria dos níveis de gestão tradicionais entre o supervisor de primeira linha e o gestor de fábrica desapareceram.

Estes níveis, afinal, não eram níveis de autoridade, de tomada de decisões, ou mesmo de supervisão. Eram retransmissores de informação, com uma função semelhante à dos amplificadores de um cabo telefónico, que recolhem, amplificam, reacondicionam e enviam a informação — tudo tarefas que um «sistema de informação» impessoal pode fazer melhor. Isto diz respeito em particular aos níveis de gestão que «coordenam» em vez de «fazerem» — executivos de grupos, assistentes ou gestores de vendas regionais. Mas os níveis de gestão como os que permanecem nas organizações baseadas na informação deparam-se com trabalhos muito maiores, muito mais exigentes e de muito mais responsabilidade. Isto verifica-se particularmente no que diz respeito aos supervisores de primeiro nível nas fábricas automatizadas.

As estruturas baseadas na informação tornam irrelevante o famoso princípio da *amplitude administrativa* [*span of control*], segundo o qual o número de subordinados que podem reportar a um superior é estritamente limitado, sendo cinco ou seis o limite superior. Este está a ser substituído por um novo princípio — chamo-lhe a *amplitude comunicativa*: o número de pessoas que se reportam a um chefe é limitado apenas pela vontade dos subordinados de assumir a responsabilidade pelas suas próprias comunicações e relações com as hierarquias superiores, equivalentes e inferiores. O «controlo» da amplitude administrativa, ao que parece, é a capacidade de obter informação. E um sistema de informação proporciona isso em profundidade e com maior rapidez e exatidão do que a prestação de contas a um chefe pode eventualmente permitir.

As organizações baseadas na informação não requerem, na realidade, «tecnologia de informação avançada». Tudo o que requerem é a disponibilidade para perguntar: quem requer que informação, quando e onde? Com nada mais do que uma pena para escrever, os britânicos fizeram essas perguntas na Índia há 200 anos e saíram-se com a estrutura organizacional mais plana do mundo, na qual quatro níveis de gestão com menos de mil britânicos — a maioria dos quais jovens ainda mal saídos da adolescência e da «gestão média-baixa» — governaram eficientemente um subcontinente.

Mas quando uma empresa constrói a sua organização em torno da moderna tecnologia da informação, *tem* de fazer estas perguntas. Então, os cargos de direção e os níveis de gestão, cujo principal dever tem sido o de informar e não o de fazer, podem ser eliminados.

Ao mesmo tempo, porém, as estruturas baseadas na informação permitem, na verdade muitas vezes requerem, muito mais «solistas» com muito mais e diferentes especializações em todas as áreas, desde técnicos e investigadores a profissionais de serviços que cuidam de grupos especiais de clientes. O Citibank, por exemplo, nomeou recentemente um vice-presidente sénior na sede em Nova Iorque para cuidar dos principais clientes japoneses do banco e das suas necessidades financeiras em qualquer parte do mundo. Este homem não é o «chefe» das grandes sucursais do banco no Japão, mas também não faz parte do pessoal de «serviços». É um solista e espera-se que funcione um pouco como um pianista a tocar um concerto de Beethoven. E tanto ele como a «orquestra» à sua volta, ou seja, o resto do banco, só podem funcionar porque ambos «conhecem a partitura». É a informação, e não a autoridade, que lhes permite apoiarem-se mutuamente.

As fábricas de produção automatizada perceberam igualmente que precisam de muitos especialistas em garantia de qualidade. Estas pessoas, embora muito experientes, não detêm qualquer cargo elevado. Eles não estão na cadeia de comando. No entanto, assumem o papel de *super* chefe sempre que qualquer processo dentro da fábrica se depara com problemas de qualidade. Os sistemas baseados na informação também permitem uma diversidade muito maior. Torna possível, por exemplo, ter dentro da mesma estrutura empresarial *unidades puramente de gestão*, incumbidas de otimizar o que existe, e *unidades empreendedoras*, incumbidas de tornar obsoleto o que existe e de criar um amanhã diferente.

As organizações tradicionais assentam basicamente na autoridade de comando. O fluxo é de cima para baixo. Já as organizações baseadas na informação assentam na responsabilidade. O fluxo é circular de baixo para cima e depois novamente para baixo. Os sistemas baseados na informação só podem, portanto, funcionar se cada indivíduo e cada unidade aceitarem a responsabilidade: pelos seus objetivos e prioridades, pelas suas relações e pelas suas comunicações. Cada um tem de perguntar: o que deve a empresa esperar de mim e responsabilizar-me em termos de desempenho e contribuição? Quem na organização tem de saber e compreender o que estou a tentar fazer para que tanto eles como eu possamos fazer o que é preciso? De quem dependo eu na organização para obter que tipo de informação, conhecimento, competência especializada? E quem, por sua vez, depende de mim para obter que tipo de informação, conhecimento, competência especializada? A quem tenho de apoiar e de quem, por sua vez, procuro apoio?

A organização convencional das empresas segue o modelo dos militares. Os sistemas baseados na informação assemelham-se muito mais a uma orquestra sinfónica. Todos os instrumentos tocam a mesma partitura, mas cada um desempenha um papel diferente. Tocam juntos, mas raramente tocam em uníssono. Há mais violinos, mas o primeiro violino não é o chefe dos metais; de facto, o primeiro violino nem sequer é o chefe dos outros violinos. Além disso, uma mesma orquestra pode, numa só noite, tocar cinco peças de música, cada uma completamente diferente das outras em estilo, orquestração e instrumentos solistas.

Na orquestra, porém, a partitura é dada tanto aos músicos como ao maestro. Nas empresas, a partitura está a ser escrita à medida que é tocada. Para saber qual é a partitura, todos na organização baseada na informação têm de gerir segundo objetivos previamente acordados e claramente compreendidos. A gestão por objetivos e autocontrolo é, necessariamente, o princípio integrador das estruturas baseadas na informação.

As organizações baseadas na informação requerem, assim, uma elevada autodisciplina. Isto, por sua vez, torna possível decisões rápidas e respostas rápidas. Permite tanto uma grande flexibilidade como uma considerável diversidade.

Estas vantagens só serão obtidas se houver compreensão, valores partilhados e, acima de tudo, respeito mútuo. Isto provavelmente exclui a diversificação do conglomerado com base nas finanças. Se cada músico tem de conhecer a partitura, tem de haver uma linguagem comum, um núcleo comum que os une.

E isto, como a experiência tem demonstrado, é fornecido apenas por um mercado comum (por exemplo, os prestadores de cuidados de saúde ou as donas de casa), ou por uma tecnologia comum. Mesmo com um sistema tradicional baseado no comando, a diversificação que se baseia principalmente no controlo financeiro, como acontece nos conglomerados típicos, nunca ultrapassou o mandato do seu fundador, seja o Harold Geneen da ITT ou o Charles Bluhdorn da Gulf & Western. Mas se a organização se baseia na informação, a diversificação em que o controlo financeiro é a única linguagem comum é suscetível de ruir na confusão da Torre de Babel.

As organizações baseadas na informação não são permissivas: são disciplinadas. Exigem uma liderança forte e decisiva; os grandes maestros de orquestra são, sem exceção, perfecionistas incrivelmente exigentes. Contudo, o que faz um maestro de primeira classe é a capacidade de fazer com que até o instrumentista mais jovem na última estante do seu naipe toque como se o desempenho do conjunto dependesse da forma como toca a sua pequena parte. O que as organizações baseadas na informação requerem, por outras palavras, é liderança que respeite o desempenho, mas exija autodisciplina e responsabilidade ascendente do supervisor de primeiro nível até à gestão de topo.

(1985)

CAPÍTULO VINTE E CINCO

Estarão os Sindicatos a Tornar-se Irrelevantes?

NUM CURTO ESPAÇO de um ano — o ano de 1982 —, três conhecidos líderes sindicais americanos pediram-me conselhos — o presidente de um grande sindicato de funcionários do governo, o presidente de um grande sindicato numa indústria primária e o chefe de um grande distrito de um sindicato de produção em massa. Cada um trazia as suas próprias preocupações específicas. No entanto, todos perguntaram — e bastante cedo nas conversas — se os sindicatos de trabalhadores ainda têm uma função na América ou se estão a tornar-se irrelevantes. Cada um destes homens acredita que, para permanecer legítimo e continuar a ser aceite como porta-voz, representante e defensor do povo trabalhador americano, os sindicatos de trabalhadores terão de desenvolver posições e tomar ações que são incompatíveis com as suas tradições, os seus compromissos e a sua retórica. «É o nosso grande orgulho», disse o sindicalista de produção em massa, «que o pacote salarial total na nossa indústria é cerca de 30% a 40% mais elevado do que o pacote salarial médio na indústria transformadora americana. Mas será que haveria um desemprego recorde na nossa indústria, aproximando-se dos níveis da Depressão, se esses 30% a 40% tivessem sido aplicados na modernização das fábricas, em vez de serem dedicados aos salários e benefícios? Sei que todos os meus colegas na liderança sindical se colocam esta questão. Mas nem um se atreve a sair com ela à tona — não duraria dez minutos se o fizesse».

Há dez ou até mesmo cinco anos, qualquer pessoa que mencionasse «formação de capital» ou «produtividade» a um líder laboral era dispensada como um «mensageiro dos patrões». Na melhor das hipóteses, esses assuntos não eram considerados como sendo da competência do sindicato e eram os problemas «pelos quais a direção está a ser paga». Até agora, poucos dentro ou fora das fileiras do sindicato negariam que o bem-estar do trabalhador depende da formação de capital e da produtividade, mesmo a muito curto prazo. Os dois determinam, em grande medida, quantos empregos podem existir, quão seguros podem estar e quão bem pagos podem ser.

Contudo, concentrar-se na formação de capital e na produtividade equivaleria a aceitar que os interesses da empresa e os interesses dos seus empregados são idênticos — e isto seria visto como uma negação da própria razão de ser do sindicato. Até agora, nenhum líder sindical tentou sequer incorporar a preocupação pela formação de capital e produtividade, ou seja, pelo emprego dos trabalhadores, no pensamento, políticas e ações sindicais.

Um segundo desafio que os líderes laborais enfrentam é que os sindicatos poderão já não ser capazes de manter a posição única que alcançaram neste século em todos os países desenvolvidos não-comunistas. Para utilizar termos tradicionais, os sindicatos passaram a ser uma *propriedade do reino* com imunidades substanciais — de impostos, de *antitrust*, de processos por danos, por exemplo — e com privilégios legais que não são muito diferentes daqueles de que gozavam em tempos anteriores o exército da Prússia ou a Igreja na França pré-revolucionária. Os sindicatos são considerados legítimos como nenhuma outra instituição não governamental o é. E ao aceitar e proteger o «direito à greve» dos sindicatos, demos a um grupo da sociedade um «direito à desobediência civil».

A razão para isso é a pretensão dos sindicatos de serem mais do que um grupo de interesses. Afirmam ser causas. Querem mais para os seus membros do que todos os outros grupos de interesse, quer sejam agricultores, farmacêuticos ou agências funerárias. Mas os sindicatos também se apresentam como os defensores de todos os grupos «desfavorecidos» ou «explorados» da sociedade. A verdadeira força do movimento operário nos países desenvolvidos tem sido moral: a sua pretensão de ser a consciência política de uma sociedade secular moderna.

E esta pretensão, como a maioria dos meus amigos do movimento operário começa a perceber, já não pode ser mantida. Está a ser destruída pela demografia. Por mais depressa que a economia cresça, «mais» para os mais velhos significa inexoravelmente «menos» para os mais novos que trabalham — e vice-versa. Um dos meus amigos sindicalistas — o presidente do sindicato dos funcionários públicos — disse que «o conflito de gerações entre os mais velhos e os mais novos, e não o conflito entre a administração e os trabalhadores, será o conflito social central dos próximos 50 anos».

Hoje em dia, o apoio à população não trabalhadora mais velha, em contribuições para a Segurança Social e para o fundo de pensões, leva cerca de 20 a 25 cêntimos de cada dólar disponível para os salários e remunerações da população trabalhadora. Se não fizermos nada, isto chegará talvez aos 33 cêntimos dentro de dez anos — em parte, porque os mais velhos vivem muito mais tempo, e em parte porque as baixas taxas de natalidade dos últimos 20 anos limitam o número de jovens que entram na força de trabalho.

É inconcebível que os trabalhadores fiquem parados enquanto assistem a esta transferência em favor de pessoas que não trabalham. Em anos passados, comprámos o seu consentimento aumentando os salários e vencimentos tão rapidamente como as contribuições para a Segurança Social e para o fundo de pensões, ou mais rapidamente. Mas este caminho está vedado. Com salários e ordenados que já absorvem 85% do PNB, tudo o que podemos fazer é criar inflação, o que reduz os rendimentos reais tanto dos reformados como dos trabalhadores. Teremos de decidir se os reformados vão receber «mais», retirando-o à população ativa, ou se a população ativa vai receber «mais» através de medidas como a redução dos pagamentos de pensões de reforma antecipada, a redução dos benefícios de saúde Medicare e o adiamento da idade da reforma completa.

Se os sindicatos de trabalhadores ignorarem este dilema — como a maioria dos líderes sindicais gostaria, compreensivelmente, de fazer —, os seus membros irão, por necessidade, formar novas organizações concorrentes que contornem o sindicato e o tornem irrelevante. Os reformados já o estão a fazer. Mas se os membros do sindicato tomarem partido, acabarão por ser fraturados a partir de dentro, num curto espaço de tempo. Em qualquer dos casos, em breve deixará de ser a «causa», ou de ter uma legitimidade única.

Um problema ainda mais difícil para os sindicatos surge do facto de os empregados estarem rapidamente a tornar-se os únicos verdadeiros capitalistas e os únicos verdadeiros proprietários dos «meios de produção». No Japão, isto tem sido conseguido através do emprego vitalício, o que, na realidade, significa que, sem falência, as grandes empresas são geridas principalmente para os empregados que, em termos legais tradicionais, são os «proprietários beneficiários».

Nos Estados Unidos, onde os fundos de pensões possuem agora até 50% ou mais das nossas grandes empresas, os empregados são os verdadeiros proprietários, e os seus fundos de pensões a principal fonte de capital para investimento produtivo. Em contrapartida, a participação no fundo de pensões é cada vez mais o maior ativo individual das famílias americanas, a partir do momento em que o chefe da família tem 45 anos ou mais.

«O poder segue a propriedade» é uma das leis mais antigas e mais minuciosamente testadas da política. Os empregados — ou «fiduciários» que supostamente atuam em seu nome e que lhes prestam contas — serão previsivelmente incorporados na supervisão e na gestão dos fundos de pensões. A única alternativa possível é o controlo dos fundos por parte do governo e dos seus nomeados.

O resultado será o que qualquer sindicato mais teme e contra o qual luta arduamente: um órgão de trabalhadores que exprima a identidade de interesse entre a empresa e os trabalhadores, seja independente do sindicato e o contorne, e, inevitavelmente, opor-se-á ao sindicato por este ser um elemento externo. Isto é, aliás, o que tem acontecido no Japão. O emprego vitalício, ao restringir a mobilidade da mão-de-obra e ao reduzir, assim, a ameaça de greves, tornou os sindicatos impotentes no sector privado e pouco mais do que um órgão de gestão. A alternativa é o sindicato afirmar que representa os trabalhadores tanto contra a direção como na gestão — quer através de «codeterminação» como na Alemanha; através do controlo e gestão dos fundos de pensões, que é o que os sindicatos na Suécia exigem agora; ou através da adesão à administração como, por exemplo, na Chrysler nos Estados Unidos.

Mas «a responsabilidade segue o poder» é também uma lei da política. Se for ignorada — como foi, por exemplo, pelos sindicalistas da Volkswagen na Alemanha, que no final dos anos 60 atrasaram o plano da empresa para construir uma fábrica nos Estados Unidos porque isso teria significado «exportar os empregos dos trabalhadores alemães» —, o resultado é um grave prejuízo. No caso da VW, a quota da empresa no mercado automóvel americano caiu de 8% em 1969 para menos de 1% atualmente — ameaçando seriamente a viabilidade e sobrevivência de toda a empresa e os postos de trabalho dos seus empregados alemães.

Mas se os representantes sindicais na gestão e propriedade atuarem de forma responsável, ou seja, no interesse da empresa, em breve serão rotulados como «lacaios da empresa» e acusados de se terem «vendido à administração». Isto aconteceu nos anos 70 aos representantes dos trabalhadores nos conselhos de administração das empresas alemãs de aço e carvão e, alguns anos mais tarde, aos líderes dos Trabalhadores Unidos do Automóvel na América, quando aceitaram concessões salariais para salvar empresas em crise grave. De facto, os seus membros canadianos revoltaram-se e separaram-se do sindicato dos trabalhadores do sector automóvel.

Existe um precedente na história política para a resolução deste conflito: o desenho constitucional que integrou o *populus*, o povo trabalhador de Roma, na estrutura do poder, permitindo aos seus representantes vetar as ações do Senado patrício. Mas não se trata de um problema que possa ser resolvido por boas intenções ou por retórica. Requer uma redefinição do papel e função do «poder compensatório», o sindicato, e o seu restabelecimento como encarnação da identidade última de interesse entre empregador e empregado.

A administração, independentemente de quem são os «donos» e independentemente de a instituição ser uma empresa, uma agência governamental ou um hospital, tem de ter um poder e autoridade consideráveis — poder e autoridade fundamentados nas necessidades da empresa e baseados na competência. E o poder, como os redatores da Constituição americana sabiam, precisa de ser limitado pelo poder compensatório. A sociedade moderna, uma sociedade de organizações que requerem uma gestão forte, precisa de um órgão como os sindicatos — os eventos na Polónia nos últimos anos provaram-no amplamente. A alternativa é uma burocracia governamental descontrolada e incontrolável. Mas para se tornarem novamente em órgãos dinâmicos, eficazes e legítimos, os sindicatos de trabalhadores terão de se transformar drasticamente. Caso contrário, os meus amigos sindicalistas darão provas de que têm razão: os sindicatos tornar-se-ão irrelevantes.

(1982)

CAPÍTULO VINTE E SEIS

Flexibilidade dos Sindicatos: Uma Necessidade Atual

DURANTE OS PRÓXIMOS dois anos, definir-se-á o percurso de longo prazo para os trabalhadores das indústrias transformadoras da América. Será que os rendimentos e os empregos das indústrias transformadoras continuarão a diminuir — e talvez ainda mais rapidamente nos períodos favoráveis, em que a indústria poderá angariar dinheiro para a automatização? Ou poderá o emprego ser estabilizado e os rendimentos reais mantidos, pelo menos para uma boa maioria? A decisão será tomada pela própria mão-de-obra da indústria transformadora e pelos seus sindicatos.

A produtividade nas indústrias transformadoras americanas precisa de ser consideravelmente melhorada, mas a fraca produtividade não é o verdadeiro vilão. É certo que a Toyota tem muito menos trabalhadores na sua folha de pagamentos por carro do que a General Motors. Contudo, a Toyota compra o dobro — ou mais — de materiais a fornecedores externos. Quando ajustamos as cifras a este facto, verificamos que um carro fabricado em Detroit ainda requer menos horas/homem para ser produzido. Mas cada uma destas horas/homem custa à GM cerca de 50% mais do que custa aos japoneses. No entanto, a Toyota em Nagoia ou a Mercedes em Estugarda não empregam «mão-de-obra barata»; o pacote total de compensação anual do trabalhador japonês ou da Alemanha Ocidental é exatamente o mesmo que o da maioria dos trabalhadores industriais americanos fora das indústrias transformadoras, sejam sindicalizados ou não — cerca de 30 mil dólares por ano (dólares de 1985), ou 15 dólares por hora, contando todas as regalias e benefícios. Mas uma hora de trabalho numa siderurgia integrada nos Estados Unidos — na U.S. Steel, Bethlehem ou Armco, por exemplo — ou em qualquer outra das principais indústrias transformadoras custa 25 dólares: 15 em salários e outros 10 em regalias e benefícios — compensação total de 50 mil dólares por ano para um trabalhador a tempo inteiro. E nenhuma indústria pode superar essa desvantagem de custos de mão-de-obra num mercado competitivo, por mais que aumente a produtividade.

Na origem disto — e, na verdade, muito mais importante do que dólares e cêntimos — estão os pressupostos básicos subjacentes à compensação nas nossas indústrias transformadoras. Um pressuposto mantido como um artigo de fé, especialmente por líderes sindicais de nível hierárquico inferior, agentes comerciais e presidentes locais, é que as «grandes empresas» têm o controlo oligopolístico do mercado; ou seja, pode sempre, e praticamente sem limite, repercutir custos mais elevados sob a forma de preços mais elevados. A velha ilusão persiste de que os «capitalistas» pagam salários a partir dos «lucros» — apesar de os salários e vencimentos numa economia desenvolvida representarem algo como 85% das receitas e dos lucros por um máximo de 5% ou 6%. A maioria dos líderes laborais ainda vê a força de trabalho como homogénea e composta por homens adultos que trabalham a tempo inteiro e que são o único sustento das suas famílias. Finalmente, existe a crença firme de que o valor de um «benefício» não é determinado pelo valor que representa para o beneficiário, o empregado, mas pelo quanto custa ao empregador; se um determinado benefício é mais oneroso para o empregador, é automaticamente visto como um «ganho para o homem trabalhador» e uma «vitória sindical». Estes pressupostos talvez fossem defensáveis há 30 anos, quando os salários em dinheiro representavam 90% da remuneração do trabalhador americano e os benefícios representavam não mais de 6% ou 7%, e quando se acreditava generalizadamente — tal como Eleanor Roosevelt, por exemplo, acreditava — que as mulheres casadas estariam completamente fora da força de trabalho americana até 1980. Hoje em dia, porém, estas suposições são inúteis e altamente deletérias, sobretudo para os empregados.

A principal necessidade dos trabalhadores da indústria transformadora, diria a maioria dos próprios trabalhadores, é um maior número de empregos, uma taxa de retração mais lenta e uma maior continuidade de emprego. O ideal seria provavelmente uma diminuição da taxa de retração do emprego que, apesar da automatização e mudanças estruturais na indústria, não ultrapassasse a queda no número de novos trabalhadores que estão disponíveis para os empregos manuais tradicionais na indústria — uma queda de cerca de 30% nos próximos oito anos em resultado do *baby bust* após 1960.

Mas isto é quase de certeza mais do que se pode realmente obter. A segunda necessidade dos trabalhadores da indústria transformadora é, portanto, um amortecedor contra as consequências da retração do trabalho: ou seja, a provisão de reforma antecipada para pessoas mais velhas e para a requalificação e colocação de pessoas de meia-idade.

A terceira seria a necessidade de manutenção do rendimento máximo dos trabalhadores das indústrias transformadoras.

Em quarto lugar, há uma necessidade urgente de reestruturar os benefícios de modo que estes correspondam às realidades da força de trabalho atual. Precisamos de garantir que o beneficiário usufrui do máximo do dinheiro disponível para os benefícios.

Pessoas diferentes classificarão estas necessidades de forma diferente, mas haverá pouca discordância quanto às respostas em si. Porém, conduzem a políticas de compensação radicalmente diferentes e altamente controversas.

Primeiro, uma grande parte do «salário» precisa de ser flexível, em vez de ser fixa: precisa de ser orientada para o desempenho, para a rentabilidade e produtividade, sendo os salários em dinheiro maiores, talvez até muito maiores, em anos prósperos, e mais baixos, talvez até muito mais baixos, nos anos menos bons. Esta é talvez a rutura mais acentuada com a tradição, e uma rutura à qual a administração pode resistir tanto como os líderes sindicais. Os gestores e supervisores intermédios, em particular, opor-se-ão; não há nada de que se ressintam tanto como um subordinado a fazer mais do que eles fazem. Mas os trabalhadores também têm vindo a aceitar pagamentos pelo aumento da produtividade e rentabilidade apenas como um «bónus» acrescido a um salário fixo e têm rejeitado completamente a ideia de cortar ó salário fixo em tempos difíceis. «É injusto penalizar os trabalhadores pela falta de desempenho dos seus empregadores» tem sido o argumento principal. Mas aquilo que é necessário agora — e que é agora do interesse dos próprios trabalhadores — é o ajustamento às flutuações económicas através de custos salariais flexíveis e não através do desemprego; isto porque o ajustamento através do desemprego nas indústrias transformadoras não é provável que seja «cíclico» e temporário, mas sim estrutural e permanente. Um terço dos salários nas indústrias transformadoras — o tal terço em que excedem os salários das restantes indústrias americanas — pode assim ser considerado flexível e dependente do desempenho (e em anos prósperos pode, então, exceder em muito um terço, claro). Nos sítios onde algo deste tipo foi implementado, por exemplo, na Lincoln Electric, em Cleveland, os resultados têm sido rendimentos dos trabalhadores substancialmente mais elevados durante longos períodos e uma elevada estabilidade de emprego.

Depois, para satisfazer a segunda necessidade, os rendimentos do trabalho gerados através da produtividade e rentabilidade podem ser utilizados para amortecer o desgaste dos postos de trabalho, para fornecer pensões de reforma antecipada aos trabalhadores mais velhos e dinheiro para a requalificação e colocação dos de meia-idade (os trabalhadores mais jovens com menos de 30 anos gozam normalmente de grande mobilidade e são capazes de prover a sua subsistência).

Os benefícios hoje em dia são os mesmos para todos, velhos e jovens, homens e mulheres, casados e não casados. Com uma força de trabalho que se tornou tão heterogénea como a nossa, isto significa, contudo, que uma parte substancial do dinheiro dos benefícios é simplesmente desperdiçada: algumas estimativas chegam a atingir 40 cêntimos por cada dólar. Se ambos os parceiros de um casal trabalham — e entre os menores de 50 anos esta é agora a norma —, ambos têm um seguro de saúde completo, embora apenas um possa receber o reembolso. A esposa, mesmo que trabalhe a tempo inteiro, não costuma ficar tempo suficiente num local de trabalho para ter direito a uma pensão — ainda que lhe seja cobrada a contribuição total para o fundo de reforma, para além da Segurança Social completa da qual, mesmo que viva mais do que o marido, nunca receberá um cêntimo de volta. A contribuição para o fundo de pensões e a Segurança Social, no entanto, já ascende a mais de um quinto do seu salário em dinheiro — e com as contribuições para a Segurança Social fixadas para subir acentuadamente, em breve excederá um quarto do seu salário! Mas há também o homem solteiro de cerca de 28 anos que, com a sua idade, tem muito mais a ganhar se colocar mais 15% ou 20% dos seus rendimentos numa conta de reforma, em vez de receber um salário em dinheiro mais elevado e altamente tributado. Inversamente, o mesmo empregado, 20 anos mais tarde, aos 48 anos e com filhos em idade universitária, poderia beneficiar muito optando por uma menor contribuição para a reforma e um maior rendimento em dinheiro, e assim por diante. Com benefícios uniformes e totalmente inflexíveis, os sindicatos, compreensivelmente, têm de pressionar para obter todos os benefícios para todos igualmente. Cada um dos ganhos ajuda apenas uma minoria dos membros, mas penaliza todos eles, criando desemprego à medida que a indústria se torna progressivamente menos capaz de competir. O que os trabalhadores das indústrias transformadoras precisam — e que, aliás, os japoneses sempre tiveram — é um «pacote de compensação total». O montante total disponível por hora ou por empregado é fixo. Mas cada empregado pode escolher quanto do pacote deve ser um rendimento monetário e quanto devem ser benefícios, e, entre os benefícios, qual das opções disponíveis proporciona o «benefício» mais real ao indivíduo de acordo com o seu estatuto na vida e ciclo familiar. Sempre que esses benefícios flexíveis foram introduzidos, o resultado foi tanto um aumento mensurável na satisfação dos empregados, ou até nos rendimentos reais, como um corte acentuado nos custos dos benefícios, por vezes de um terço ou mais.

Sempre que discuto estes assuntos com os líderes sindicais, eles acenam com a cabeça e dizem: «Tem toda a razão; é isso que é necessário». Mas depois acrescentam imediatamente: «Mas por que razão havemos de pôr o pescoço na guilhotina e propor algo tão difícil, tão novo e tão diferente de tudo o que dissemos aos nossos membros ao longo de todos estes anos? Não somos pagos para cuidar dos interesses das empresas; a administração é que é». Mas isto é uma leitura totalmente errada da realidade. As empresas transformadoras têm alternativas. Podem deslocar a mão-de-obra intensiva para o Terceiro Mundo — começando pelo México, mesmo aqui ao lado —, onde há abundante mão-de-obra fabril de baixo custo. Podem automatizar — e tecnologicamente, agora podemos facilmente multiplicar a velocidade da automatização. Mas também a sindicalização no sector privado da economia americana tem vindo a diminuir de forma constante desde há 30 anos a esta parte e já diminuiu abaixo da proporção da força de trabalho que era organizada antes de os atuais sindicatos de produção em massa terem nascido na grande onda de sindicalização do New Deal — e não há nenhuma lei da natureza que exija a sindicalização nas indústrias transformadoras. São os trabalhadores das indústrias transformadoras e os seus líderes sindicais quem não tem escolha. Ou tomam a iniciativa de desenvolver novos conceitos e políticas de salários e benefícios, ou enfrentarão uma rápida retração e eventual desaparecimento dos seus empregos e, com eles, dos seus sindicatos. E os líderes sindicais, na famosa frase do fundador dos nossos sindicatos das indústrias transformadoras, John L. Lewis, não são «pagos para zelar pelos interesses dos seus membros»?

(1983)

CAPÍTULO VINTE E SETE

A Gestão Enquanto Arte Liberal

TRÊS ESTRANGEIROS — todos eles americanos — são considerados pelos japoneses como sendo os principais responsáveis pela recuperação económica do seu país após a Segunda Guerra Mundial e pela sua emergência como uma potência económica proeminente. Edwards Deming ensinou aos japoneses o controlo de qualidade estatística e introduziu o «círculo de qualidade». Joseph M. Juran ensinou-os a organizar a produção nas fábricas e a formar e gerir os trabalhadores. Aquilo que é agora a «mais recente» importação do Japão e a «mais apaixonante descoberta de gestão» — o sistema de entrega de inventários «*just-in-time*» (a palavra japonesa correspondente é *Kanban*) — foi introduzido no Japão por Juran, que teve um papel fundamental no desenvolvimento deste sistema para os esforços de produção da América da Segunda Guerra Mundial.

Eu sou o terceiro destes professores americanos. A minha contribuição, ou assim o veem os japoneses, foi educá-los sobre gestão e marketing. Ensinei-lhes que as pessoas são um recurso e não um custo, e que as pessoas têm de ser geridas no sentido de assumirem a responsabilidade pelos seus próprios objetivos e produtividade, bem como pelos do grupo. Ensinei-lhes que a comunicação tem de ser ascendente para que possa funcionar. Ensinei-lhes a importância da estrutura, mas também que essa estrutura tem de seguir uma estratégia. Ensinei-lhes que a gestão de topo é uma função e uma responsabilidade e não uma patente e um privilégio. E também lhes ensinei que o objetivo de um negócio é criar um cliente, e que um negócio só existe na contemplação do mercado.

Os japoneses poderiam ter aprendido tudo isto com os meus livros, e têm sido, de facto, os meus leitores mais ávidos — alguns dos meus livros de gestão venderam proporcionalmente muito mais exemplares no Japão do que nos Estados Unidos. Mas o meu verdadeiro impacto no Japão foi através dos seminários de três a quatro semanas que organizei nesse país de dois em dois anos, desde finais dos anos 50 até meados dos anos 80, para pessoas de topo no governo e nas empresas. A minha eficácia nestes seminários não se baseava, contudo, nos meus conhecimentos de técnicas de gestão. Baseava-se diretamente no meu interesse pela arte japonesa e no meu conhecimento da história japonesa.

Este meu interesse começou como resultado de uma visita puramente ocasional a uma exposição de arte japonesa em 1934, quando eu era um jovem economista bancário em Londres. O meu fascínio pela arte japonesa, que resultou desta visita, levou-me a perguntar: o que haverá na sua história, sociedade e cultura que explique a capacidade dos japoneses de terem antecipado, por vezes séculos, as tendências mais recentes da arte moderna ocidental, começando pelo impressionismo e progredindo através do expressionismo e do cubismo para a arte abstrata?

Assim me vi confrontado com um mistério, um mistério ainda em grande parte inexplicável: como é que os japoneses, os únicos de todos os não-ocidentais, conseguiram construir uma nação moderna e uma economia moderna sobre tecnologia e instituições importadas do Ocidente, e, ao mesmo tempo, manter a sua identidade e integridade nacional básica? À primeira vista, nada do que os japoneses fizeram no final do século XIX parecia diferente do que qualquer outro país fazia na altura. Os novos reinos nos Balcãs, como a Bulgária, as repúblicas sul-americanas ou a Pérsia, importaram de forma semelhante uma vasta gama de modelos de instituições ocidentais — um parlamento e uma marinha inspirados nos britânicos, um exército segundo o modelo da Prússia, uma monarquia constitucional e ministérios do governo semelhantes aos da Alemanha, educação universal (novamente segundo o modelo alemão), universidades baseadas nas americanas, instituições bancárias baseadas nas francesas e alemãs, e códigos legais copiados dos alemães, suíços e franceses. No entanto, só no Japão é que estas importações estrangeiras «pegaram». Além disso, floresceram como instituições modernas eficazes e, ao mesmo tempo, serviram para manter um Japão tão distinto, tão claramente identificado e tão coeso como fora quando estava totalmente isolado das interações com o mundo estrangeiro.

Sempre me senti atraído pelo sucesso inesperado; na minha experiência, é nele que reside a chave para a compreensão. Ocorreu-me que o sucesso mais inesperado e mais singular terá sido o dos japoneses após a Restauração Meiji de 1867, mas cedo percebi que esta não tinha sido a primeira proeza japonesa deste tipo. Os japoneses tinham tido um sucesso muito semelhante 12 séculos antes, quando adotaram as instituições e as religiões do que era então a civilização mais avançada do mundo, a China da Dinastia T'ang, e as usaram para criar um governo, sociedade, cultura, vida religiosa e arte japoneses totalmente diferentes e únicos. E repetiram este sucesso em menor escala várias vezes durante a sua história subsequente. Quanto mais explorava esta questão, mais perplexo ficava. Contudo, o que se tornou cada vez mais claro foi que estas proezas japonesas assentavam numa capacidade única de utilizar ferramentas importadas, sejam instituições sociais ou técnicas materiais, para encarnar os valores japoneses e atingir os objetivos japoneses.

Assim, quando dei por mim a trabalhar pela primeira vez com altos executivos do governo e empresas japoneses, surgiu-me naturalmente a pergunta «Como podem os *vossos* valores, as *vossas* tradições, a *vossa* cultura e as vossas crenças ser usadas para realizar as tarefas impessoais e objetivas de uma economia moderna e para aproveitar a tecnologia moderna para o desempenho social e económico?» Nos meus livros anteriores, salientei que, embora o seguro de desemprego no Ocidente, originalmente uma invenção britânica, protegesse o rendimento dos trabalhadores, não satisfazia as suas necessidades em termos de segurança psicológica e social. Isto, argumentei, requeria também segurança no *emprego*. Argumentei ainda que a necessidade de segurança exigia a adaptação das políticas salariais e de emprego ao ciclo de vida familiar e às suas necessidades. Finalmente, porém, salientei que a flexibilidade nos custos laborais era igualmente essencial.

Assim, por conhecer um pouco da história japonesa, pude ajudar os líderes japoneses que participaram nos meus seminários a trabalhar numa combinação de alta segurança no emprego, alta flexibilidade da força de trabalho e uma estrutura salarial em sintonia com o ciclo familiar e as suas necessidades — a combinação que desde então ficou conhecida no Ocidente como *emprego vitalício* e que, durante 30 anos, proporcionou cooperação industrial sem precedentes e harmonia ao Japão, um país que, em toda a sua história anterior até à Segunda Guerra Mundial, testemunhara violentas guerras de classe e revoltas sangrentas dos trabalhadores. Do mesmo modo, a única razão pela qual o «conceito de marketing» que apresentei nos meus seminários «pegou» ao Japão — enquanto nos Estados Unidos, o seu país de origem, ainda está a ser pregado em vez de praticado — é certamente que o marketing enquanto técnica poderia ser incorporado na ética confucionista profundamente enraizada das relações mútuas. Uma venda a um cliente cria assim uma «relação», e com ela um compromisso permanente.

Hoje em dia, é-me sempre pedido que explique o sucesso dos japoneses, especialmente em comparação com o aparente mau desempenho das empresas americanas em anos recentes. Um motivo para a diferença não é, como de modo geral se crê, que os japoneses não sejam orientados para o lucro ou que as empresas japonesas operem com uma margem de lucro mais baixa. Isto é puro mito. De facto, quando medida em relação ao custo do capital — a única medida válida para a adequação do lucro de uma empresa —, as grandes empresas japonesas ganharam, em regra, mais nos últimos 10 ou 15 anos do que empresas americanas comparáveis. E essa é a principal razão pela qual os japoneses tiveram os fundos necessários para investir na distribuição global dos seus produtos. Além disso, em forte contraste com o comportamento governamental no Ocidente, o governo do Japão, especialmente o poderoso Ministério do Comércio Internacional e Indústria (MCII), está constantemente a pressionar no sentido de maiores lucros industriais, a fim de assegurar um fornecimento adequado de fundos para investimento no futuro — em empregos, em investigação, em novos produtos e no desenvolvimento do mercado.

Uma das principais razões para o sucesso das empresas japonesas é que os seus gestores não começam pelo lucro *desejado*, ou seja, com um objetivo *financeiro* em mente. Em vez disso, começam com objetivos *comerciais* e especialmente com objetivos de *mercado*. Começam por perguntar «Qual é a posição no mercado de que necessitamos para ter a liderança?», «De que novos produtos precisamos para tal?», «Quanto precisamos de gastar para formar e desenvolver pessoas, para montar a distribuição, para fornecer o serviço necessário?». Só então perguntam «E quanto lucro é necessário para atingir estes objetivos comerciais?». Nesse momento, a *exigência* de lucro resultante é geralmente muito mais elevada do que os *objetivos* de lucro dos ocidentais.

Segundo, as empresas japonesas — talvez como resultado a longo prazo dos meus seminários de gestão, há 20 e 30 anos — têm vindo a aceitar o que inicialmente pensavam ser uma doutrina muito estranha. Acabaram por aceitar a minha posição de que a finalidade das empresas não é «ganhar dinheiro». Ganhar dinheiro é uma necessidade de sobrevivência. É também um resultado do desempenho e de uma medição do mesmo. Mas em si mesmo não é desempenho. Como mencionei anteriormente, o objetivo de uma empresa é criar um cliente e satisfazer um cliente. Isso é desempenho e é para isso que uma empresa está a ser paga. O trabalho e a função da administração enquanto líder, decisor e criador de valores da organização, e, aliás, o propósito e a razão de ser de uma organização no seu conjunto, é tornar os seres humanos produtivos de modo que as competências, expectativas e crenças do indivíduo conduzam à realização de um desempenho conjunto.

Estes foram os ensinamentos que, há quase 30 anos, Ed Deming, Joe Juran e eu tentámos transmitir aos japoneses. Mesmo nessa altura, todos os textos de gestão americanos os pregavam. Os japoneses, contudo, têm-nos praticado desde então.

Nunca desprezei técnicas no meu ensino, escrita e consultoria. As técnicas são ferramentas; sem ferramentas, não há «prática», apenas pregação. De facto, concebi, ou pelo menos formulei, uma boa parte das ferramentas de gestão atuais, tais como gestão por objetivos, descentralização como princípio de estrutura organizacional e todo o conceito de «estratégia empresarial», incluindo a classificação de produtos e mercados.

Os meus seminários no Japão também se debruçaram fortemente sobre ferramentas e técnicas. No verão de 1985, durante a minha mais recente viagem ao Japão, um dos membros sobreviventes dos primeiros seminários lembrou-me que a primeira semana do primeiro seminário que organizei começou com uma pergunta de um participante japonês: «Quais são as técnicas de análise mais úteis que podemos aprender com o Ocidente?» Depois passámos vários dias de trabalho intensivo na análise do *breakeven* e na análise do *cash-flow*: duas técnicas que tinham sido desenvolvidas no Ocidente nos anos imediatamente anteriores e posteriores à Segunda Guerra Mundial, e que ainda eram desconhecidas no Japão.

Do mesmo modo, sempre sublinhei na minha escrita, no meu ensino e na minha consultoria a importância das medições financeiras e dos resultados financeiros. De facto, a maioria das empresas não ganham o suficiente. Aquilo que consideram lucro são, na realidade, custos reais. Uma das minhas teses centrais há quase 40 anos tem sido que não se pode sequer falar de lucro enquanto não se tiver ganho o verdadeiro custo do capital. E, na maioria dos casos, o custo do capital é muito mais elevado do que o que as empresas, especialmente as americanas, tendem a considerar «lucros recorde». Também sempre defendi — muitas vezes para escândalo dos leitores liberais — que a *principal* responsabilidade social de uma empresa é produzir um excedente adequado. Sem um excedente, esta rouba à comunidade e priva a sociedade e a economia do capital necessário para proporcionar empregos para o futuro.

Além disso, há tantos anos que já perdi a conta, que defendo que não há qualquer virtude em trabalhar sem fins lucrativos e que, de facto, qualquer atividade que possa produzir lucro e não o faça é antissocial. As escolas profissionais são o meu exemplo favorito. Houve uma época em que essas atividades eram tão marginais que o seu financiamento pela sociedade podia ser justificado. Hoje, constituem um sector tão vasto que têm de contribuir para a formação de capital de uma economia em que o capital para financiar os empregos de amanhã pode muito bem ser o requisito económico central, e mesmo uma necessidade de sobrevivência.

Mas a tese de que as empresas comerciais modernas são organizações humanas e sociais tem sido central na minha escrita, no meu ensino e na minha consultoria. A gestão enquanto disciplina e enquanto prática lida com valores humanos e sociais. É certo que as organizações existem com um objetivo que vai além da sua própria existência. No caso das empresas, o fim é *económico* (seja qual for o significado deste termo); no caso dos hospitais, é a assistência ao doente e a sua recuperação; no caso das universidades, é o ensino, a aprendizagem e a investigação. Para atingir estes fins, a peculiar invenção moderna a que chamamos gestão organiza os seres humanos para um desempenho conjunto, criando uma organização social. Mas só quando a gestão consegue tornar produtivos os recursos humanos da organização é que consegue atingir os objetivos e resultados externos desejados.

Cheguei a esta tese naturalmente, pois o meu interesse pela gestão não começou pelas empresas. Na verdade, começou quando decidi tornar-me escritor e professor, em vez de continuar numa carreira promissora de banqueiro de investimentos. O meu interesse nas organizações modernas, nas empresas e na gestão começou com uma análise da sociedade moderna e com a minha conclusão, alcançada por volta do início da Segunda Guerra Mundial, de que as organizações modernas e especialmente as grandes empresas estavam rapidamente a tornar-se o novo veículo de integração social. Era a nova comunidade, a nova ordem de uma sociedade na qual os veículos tradicionais de integração — seja pequena vila, guilda artesanal ou igreja — se tinham desintegrado.

Assim, comecei a estudar a gestão com consciência dos resultados económicos, evidentemente, mas também à procura de princípios de estrutura e organização, de princípios constitucionais, e de valores, compromissos e crenças.

Hoje em dia fala-se muito da «cultura» de uma empresa, mas o meu livro, *The Practice of Management*, publicado há mais de 30 anos, termina com um capítulo sobre o «espírito» de uma organização, que diz tudo o que se pode encontrar em *best-sellers* tão atuais como *In Search of Excellence*. Desde o início, escrevi, ensinei e aconselhei que a gestão tem de ser tanto externamente centrada na sua missão e nos resultados da organização, como internamente centrada na estrutura, valores e relações que permitem ao indivíduo alcançar.

Por esta razão, tenho defendido desde o início que a gestão tem de ser uma disciplina, um corpo organizado de conhecimentos que possa ser aprendido e, talvez, até ensinado. Todos os meus principais livros, começando com *Concept of the Corporation* (1946) e *Practice of Management* (1954) e progredindo até ao mais recente, *Innovation and Entrepreneurship* (1985), tentaram estabelecer uma disciplina deste tipo. A gestão não é, nem nunca será, uma *ciência* como essa palavra é hoje entendida nos Estados Unidos. A gestão não é uma ciência tal como a medicina não o é: ambas são práticas. Uma prática baseia-se num grande corpo de verdadeiras ciências. Tal como a medicina se baseia na biologia, na química, na física e numa série de outras ciências naturais, também a gestão se baseia na economia, na psicologia, na matemática, na teoria política, na história e na filosofia. Mas, tal como a medicina, a gestão é também uma disciplina por direito próprio, com os seus próprios pressupostos, propósitos, ferramentas e os seus próprios objetivos e medidas de desempenho. E enquanto disciplina por direito próprio, a gestão é o que os alemães costumavam chamar uma *Geisteswissenschaft* — embora «ciência moral» seja provavelmente uma tradução melhor desse termo elusivo do que a tradução moderna «ciência social». De facto, o termo antiquado *arte liberal* pode ser o mais adequado de todos.

(1985)

PARTE IV

Organizações

CAPÍTULO VINTE E OITO

As Aquisições Hostis e os seus Descontentes

EM QUASE TODAS as semanas destes últimos anos tem havido um relatório de mais uma «oferta pública de aquisição hostil», mais uma manobra do mercado de ações para adquirir, fundir ou cindir uma empresa de capital público contra a oposição determinada do conselho de administração e da direção da empresa. Os Estados Unidos não eram atingidos por uma dessas ondas de especulação bolsista desde os «ursos» e os «touros»* da década de 1870, quando os Goulds, os Drews e os Vanderbilts lutavam entre si pelo controlo dos caminhos-de-ferro americanos. A nova onda de aquisições hostis já alterou profundamente os contornos e os marcos da economia americana. Tornou-se uma força dominante — muitos diriam a força dominante — no comportamento e ações da gestão americana, e, quase certamente, um fator importante na erosão da liderança competitiva e tecnológica americana. No entanto, os jornais costumam relatá-lo apenas na página financeira. E muito poucas pessoas, fora do mundo dos negócios, sabem realmente o que se passa ou, na verdade, o que é realmente uma aquisição hostil.

A aquisição hostil começa normalmente com um *raider* — uma empresa ou um indivíduo legalmente constituído e que trabalha através de uma empresa — que compra uma pequena percentagem do capital social da empresa alvo no mercado aberto, geralmente com dinheiro emprestado expressamente para este fim. Quando, tal como o *raider* espera, o conselho de administração da empresa-alvo e a sua direção rejeitam a oferta de aquisição, o *raider* pede mais dinheiro emprestado — por vezes, vários biliões de dólares —, compra mais ações da empresa-alvo no mercado e dirige-se diretamente aos acionistas da empresa-alvo, oferecendo-lhes substancialmente mais do que o preço atual das ações na Bolsa de Valores. Se um número suficiente de acionistas da empresa alvo aceitar

---

* Os investidores são frequentemente categorizados como touros ou ursos. Um «touro», por definição, é um investidor que compra ações porque acredita que o mercado vai subir; enquanto um «urso» vai vender ações porque acredita que o mercado vai ficar negativo. *[N. da T.]*

dar ao *raider* o controlo total, este normalmente descarrega a dívida contraída na aquisição da empresa que adquiriu. Numa aquisição hostil, a vítima acaba assim por pagar pela sua própria execução.

Agora, o *raider* não controla apenas uma grande empresa: teve um lucro considerável sobre as ações que comprou ao preço mais baixo do mercado. Mesmo se a tentativa de aquisição falhar, geralmente o *raider* ganha à grande. O alvo só poderá escapar ao *raider* se encontrar um *testa-de-ferro*, ou seja, alguém que seja menos detestável do ponto de vista da gestão da empresa-alvo e que esteja disposto a pagar ainda mais pelas ações, incluindo as detidas pelo *raider*. Alternativamente, a empresa-alvo paga um resgate ao invasor — que dá pelo nome Robin-hoodesco de *greenmail* — e compra as ações que o invasor adquiriu a um preço extravagante, muito além de tudo o que os seus ganhos e expectativas possam justificar.

As aquisições hostis eram praticamente inexistentes até 1980. Harold Geneen, que transformou a ITT no maior e mais diversificado conglomerado mundial nas décadas de 1960 e 1970, fez literalmente centenas de aquisições — talvez tenha chegado ao milhar —, mas nunca fez uma oferta a uma empresa, a menos que a sua direção o tivesse convidado primeiro a fazê-lo. De facto, em muitas das aquisições de Geneen, a iniciativa original veio da empresa a ser adquirida; ela própria se ofereceu para venda. Naqueles dias, teria sido impossível financiar aquisições hostis: nenhum banco teria emprestado dinheiro para esse fim. Mas desde 1980 que se tornaram cada vez mais fáceis de financiar.

No início, as ofertas públicas de aquisição hostis eram lançadas por grandes empresas que pretendiam um crescimento rápido ou uma diversificação rápida. Esta fase atingiu o clímax em 1982, com uma batalha de três gigantes com a duração de meses: Bendix (defesa e automóvel), Martin-Marietta (defesa, aeroespacial e cimento) e Allied (químicos). A Bendix iniciou a luta com uma oferta de aquisição hostil da Martin-Marietta, que rapidamente contra-atacou com uma oferta de aquisição hostil da Bendix. Quando estes dois, como dois escorpiões num frasco, acabaram um com o outro, a Allied juntou-se à luta, pagou um resgate a uma Martin-Marietta exaurida, adquiriu a Bendix, e no processo expulsou a direção da Bendix que tinha iniciado a batalha.

Desde então, os *raiders* são cada vez mais operadores individuais do mercado de ações, cujo negócio são as aquisições hostis. Alguns, como Carl Icahn, são muito abrangentes, atacando todo o tipo de negócios. T. Boone Pickens, originalmente um pequeno produtor de petróleo independente, é especializado em grandes empresas petrolíferas — os seus alvos incluem grandes empresas como a Gulf Oil, Phillips Petroleum e Union Oil. Ted Turner, de Atlanta, especializa-se nos meios de comunicação social e envolveu-se numa oferta pública de aquisição hostil para a mais pequena das três redes de televisão, a CBS. Mas há dezenas de pequenos *raiders* no estrangeiro, muitos deles à procura de empresas de crescimento rápido de médias dimensões, especialmente empresas de áreas tão atraentes como a eletrónica, computadores ou biotecnologia. Outros procuram principalmente instituições financeiras de *raid*. Praticamente todos o fazem com dinheiro emprestado a taxas de juro elevadas.

Porque é que o *raider* é bem-sucedido

Quantas ofertas públicas de aquisição hostis já houve ninguém sabe ao certo. As estimativas conservadoras vão até 400 ou 500, com pelo menos metade culminando no desaparecimento da empresa-alvo, quer porque o invasor tem êxito, quer porque o alvo encontra um testa-de-ferro. Um fenómeno tão colossal — quer seja considerado destrutivo ou construtivo — certamente provoca mudanças fundamentais na estrutura económica subjacente e no ambiente das empresas americanas e da economia americana. No entanto, tanto quanto sei, até agora, praticamente não se discutiu o que poderia explicar o fenómeno das aquisições, o seu significado e as questões políticas que levanta.

O que explica, por exemplo, a *vulnerabilidade* das empresas, muitas delas grandes, fortes e bem estabelecidas? Poucos *raiders* têm muita força financeira por si próprios. A maioria tem um historial de poucas conquistas empresariais ou de gestão comprovada. Nos anos 60 e princípios dos anos 70, acreditava-se amplamente que a administração das grandes empresas de capital público era inexpugnável; apenas a falência das empresas podia ameaçá-las, quanto mais desalojá-las. Era então considerado quase uma «verdade evidente» em livros altamente populares (os de John Kenneth Galbraith, por exemplo) que tínhamos passado para o «capitalismo empresarial» como um «palco» novo e distinto, no qual os gestores profissionais se perpetuavam e geriam autonomamente as grandes empresas do país, governando sem muita interferência de qualquer dos seus supostos «constituintes». Mas nos últimos anos, um número ilimitado de empresas, e particularmente grandes empresas com bom desempenho, foram engolidas por recém-chegados até então desconhecidos e obscuros, apesar da defesa mais vigorosa por parte da sua direção.

Estes *raiders* muitas vezes não têm capital próprio, tendo mesmo de pedir emprestado cada cêntimo de que necessitam para comprar uma pequena percentagem das ações da empresa e depois fazer a sua oferta pública de aquisição. Neste momento, para impedir uma oferta pública de aquisição hostil, mesmo gigantes como a General Motors são forçados a recorrer a subterfúgios caros e complicados, tais como dividir as suas ações em diferentes partes, cada uma com diferentes direitos de voto. O que aconteceu ao capitalismo empresarial e ao controlo absoluto por parte de uma administração profissional autónoma, que há tão pouco tempo parecia estar firmemente estabelecido?

Fundamentalmente, existem três explicações para esta extrema vulnerabilidade às aquisições hostis por parte das empresas já consolidadas.

Uma das explicações é a inflação.

Depois, há mudanças estruturais na economia que fazem com que muitas das empresas anteriormente mais bem-sucedidas já não se adequem às realidades económicas de hoje.

Finalmente, o *capitalismo empresarial* — ou seja, o estabelecimento de uma administração que presta contas apenas a si própria — tornou as administrações e as empresas extremamente vulneráveis. Não têm constituintes que os socorram quando são atacados.

A inflação distorce: distorce valores. Distorce relações. Cria discrepâncias gritantes entre os pressupostos económicos e as realidades económicas. Os 15 anos de inflação na América, que começaram durante a presidência de Lyndon Johnson e continuaram no início dos anos 80, não foram exceção. E a distorção da inflação mais previsível, ou mesmo a mais típica, é entre o valor dos ativos e o seu poder de ganho. *Em qualquer inflação, o custo dos bens de capital tende a aumentar muito mais rapidamente do que o preço dos bens que produzem. Torna-se assim económico comprar bens de capital já existentes em vez de investir em novas instalações e novas máquinas.* Assim, qualquer empresa que seja rica em ativos fixos vale mais quando desmembrada — ou seja, quando os seus bens de capital estão a ser vendidos como peças de imóveis, como fábricas, como máquinas e equipamento — do que valeria numa relação realista de preço/rendimento baseada no valor da sua produção. Esta é uma das distorções que os *raiders* exploram.

A Bolsa de Valores valoriza as empresas com base nos seus ganhos. Avalia-as, por outras palavras, como «empresas em atividade». Não as valoriza com base no seu valor de liquidação. Como resultado, uma empresa com grandes ativos fixos — e especialmente uma empresa que também tenha muito dinheiro com o qual o *raider*, após a aquisição, possa reembolsar-se a si próprio (e obter um lucro considerável para começar) — torna-se um alvo muito convidativo. Esta situação representa um quarto, talvez mesmo um terço, de todas as ofertas públicas de aquisição hostis bem-sucedidas.

Igualmente importantes são as tremendas mudanças estruturais nas economias americana e mundial nos últimos 15 anos. Elas tornaram inadequadas muitas das formas tradicionais de integração económica. Os melhores exemplos são provavelmente as grandes empresas petrolíferas integradas. Não é necessário simpatizar com o Sr. T. Boone Pickens, o *raider* que forçou com sucesso uma das maiores e mais orgulhosas empresas petrolíferas do país, a Gulf Oil, a um casamento apressado com um testa-de-ferro e quase conseguiu apoderar-se de duas outras empresas petrolíferas antigas e bem estabelecidas, a Union Oil e a Phillips. Mas Pickens tem alguma razão. Ele forçou as companhias petrolíferas às quais apontou as suas armas a fazer algo sensato: ou seja, a dividir a empresa em duas partes, uma que fabrica e vende produtos petrolíferos, outra que mantém as reservas de petróleo bruto no solo.

As grandes companhias petrolíferas integradas têm tido um mau desempenho desde 1980 ou 1981. Os seus ganhos refletem basicamente um preço do petróleo bruto de cerca de 12 ou 15 dólares por barril, que seria o preço de mercado se não tivesse existido um cartel da OPEP. Mas, desde o choque petrolífero da OPEP de 1973, todas elas têm tentado desesperadamente acumular reservas subterrâneas de petróleo bruto para o futuro. E estas reservas foram avaliadas no mercado, e especialmente por pessoas que procuravam um abrigo fiscal a longo prazo, na expectativa de um preço do petróleo muitas vezes superior ao preço atual, 20 ou 30 anos depois. De facto, para justificar o que o mercado estava a pagar pelas reservas de crude e petróleo bruto no subsolo, ter-se-ia de assumir um preço de petróleo de cerca de 100 dólares por barril até ao ano de 2015, aproximadamente; caso contrário, com base num fluxo de caixa descontado, a presente avaliação destas reservas subterrâneas comprovadas não poderia ser justificada.

A expectativa de preços elevados do petróleo daqui a 20 ou 30 anos ser ou não razoável não é a questão. (Todas as experiências históricas indicariam que a única expectativa razoável é que os preços do petróleo daqui a 30 anos sejam mais baixos do que são hoje — mas esta é outra questão). A verdade é que hoje faz pouco sentido ser uma empresa petrolífera «integrada». Os interesses das pessoas que querem os ganhos da atual empresa petrolífera, e os interesses das pessoas que procuram um abrigo fiscal a longo prazo (e que, por outras palavras, não se importam muito com os ganhos atuais), não são compatíveis. Portanto, a proposta de Pickens, de que a empresa petrolífera integrada se dividisse em duas partes, fazia sentido.

Existe uma situação semelhante na indústria siderúrgica e, na verdade, numa boa parte dos produtores tradicionais de materiais de grande escala, integrados e de capital intensivo. Cada uma destas situações convida um *raider*.

Mas talvez a maior razão pela qual as empresas são vulneráveis ao invasor seja o próprio «capitalismo empresarial»: ou seja, uma administração autónoma, que não presta contas a ninguém, não é controlada por ninguém e não tem constituintes. Isto tornou a administração arrogante. Mais a mais, longe de tornar a administração poderosa, o capitalismo empresarial tornou-a de facto impotente. A gestão tornou-se isolada e perdeu a sua base de apoio, no seu próprio conselho de administração, entre os próprios acionistas e entre os próprios funcionários.

Sempre que uma direção ameaçada por um invasor foi capaz de organizar um «grupo de interesses», conseguiu derrotar a aquisição hostil. Um exemplo é a Phillips Petroleum em Bartlesville, Oklahoma, que mobilizou os empregados e a comunidade; isto foi o suficiente para derrotar Pickens. Mas nos casos em que as administrações cederam à tentação de se tornarem omnipotentes, acabaram por se tornar, na realidade, impotentes. Então, ao serem atacados, não têm ninguém que os apoie se alguém oferecer alguns dólares acima do preço de mercado atual aos acionistas da empresa.

De onde vem o dinheiro

A vulnerabilidade das vítimas não explica, por si só, como os *raiders* financiam as suas aquisições. Para montar uma oferta pública de aquisição hostil de uma grande empresa, é necessária uma avultada quantia. Um bilião e meio de dólares é praticamente o mínimo necessário para atacar uma grande empresa. Em alguns casos recentes, o montante ascendeu a 4 mil milhões de dólares. Regra geral, tem de ser em dinheiro. Com certeza que, se a oferta pública de aquisição for bem-sucedida, será a empresa alvo a pagar. Mas o dinheiro tem de estar disponível desde o início — ou seja, na altura em que ainda não é, de forma alguma, certo que a oferta pública de aquisição seja bem-sucedida. Se a oferta pública de aquisição for lançada por um indivíduo, como tem sido cada vez mais o caso nos últimos anos, normalmente não há qualquer garantia para o dinheiro que o invasor tem de pedir emprestado. O próprio *raider* tem normalmente bens insignificantes, em comparação com as somas necessárias. Mesmo que a oferta pública de aquisição esteja a ser lançada por outra grande empresa, o montante necessário para a financiar é normalmente muito superior a qualquer valor que a empresa possa normalmente contrair como dívida adicional. *No entanto, a única «garantia» para o empréstimo que um* raider *tem de obter é a promessa de reembolso se a operação for bem-sucedida.* Isto dificilmente corresponde ao que era normalmente considerado um empréstimo «financiável», no entanto, os *raiders* não tiveram dificuldade em obtê-los. Aliás, quando o financiamento de ofertas públicas de aquisição hostis (principalmente por motivos regulamentares) deixou de ser feito através de empréstimos bancários para ser feito através de obrigações, o mercado rapidamente nomeou as obrigações como *junk bonds*, e com boas razões. No entanto, não há dificuldade em obter a subscrição e emissão de tais obrigações, sendo os bancos comerciais seus ávidos compradores.

Os empréstimos bancários — ou *junk bonds* —, para financiarem aquisições hostis, estão disponíveis pelo mesmo motivo que possibilitou que países como o Brasil, Zaire ou Argentina, no início da década de 1980, obtivessem empréstimos de bancos ocidentais em montantes cujos juros estavam claramente para além da sua capacidade de pagar (quanto mais de reembolsar o empréstimo em si), e pelo mesmo motivo que grandes centros financeiros, como o Continental Illinois, em Chicago, estavam dispostos a, ou mesmo ansiosos por, contrair empréstimos altamente especulativos e, por vezes, fraudulentos, muitas vezes a especuladores de petróleo e gás inexistentes. *O banco comercial americano está restringido pela diminuição das suas fontes de rendimento tradicionais e quase desesperado para encontrar novas fontes, e especialmente para encontrar mutuários dispostos a pagar taxas de juro muito elevadas.* E o *raider* que faz uma oferta de aquisição hostil está, evidentemente, perfeitamente disposto a prometer taxas de juro muito elevadas; afinal, não as pagará — serão pagas pela empresa que pretende adquirir, depois de ter sucumbido.

Os bancos comerciais, como todos os manuais afirmam, ganham o seu sustento como *árbitros de liquidez*: obtêm o dinheiro a partir de «depósitos à ordem» que têm uma liquidez perfeita — ou seja, o direito de levantar o dinheiro em qualquer altura. O banco empresta então esse dinheiro por períodos mais longos (entre 90 dias e três anos é o período normal de um empréstimo comercial); assim, os montantes devidos ao banco têm muito menos liquidez do que os montantes que este deve. Isto justifica, portanto, que o banco cobre uma taxa de juro substancialmente mais elevada, sendo que o rendimento do banco é a diferença entre a taxa de juro sobre o que o banco empresta e a taxa de juro sobre o que o banco pede emprestado.

Cada vez mais, isto deixou de funcionar, pois os bancos ou não podem ser os árbitros da liquidez ou não são pagos para tal. Uma razão é, evidentemente, os depósitos à ordem a juro zero, uma vez prescritos pelas autoridades reguladoras, desapareceram praticamente todos. Historicamente, as empresas têm fornecido a maior parte dos depósitos à ordem. Mas hoje em dia poucas empresas mantêm grandes reservas de dinheiro, e as contas à ordem típicas dos indivíduos pagam agora 5,5% de juros. Acrescentando a isto os custos de administração, aquisição, etc., o banco provavelmente acaba por pagar 8% ou 9% pelo dinheiro em depósito nas contas-correntes dos clientes — o que significa que mesmo os depósitos à ordem já não proporcionam um «*spread* de juros» substancial. E a maioria dos consumidores americanos mantém, atualmente, na sua conta-corrente apenas um saldo mínimo. O resto está em contas que pagam juros muito mais elevados, como contas do mercado monetário, que ainda permitem uma elevada liquidez.

Do lado da procura, também a arbitragem de liquidez se tornou muito menos rentável. Cada vez mais, as empresas americanas não se financiam através de empréstimos comerciais, mas sim através de *papel comercial* — a versão comercial de um empréstimo em prestações. Isto, no entanto, ultrapassa o sistema bancário. As empresas com um excedente temporário de liquidez compram diretamente papel comercial emitido por outra empresa com uma necessidade temporária de liquidez. Mas o «*spread*» sobre o papel comercial entre o que o mutuário paga e o que o mutuante recebe é muito inferior ao que se verifica entre os tradicionais depósitos à ordem sem juros e a taxa de empréstimo do banco sobre empréstimos comerciais. Esse «*spread*» pode ser de 1,5% contra 4% ou 5% anteriores.

Neste momento, a maioria dos bancos dos EUA, especialmente os maiores, sabem que não podem esperar continuar a construir o seu negócio com base no «*spread*» das taxas de juro entre o que pagam pelo seu dinheiro e o que cobram por ele. Terão de mudar a sua base de rendimentos para taxas e comissões. Mas mesmo aqueles poucos bancos que aceitaram isto há dez anos e que desde então têm trabalhado arduamente para mudar a sua fonte de rendimento que se baseava em ser pago por dinheiro para agora ser pago por informações e serviços — o Citibank, em Nova Iorque, foi provavelmente o primeiro, e é, de longe, o líder — ainda têm um longo caminho a percorrer. Entretanto, os bancos estão a sofrer por falta de fontes de rendimento. Daí a pressão a que estão sujeitos para procurarem mutuários dispostos a pagar juros mais elevados — ou, pelo menos, a prometerem que vão fazê-lo — sejam *wildcatters** do Oklahoma, governos militares submersos pela inflação no seu próprio país (como o Brasil e a Argentina) ou *raiders* de aquisições.

A sedução do dinheiro fácil

Os *raiders* poderem obter o dinheiro de que necessitam ainda não explica o motivo pelo qual os acionistas se juntam ao *raider* para adquirir, fundir ou liquidar a empresa que possuem.

Não o fazem, é perfeitamente claro, por acreditarem que a aquisição será vantajosa para a empresa. Pelo contrário, os acionistas sabem claramente que uma oferta pública de aquisição é normalmente um desastre para a empresa adquirida. Cada vez mais, só vendem as suas ações ao *raider* se receberem dinheiro, ou seja, se saírem da empresa e já não tiverem nada a ver com ela. Ou, no caso de receberem títulos em troca, vendem-nos de imediato. E ainda, vezes sem conta, os acionistas, na sua grande maioria, ou aceitam a oferta do invasor ou recusam-na apenas se um testa-de-ferro oferecer mais do que o invasor. Mas depois também vendem imediatamente o que quer que o testa-de-ferro lhes tenha dado em troca das suas participações na empresa que desapareceu.

Os acionistas que controlam as nossas grandes empresas de capital público simplesmente não têm outra escolha senão aceitar a oferta do invasor. São obrigados, talvez mesmo legalmente, a aceitar a oferta do invasor se esta for superior ao preço atualmente cotado para as ações. Isto é essencialmente resultado da transferência da propriedade das ações de indivíduos para instituições que são «fiduciários», e especialmente para fundos de pensões. Os fundos de pensões (cada vez mais também fundos mútuos) são os «proprietários» legais das empresas de capitais públicos da América, com as suas participações a ascenderem a cerca de 50% das ações ordinárias. A percentagem é ainda mais elevada para as grandes empresas, porque os detentores institucionais se concentram nelas. As pessoas que gerem estas grandes e crescentes agregações de capital, especialmente os gestores de fundos de pensões, são os fiduciários e não os proprietários. São administradores fiduciários tanto para a gestão das empresas que devem as pensões aos seus empregados como para os beneficiários finais, os empregados e futuros pensionistas. Contudo, como administradores fiduciários, têm pouca escolha sobre se querem ou não vender as suas ações se alguém licitar substancialmente acima do que as mesmas ações obtêm ao preço de mercado. Eles têm

* Alguém que promove empresas pouco seguras e pouco fiáveis, particularmente alguém que vende ações em tais empresas. *[N. da T.]*

de aceitar. Se recusassem, estariam à mercê de uma responsabilidade enorme e sem seguro. Os fiduciários poderiam ser processados tanto pela direção da empresa como pelos beneficiários finais, os empregados, se essas ações, seis meses mais tarde, fossem cotadas abaixo do preço que o pirata tinha oferecido. Os fiduciários não têm o direito de sobrepor *o seu* julgamento sobre o que um «homem prudente» faria. E um homem prudente certamente levará o pássaro na mão, especialmente se não houver razão para acreditar que há outro a voar.

Os gestores de fundos de pensões estão também sob uma pressão tremenda para mostrar rendimentos acima da média — e, no entanto, não o podem fazer como regra. Os fundos de pensões da maioria das empresas americanas são planos de *benefícios definidos*: a empresa promete pagar ao empregado no momento da reforma uma proporção fixa do salário do empregado, normalmente cerca de 60% dos ganhos dos últimos cinco anos. O que o empregado vai receber é fixo, ou melhor, será fixo no momento em que o empregado chegar à reforma. O valor com que a empresa contribui, no entanto, é flexível. A contribuição a pagar pela empresa desce se o fundo de pensões aumentar de valor — se, por exemplo, mostrar um elevado rendimento ou lucro dos seus investimentos. Se o fundo de pensões não apresentar rendimentos, ou apresentar rendimentos inferiores ao previsto, a contribuição da empresa sobe.

Isto contrasta fortemente com os planos baseados numa *contribuição definida*, segundo os quais o que a empresa paga em cada ano é fixo, recebendo o trabalhador no momento da reforma um salário fixo ou um salário variável que depende de quais foram os ganhos do fundo de pensões.

Portanto, no plano de benefícios definidos, a gestão pressiona constantemente o gestor do fundo de pensões a apresentar lucros, especialmente de investimentos, de modo que a contribuição da empresa possa ser minimizada. Mas isto é uma completa ilusão. É, aliás, uma impossibilidade. Os fundos de pensões *são* agora o mercado da Bolsa de Valores americana. E quando se é o mercado, este não pode ser vencido. O registo de desempenho dos fundos de pensões corrobora isto. Tem sido abismal, quase sem exceção. De facto, o desejo de «superar o mercado» é, em si mesmo, a razão pela qual a maioria dos fundos de pensões tem tido um desempenho substancialmente pior do que o mercado. Assim, os fundos de pensões desperdiçam a sua substância ao apoiarem uma enorme Bolsa de Valores que apenas desperdiça em comissões o dinheiro que deveria ir para os futuros beneficiários. Na longa e complexa história de investimento e finanças, não existe provavelmente um registo mais uniforme e desanimador do que o da gestão dos fundos de pensões americanos nos últimos 20 anos.

No entanto, as direções das empresas ainda acreditam que o seu fundo pode «vencer as probabilidades» — da mesma forma que cada jogador de *slot machine* em Las Vegas acredita que as pode vencer. E o gestor do fundo de pensões que não opera a curto prazo e que se recusa a especular, a negociar e a mostrar «resultados», durante os três meses que se seguem, é provável que perca rapidamente o cliente. Provavelmente, não há indústria mais competitiva do que esta.

Isto torna irresistível uma oferta do *raider* de pagar 55 dólares por uma ação que é cotada a 40 dólares no mercado.

Os gestores do fundo de pensões sabem que a oferta do *raider* é prejudicial para a empresa cujas ações possuem. Mas não podem ter em conta o bem-estar e os interesses da sua «propriedade». Eles não são proprietários. São necessariamente especuladores, ainda que estejam legalmente investidos do poder de proprietários. E por isso comportam-se como especuladores. Têm de aceitar a oferta do invasor, a menos que um testa-de-ferro faça uma oferta melhor.

Os perigos da defensiva

A onda de aquisições hostis é o resultado de profundas mudanças estruturais na economia americana. Mas é, em si mesma, uma grave disfunção. Há muita discussão sobre se as ofertas públicas de aquisição hostis são boas ou más para os acionistas. No entanto, não pode haver qualquer dúvida de que são extremamente más para a economia. Forçam a gestão a operar a curto prazo. Cada vez mais, as nossas empresas, grandes, médias e pequenas, não estão a ser geridas para resultados comerciais, mas para proteção contra aquisições hostis. Isto significa que um número cada vez maior das nossas empresas é forçado a concentrar-se nos resultados dos próximos três meses. Estão a ser geridas de modo a encorajar os investidores institucionais, dos quais todas as empresas cotadas em bolsa hoje em dia dependem para o seu fornecimento de capital, a reterem as ações da empresa em vez de as atirarem borda fora no momento em que surge a primeira oferta pública de aquisição hostil.

Pior ainda, as empresas estão a ser forçadas a fazer coisas estúpidas para evitarem ser atacadas. A liquidez, por exemplo, está a tornar-se perigosa para qualquer empresa. A liquidez atrai o invasor que espera pagar a si próprio, bem como a dívida que incorre ao licitar a empresa, a partir do dinheiro da própria empresa. Assim, as empresas que se encontram numa posição de liquidez, por muito dinheiro que precisem, nem que seja apenas daí a alguns meses, apressam-se a esbanjar o dinheiro — por exemplo, na compra de algo que é totalmente alheio ao seu próprio negócio e tem apenas uma vantagem: absorver muito dinheiro. Pior ainda, as empresas reduzem cada vez mais as despesas para o futuro, tais como a investigação e desenvolvimento. Um dos avanços mais ameaçadores para o futuro da América é a rapidez com que os japoneses estão a tomar conta dos mercados dos países em rápida industrialização: o Brasil, por exemplo, ou a Índia. Fazem-no porque podem investir no sistema de distribuição nestes países em antecipação do mercado futuro. As direções das empresas americanas estão perfeitamente cientes disto. Mas quando lhes perguntam porque não fazem o mesmo, tendem a dizer: «Não podemos dar-nos ao luxo de pôr de lado este dinheiro e de o investir no amanhã. Precisamos dele para fazer uma boa exibição nos lucros do próximo mês ou do próximo trimestre.»

O medo do invasor é, sem dúvida, a maior causa única da crescente tendência das empresas americanas para se orientarem a curto prazo e deixarem o futuro pendurado. O medo do *raider* desmoraliza e paralisa. O impacto na moral dos gestores e dos profissionais da empresa dificilmente pode ser sobrestimado. Pior ainda, após uma aquisição bem-sucedida, o moral de uma empresa é destruído, muitas vezes para sempre. As pessoas que podem sair fazem-no. Os outros dão o mínimo. «Para que serve tentar fazer um bom trabalho se amanhã o tapete me vai ser arrancado debaixo dos pés?» é um comentário frequente. Acrescente-se a isto que os *raiders*, a fim de se reembolsarem, normalmente começarem por vender os negócios mais promissores da empresa. Assim, o impacto de uma aquisição sobre o moral é uma catástrofe completa.

De um modo geral, o registo é fraco para todas as empresas que foram fundidas, especialmente num conglomerado ou num negócio com o qual tinham pouco em comum: por exemplo, o típico conglomerado financeiro. Dois anos mais tarde, apenas três em cada dez destas empresas adquirentes têm o mesmo desempenho que tinham antes da fusão, mas o registo das empresas que foram adquiridas numa aquisição hostil é uniformemente desolador.

É evidente que a aquisição hostil não se pode justificar como causadora de uma atribuição mais eficiente de recursos. A maioria das aquisições hostis não tem qualquer objetivo que não o de enriquecer o invasor. Para atingir este objetivo, oferece aos acionistas mais dinheiro pelas suas ações do que receberiam no mercado, ou seja, suborna-os. E para poder pagar o suborno, carrega uma pesada dívida sobre a empresa que está a ser adquirida, o que, por si só, prejudica gravemente o potencial de desempenho económico da empresa. O resultado da aquisição hostil ser, quase sem exceção, também uma desmoralização e um grave prejuízo para a organização humana refuta o argumento de que a aquisição hostil resulta numa atribuição mais eficiente de recursos. Na verdade, só prova que os «recursos» das empresas modernas não são principalmente os seu tijolos e argamassa — ou sequer o petróleo no subsolo. Os seus recursos são a organização humana.

Há, de facto, casos em que uma organização humana se torna mais produtiva ao ser dissociada da sua antiga empresa, ao ser constituída separadamente — de facto, muitas das grandes organizações atuais, e especialmente os conglomerados, aumentariam grandemente a sua produtividade se fossem divididas em unidades mais pequenas, ou ao estabelecerem partes como empresas separadas. Mas não é isto que a aquisição hostil faz. Pelo contrário, as partes mais valiosas do negócio adquirido são invariavelmente colocadas à venda após uma aquisição hostil, de modo a angariar dinheiro para pagar parte da dívida. E isto prejudica tanto a sua produtividade como a dos restantes ativos.

Existem sérias questões sobre a afetação de recursos na economia americana. Mas a aquisição hostil não é claramente a ferramenta certa para se conseguir uma afetação mais eficiente. Faz graves danos ao verdadeiro recurso produtivo, à organização humana, ao seu espírito, à sua dedicação, ao seu moral, à confiança na sua gestão e à sua identificação com a empresa que emprega o seu pessoal.

Mesmo que as aquisições hostis sejam «boas para os acionistas» — e são «boas» apenas por um tempo muito curto —, certamente não são boas para a economia. São, de facto, tão más, que seremos obrigados a pôr-lhes fim, de uma forma ou de outra.

Uma forma de o fazer poderia ser emular os britânicos e criar um «painel de ofertas públicas de aquisição» com o poder de impedir ofertas públicas de aquisição consideradas contrárias aos melhores interesses a longo prazo da empresa e da economia. Se esse painel poderia ser criado neste país — ou se se tornaria apenas mais uma agência governamental problemática — é muito discutível. A forma como os britânicos o estão a fazer seria imediatamente contrária às nossas leis *antitrust*.

É, portanto, mais provável que ponhamos fim às aquisições hostis — ou pelo menos que coloquemos sérios obstáculos no seu caminho — abandonando o conceito de «uma ação, um voto» e apostando em ações que, embora participem igualmente nos lucros (e nas receitas de uma liquidação), tenham um poder de voto desigual, pelo menos enquanto a empresa mostrar resultados financeiros adequados. A General Motors já enveredou por este caminho, e muitas empresas mais pequenas estão a fazer o mesmo. Este não seria um desvio radical. Os britânicos, durante muitos anos, tiveram a sociedade anónima, na qual a administração detinha o poder de voto desde que mostrasse resultados especificados. Do mesmo modo, os alemães, há mais de 100 anos, têm a *Kommanditgesellschaft auf Aktien*, na qual a administração detém a maioria do poder de voto, apesar de ter uma minoria muito pequena da propriedade das ações — mais uma vez, desde que haja um desempenho e resultados adequados. Por outras palavras, uma mudança para um sistema em que diferentes classes de ações têm poder de voto diferencial — com ações de Classe A, por exemplo, com 100 vezes o valor dos votos das ações de Classe B — necessitaria apenas de algumas salvaguardas bastante simples para ser funcional: uma, conferindo as ações de Classe A, com o seu poder de voto superior, a um conselho de administração verdadeiramente independente e forte, e não à direção, um conselho no qual os diretores externos independentes têm uma clara maioria (que é, aliás, o que os alemães exigem). Em segundo lugar, condicionar o poder de voto extra das ações de Classe A à apresentação de resultados especificados e desempenho adequado por parte da empresa. Assim, um sistema de ações de duas classes controlaria as aquisições hostis, dando ainda proteção contra o mau desempenho e até contra a mediocridade da gestão.

Mas talvez a onda de ofertas públicas de aquisição chegue ao fim com uma lamentação em vez de um estrondo, ao perder os seus fundamentos financeiros. Não seria preciso muito para que isso acontecesse. Um incumprimento num grande empréstimo para financiar uma aquisição hostil, um «escândalo de mil milhões de dólares» semelhante ao colapso da Penn Square em Oklahoma que derrubou o poderoso Banco Continental de Chicago no Illinois — e acabar-se-ia o dinheiro disponível para financiar aquisições hostis. Na longa história das finanças, todos os esquemas que atraíram credores para adiantarem dinheiro para fins economicamente não produtivos, prometendo-lhes rendimentos substancialmente acima da taxa de mercado em curso, chegaram a um mau termo mais cedo ou mais tarde — e normalmente é mais cedo.

Contudo, mesmo que controlemos as aquisições hostis, continuarão a existir os problemas estruturais subjacentes, dos quais as aquisições hostis são apenas um sintoma. Levantam-se claramente questões básicas sobre: o papel, funções e governo dos fundos de pensões; a legitimidade da gestão; e, finalmente, o propósito das empresas, especialmente das grandes empresas. Serão os acionistas os *únicos* constituintes a quem todos os outros interesses, incluindo o da própria empresa enquanto empresa em funcionamento, devem estar totalmente subordinados?

Onde Wall Street e Las Vegas se encontram

A diminuição do *boom* das aquisições hostis só pode, paradoxalmente, agravar o problema dos fundos de pensões. Eliminaria os lucros inesperados que os fundos de pensões agora obtêm ao aceitarem os preços inflacionados que os invasores oferecem. Estes lucros inesperados são, de um modo geral, a única forma de os gestores de fundos de pensões obterem os ganhos rápidos do mercado de ações que os seus patrões, os gestores da empresa, esperam e exigem deles. Se forem eliminados, os gestores das empresas irão previsivelmente exercer uma pressão ainda maior para a obtenção de resultados rápidos sobre as pessoas que gerem o fundo de pensões da sua empresa; e aqueles, por sua vez, irão exercer uma pressão ainda maior para resultados a curto prazo sobre as empresas em cujas ações o fundo investe — empurrando assim as empresas ainda mais para a gestão a curto prazo, o que, como agora todos concordam, é um fator significativo na constante erosão da posição competitiva da América na economia mundial. Enquanto os fundos de pensões americanos se basearem em «benefícios definidos», não se vislumbra qualquer alívio.

Poderia ter feito sentido os sindicatos insistirem em benefícios definidos quando os fundos de pensões se generalizaram pela primeira vez, há cerca de 30 anos. Isto porque, sob esse sistema, a entidade patronal suporta todos os riscos futuros. Na verdade, na negociação do contrato que estabeleceu o padrão para o atual fundo de pensões, o contrato da General Motors na primavera de 1950, os United Automobile Workers (Trabalhadores Unidos do Sector Automóvel) opuseram-se fortemente a benefícios definidos e, em vez disso, queriam «contribuições definidas».* Foi a empresa que escolheu benefícios definidos, embora

* Tive ocasião de discutir repetidamente esta questão com Walter Reuther, então chefe da UAW, quando o contrato estava em negociação. Reuther temia, infundadamente, como se veio a verificar, que os «benefícios definidos» tornariam o trabalhador consciente da identidade de interesses entre ele próprio e o empregador, alienando-o, assim, do sindicato.

o presidente da General Motors na altura, Charles E. Wilson, tenha recomendado um plano de contribuições definidas como sendo muito mais sólido do ponto de vista financeiro. Ele e Reuther foram, contudo, rejeitados pela comissão financeira da GM, e o resto dos planos de pensões do país seguiram então a liderança da GM. No entanto, a escolha dos benefícios definidos — que, percebemos agora, foi um grande erro — baseou-se na mesma ilusão que faz as pessoas em Las Vegas acreditarem que «farão uma fortuna» se continuarem a colocar mais moedas na *slot machine*.

Nos termos dos benefícios definidos, a empresa compromete-se a pagar ao futuro pensionista uma percentagem fixa do seu vencimento durante os anos de reforma. A contribuição da empresa depende então do valor dos ativos do fundo num determinado ano, em comparação com o valor atual da obrigação da pensão futura. Quanto maior for o valor atual do fundo, menor será a contribuição atual, e vice-versa. E assim a direção iludiu-se a si própria ao acreditar que uma Bolsa de Valores de Nova Iorque em constante ascensão é uma lei da natureza — ou pelo menos da história — e que, portanto, ao abrigo de um plano de benefícios definidos, seria a Bolsa de Valores, através da sua subida contínua preestabelecida, e não a própria empresa, que acabaria por fornecer o dinheiro para cumprir a obrigação de pensão. De facto, bastantes gestores prometeram então aos seus conselhos de administração que, a longo prazo, o plano de benefícios definidos se tornaria um «fiador de dinheiro» para a empresa e produziria rendimentos muito acima de qualquer coisa que tivesse de colocar no plano.

Temos depois a segunda ilusão: praticamente cada empresa que adotava um plano de pensões de benefícios definidos fê-lo com a firme convicção de que o seu próprio plano de pensões, se administrado «profissionalmente», iria suplantar *até* um mercado em constante crescimento.

Não existe, evidentemente, nenhuma lei que prescreva um mercado de ações em permanente ascensão. Historicamente, as bolsas de valores nem sequer têm sido particularmente eficazes como cobertura contra a inflação: o mercado americano nos últimos 20 anos, por exemplo, quase não acompanhou o seu ritmo. Na verdade, a mais rara de todas as exceções é uma grande reserva de dinheiro que cresça durante um longo período, ainda para mais tão rapidamente como a economia — nem os Médicis, os Fuggers, os Rothschilds ou os Morgans foram bem-sucedidos neste esforço. Do mesmo modo, nenhum fundo de pensões de uma grande empresa, tanto quanto é do meu conhecimento, fez, nos últimos 20 ou 30 anos, tanto como a Bolsa de Valores. O único desempenho que conta no fundo de pensões é o desempenho a longo prazo, porque as obrigações se prolongam por mais de 25 anos ou mais. De facto, alguns dos grandes fundos de contribuições definidas produziram melhores resultados para os seus beneficiários, os empregados e futuros pensionistas, e a menor custo para os empregadores, do que a grande maioria dos grandes planos de benefícios definidos. Este é, definitivamente, o caso do maior dos planos de contribuições definidas, o dos empregadores e empregados das instituições sem fins lucrativos americanas, a Teachers Insurance and Annuity Association.

Os equívocos que levaram as administrações americanas a optar por benefícios definidos garantiram assim, praticamente desde o início, que os fundos teriam de se tornar «especuladores» e cada vez mais com um foco a curto prazo.

A escolha de benefícios definidos também explica, em grande parte, o fraco desempenho *social* do fundo de pensões americano, pois foi concebido, como Walter Reuther muito justamente suspeitava, tanto para ser uma instituição social como para ser uma instituição financeira. Foi concebido para criar um centro visível de interesse comum entre empregador e empregado. Na verdade, o que a General Motors tinha em mente era muito semelhante ao que os japoneses, agindo de forma bastante independente alguns anos mais tarde, conseguiram com o «emprego vitalício». Mas ao contrário do emprego vitalício, o fundo de pensões americano não criou qualquer comunidade de interesse na mente do trabalhador.

As leis que regem os planos de pensão privados na América definem os seus gestores como «fiduciários» para os eventuais beneficiários: os empregados. Na realidade, os gestores de planos de benefícios definidos são necessariamente nomeados pelas administrações das empresas, a quem prestam contas, pois quem está em risco é o empregador — e, por isso, o fundo tem de ser gerido para reduzir, tanto quanto possível, os encargos para o empregador. Como resultado, os empregados não sentem qualquer responsabilidade pelo fundo. Trata-se de «salários diferidos», em vez de uma «participação na empresa». Os empregados consideram que é indiferente a forma como o fundo funciona. E têm razão: a menos que a empresa vá à falência, não faz qualquer diferença para eles. Num plano de benefícios definidos, também eles não podem, de forma alguma, ser incluídos no processo de tomada de decisões através do fundo de pensões, os verdadeiros proprietários dos recursos produtivos da América.

Um plano de contribuições definidas não é uma panaceia, mas minimiza os problemas. O modelo certo estava facilmente disponível há 30 anos — a Teachers Insurance and Annuity Association remonta muito mais longe, ao início da década de 1920. A TIAA funciona com base em «contribuições flexíveis» e não em contribuições definidas. A contribuição feita anualmente para o plano por uma universidade, ou uma organização sem fins lucrativos como os escoteiros, ou para um pastor de uma denominação protestante, é uma percentagem fixa do salário. Sobe à medida que o empregado avança. Assim — um ponto importante —, também ajusta automaticamente a contribuição anual à inflação. No entanto, este prémio anual é conhecido e previsível. Por isto, a TIAA pode investir a longo prazo, e de facto é o que faz, o que, por sua vez, explica porque é que os seus resultados têm sido melhores do que os de qualquer outro dos grandes planos de benefícios definidos. Ao mesmo tempo, a TIAA, precisamente porque o empregador cumpriu integralmente a sua obrigação, uma vez que remete uma percentagem fixa do salário do empregado, conseguiu trazer os futuros beneficiários, ou seja, os empregados de hoje, para o governo da instituição. Os professores universitários não consideram a TIAA o «fundo de pensões do empregador»; é «o nosso fundo de pensões», no qual eles têm um interesse ativo e que, para eles, simboliza significativamente a identidade básica de interesse económico entre o seu empregador, ou seja, a universidade, e eles próprios.

Os planos de pensões estão a começar a mudar, ainda que muito lentamente. Muitas empresas, especialmente as de médias dimensões, encorajam os empregados a fazerem as suas próprias provisões de pensões, muitas vezes, fora dos fundos fornecidos pela empresa, por exemplo, através de uma Conta Poupança Reforma. Isto torna pelo menos possível uma política de investimento racional (ou seja, a longo prazo). Mas num futuro previsível, a maior parte dos nossos planos de pensões empresariais continuarão comprometidos com a fórmula de benefícios definidos. Os principais proprietários legais das nossas grandes empresas, os grandes fundos de pensões, continuarão, portanto, a ser obrigados a agir como especuladores e não como investidores, e muito menos como proprietários. E assim haverá, num futuro previsível, uma necessidade de proteger os recursos produtivos da economia — ou seja, as suas empresas, e os próprios fundos de pensões — contra a pressão de gerir para o imediato, o curto prazo, o próximo mês, o próximo trimestre e, acima de tudo, contra as aquisições.

Destituição dos guardiães das empresas

O *capitalismo empresarial* — o domínio dos gestores autónomos enquanto «filósofos-reis» da economia moderna responsabilizados, na melhor das hipóteses, perante um código profissional, mas não controlados pelos acionistas ou por qualquer outro constituinte — foi proclamado pela primeira vez há mais de 50 anos por Adolph Berle e Gardner Means no seu clássico de 1932, *The Modern Corporation and Private Property*. «O controlo», defenderam Berle e Means, tinha-se divorciado da «propriedade». De facto, ter propriedade já não implicava ser-se dono. Tinha-se tornado um investimento, ocupado apenas com dividendos e ganhos de capital, mas não com o bem-estar ou a governação da propriedade em si.

Desde o início, qualquer pessoa com alguns conhecimentos de teoria política ou história política poderia ter previsto que isto não iria funcionar. As administrações, poder-se-ia dizer com confiança, não durariam mais no papel de filósofo-rei do que qualquer outro filósofo-rei anterior, o que nunca foi muito tempo. As administrações têm poder. De facto, para fazerem o seu trabalho, *têm* de ter poder. Mas o poder não dura, independentemente do seu desempenho, conhecimento e boas intenções, a menos que seja alicerçado em alguma sanção exterior e maior que ele próprio, a menos que tenha algum «fundamento de legitimidade», quer seja instituição divina, eleição ou o consentimento dos governados. Caso contrário, o poder não é legítimo. Pode ser bem-intencionado, pode ter um bom desempenho, pode mesmo ser considerado «altamente popular» em inquéritos e sondagens. No entanto, o poder ilegítimo sucumbe sempre ao primeiro adversário. Pode não ter inimigos, mas também ninguém acredita nele, e ninguém lhe deve lealdade.

Isto deveria ter sido óbvio para as administrações americanas há 50 anos, quando Berle e Means salientaram pela primeira vez que já não existia uma verdadeira propriedade nas empresas americanas. Afinal, que um filósofo-rei — isto é, o poder fundamentado no desempenho e não na legitimidade — não tem como durar já era sabido desde que Aristóteles rejeitou o filósofo-rei de Platão, há 23 séculos. Mas as administrações americanas fizeram exatamente o que todos os anteriores filósofos-reis fizeram — como por exemplo, os «déspotas iluminados» da Europa do século XVIII. Enalteceu-se nas suas boas intenções. E as administrações americanas empenharam-se ativamente na remoção do que consideravam ser o último obstáculo à sua regra iluminada, um conselho diretivo independente e poderoso. E então, quando os investidores de Berle e Means se tornaram os especuladores do fundo de pensões, as administrações revelaram-se impotentes face ao primeiro desafiante, o *raider*. A OPA hostil é assim o fracasso final do capitalismo empresarial.

Mas, de facto, precisamos de gestão. A empresa precisa de um governo, e precisa de um governo que tenha poder, que tenha continuidade e que possa atuar. Por outras palavras, precisa de um governo que tenha legitimidade. Como é que a legitimidade pode ser restaurada à gestão das grandes empresas de capital público da América?

Um passo, certamente o primeiro, é restaurar um conselho de administração independente e forte. De facto, como já foi salientado, onde esse conselho existe, os *raiders*, de um modo geral, foram vencidos. Mesmo os acionistas, cujo único interesse é o lucro rápido, são suscetíveis de ouvir um conselho diretivo forte e independente, que tenha reputação e respeito na comunidade e não seja desvalorizado como sendo um fantoche da administração. As aquisições hostis podem, assim, ser finalmente bem-sucedidas na reforma e restabelecimento de um conselho diretivo forte e independente, tal como muitas vozes dentro da comunidade empresarial têm vindo a exigir há muitos anos.

Mas um conselho desses não seria e não poderia ser um representante apenas dos acionistas. Um membro do conselho que inspire respeito suficiente para ser ouvido é provavelmente um *diretor independente*, ou seja, alguém que não representa qualquer constituinte, incluindo os proprietários nominais, mas sim a integridade e o interesse da própria empresa. As aquisições hostis serão, assim, um catalisador quase certo para acelerar um desenvolvimento que já está em curso: o aparecimento de homens e mulheres profissionalmente qualificados que servem num número muito reduzido de conselhos, talvez não mais de quatro de cada vez; que gozam de respeito independente e estatuto numa comunidade mais ampla com base nas suas realizações e integridade reconhecidas; e que levam a sério as suas responsabilidades, incluindo a de estabelecer objetivos de desempenho para a gestão de topo e de os policiar, de monitorizar o comportamento e a ética da gestão de topo e de remover até mesmo o mais orgulhoso diretor executivo que não esteja à altura dos padrões estabelecidos pelo conselho no interesse da empresa.

Mas não será isto simplesmente substituir um conjunto de filósofos-reis por outro grupo de tecnocratas ou sábios? É certo que, ao contrário do presidente de uma empresa, os membros externos independentes da administração não lutam pelos seus próprios empregos quando resistem a uma aquisição. Mas continuam a não representar qualquer constituinte identificável, nem têm qualquer outro fundamento de legitimidade que não o desempenho e conhecimento desinteressados. Será que as grandes empresas de capitais públicos na América terão de aprender a mobilizar novos constituintes, a trazer outros «interesses» para equilibrar os antigos proprietários, e a criar novos laços de lealdade?

Alegadamente, os aspirantes a *raiders* abster-se-ão de fazer uma oferta pública de aquisição hostil sobre uma empresa em que os empregados detêm uma parte substancial das ações. Sabem que é pouco provável que os empregados-proprietários aceitem a oferta do *raider*. A maioria dos empregados tem mais a perder, evidentemente, se os seus empregos estiverem em perigo do que aquilo que podem ganhar se receberem mais pelas suas ações. Acima de tudo, os empregados identificam-se com a empresa e estão pessoal e emocionalmente ligados à sua independência. E a mais espetacular derrota de uma oferta pública de aquisição hostil não foi alcançada por uma administração com um forte historial de desempenho. Foi a já mencionada derrota da oferta da Phillips Petroleum em Bartlesville, Oklahoma, quando a própria cidade se mobilizou em defesa do seu maior empregador.

Há 30 anos, era popular nas grandes empresas americanas falar do órgão de gestão como sendo o «fiduciário dos interesses mais equilibrados dos acionistas, empregados, comunidade de fábricas, clientes e fornecedores». Em muitos casos, claro, isto não era mais do que um *slogan* destinado a conferir respeitabilidade ao filósofo-rei da administração e ao seu despotismo iluminado. Mas mesmo nos casos em que havia mais do que interesse próprio, nada foi feito, em regra, para converter a frase em realidade. Poucas tentativas foram feitas para institucionalizar a relação destes supostos «constituintes» com a empresa e a sua gestão. Terá agora isto de ser empreendido com seriedade para salvaguardar tanto a empresa como a sua gestão? E que forma deverão assumir essas relações institucionais?

O desafio à liberdade empresarial

A questão mais debatida atualmente é se as ofertas públicas de aquisição hostis são boas ou más para os acionistas. Mas que outros grupos podem ter um interesse legítimo na luta pelo controlo e sobrevivência da empresa é provavelmente uma questão mais importante, muito embora menos discutida. Será que as grandes empresas modernas de capital público existem *exclusivamente* para o bem dos acionistas? Isto é, evidentemente, o que o «capitalismo» ortodoxo afirma. Mas o termo *liberdade empresarial* foi cunhado há 40 ou 50 anos para afirmar que o interesse dos acionistas, embora importante, é apenas um dos interesses, e que a empresa tem funções muito para além da produção de rendimentos para os acionistas — funciona como empregador, como cidadão da comunidade, como cliente e como fornecedor. Os britânicos, ao estabelecerem um «painel de aquisição», reconheceram expressamente que uma decisão sobre fusões e aquisições afeta o interesse público. Até agora, nos Estados Unidos, isto só é expresso negativamente, ou seja, ao proibir as fusões que violam as leis *antitrust*. Teremos nós de introduzir considerações sobre o impacto sobre outros grupos e sobre a comunidade e economia como um todo — e, se sim, de que forma? Esta é a pergunta central. As respostas que este país lhe dará definirão, em grande medida, a configuração futura da economia americana.

Se a resposta for, no entanto, que o interesse do especulador — não importa que o especulador tenha título legal como proprietário — é o único interesse a ser considerado, é pouco provável que o sistema de liberdade empresarial sobreviva. Perderá rapidamente o apoio do público. Para a maioria das pessoas, mesmo que beneficiem — ainda que indiretamente (ou seja, como beneficiários finais num fundo de pensões) — do jogo do especulador, perdem mais com a aquisição hostil como empregados, sejam fabris ou gestores, e como cidadãos de uma comunidade. E cada vez mais pessoas estão preocupadas com as aquisições hostis enquanto problema moral. Ofende profundamente o sentido de justiça de um grande número de americanos.

A maioria dos americanos de hoje são empregados de uma organização. Há muitas provas de que as pessoas de uma organização, e especialmente os gestores e os profissionais, estão dispostas a aceitar os ajustamentos mais dolorosos, como o encerramento de uma empresa ou a venda de partes da mesma, se a lógica for o desempenho económico ou a falta dele. Mas esta, evidentemente, não é a razão de ser da compra ou venda da organização humana ou das suas partes numa aquisição hostil. Aí, a única lógica é enriquecer alguém que não tem nada que ver com o desempenho da empresa e que, reconhecidamente, não tem o menor interesse na mesma. E isto vai contra a essência dos empregados que sentem que a aquisição hostil os trata como «bens», e não como um «recurso», quanto mais como seres humanos. «A aquisição hostil é sequer compatível com as nossas leis contra a servidão involuntária?», tem-me sido perguntado ultimamente pelos executivos de nível médio das minhas aulas de gestão avançada.

Há quase 100 anos, os Estados Unidos decidiram que os direitos do credor não são absolutos e alteraram as suas leis de falência para colocar a manutenção e restabelecimento da «empresa em atividade» à frente dos direitos do credor, que até então tinham a primazia quando uma empresa se encontrava em dificuldades. Isto tem funcionado extraordinariamente bem. A proteção da empresa em funcionamento durante a reorganização demonstrou, de facto, ser também do interesse final do credor. Deveríamos agora fazer o mesmo em relação às aquisições hostis e considerar a proteção da empresa em funcionamento como um recurso, e os interesses dos empregados, sejam eles fabris, de escritório ou da administração; da comunidade; dos fornecedores e dos clientes? Na verdade, já estamos a avançar neste sentido através do alargamento da proteção das leis de falência a empresas não falidas ameaçadas pela sujeição a um único interesse. A Johns-Manville Corporation — um dos principais produtores de amianto e outros materiais de construção — invocou, com sucesso, as leis de falência para se preservar como uma empresa em funcionamento e para proteger os acionistas e os empregados contra uma onda de ações de responsabilidade por danos causados pelo amianto. A Continental Airlines utilizou igualmente com sucesso as leis de falências para se preservar contra reivindicações salariais sindicais que se tinham tornado insuportáveis quando a desregulamentação tornou as tarifas aéreas e as rotas aéreas extremamente competitivas. Não é, de modo algum, inconcebível que um advogado inteligente interprete de forma semelhante as leis de falências para preservar a preocupação em curso contra a aquisição hostil — e que os tribunais sigam o exemplo dos casos Johns-Manville e Continental Airlines. Mas, de uma forma ou de outra — por lei, passando para a propriedade de ações a vários níveis, ou por exegese judicial —, encontraremos certamente uma forma de proteger a empresa em funcionamento contra aquisições hostis que subordinam todos os outros interesses — empregados, o crescimento e prosperidade a longo prazo da empresa e a posição competitiva do país numa economia mundial cada vez mais competitiva — a ganhos especulativos a curto prazo.

(1986)

CAPÍTULO VINTE E NOVE

As Cinco Regras das Aquisições Bem-Sucedidas

O *BOOM* DE FUSÕES dos últimos anos não se baseia em razões comerciais. São manipulações financeiras, pura e simplesmente. Mas uma aquisição tem de fazer sentido comercial, ou não funcionará sequer como jogada financeira. Conduzirá ao fracasso tanto comercial como financeiro.

Existem cinco regras simples para aquisições bem-sucedidas, e têm sido seguidas por todos os compradores bem-sucedidos desde os tempos de J. P. Morgan, há um século.

1. Uma aquisição só será bem-sucedida se a empresa adquirente analisar bem aquilo com que pode contribuir para o negócio que está a comprar, não aquilo que a empresa adquirida irá contribuir para o adquirente, por mais atraente que seja a «sinergia» esperada.

   Aquilo com que a empresa adquirente contribui pode variar. Pode ser gestão, tecnologia ou força na distribuição. O dinheiro por si só nunca é suficiente. A General Motors tem-se saído muito bem com as empresas de motores *diesel* que comprou; contribuiu tanto com tecnologia como com gestão. Por outro lado, não chegou a lado nenhum com os dois negócios para os quais a sua principal contribuição foi dinheiro: equipamento pesado de terraplanagem e motores de aviões.
2. Uma diversificação bem-sucedida mediante uma aquisição, como todas as diversificações bem-sucedidas, requer um núcleo comum de unidade. As duas empresas devem ter em comum mercados ou tecnologia, embora ocasionalmente um processo de produção comparável tenha também proporcionado unidade suficiente de experiência e especialização, bem como uma linguagem comum, para aproximar as empresas. Sem esse núcleo de unidade, a diversificação, especialmente por meio de aquisição, nunca funciona; os laços financeiros por si só são insuficientes. No jargão das ciências sociais, tem de haver uma «cultura comum» ou, pelo menos, uma «afinidade cultural».

3. Nenhuma aquisição funciona se as pessoas da empresa adquirente não respeitarem o produto, os mercados e os clientes da empresa que adquirem. A aquisição deve ser um «ajuste de temperamentos».

   Apesar de muitas grandes empresas farmacêuticas terem adquirido empresas cosméticas ao longo dos últimos 20 a 30 anos, nenhuma teve grande sucesso. Os farmacologistas e bioquímicos são pessoas «sérias», preocupadas com a saúde e as doenças. Os batons e os seus utilizadores são frívolos para eles.

   Da mesma forma, poucas das grandes redes de televisão e outras empresas de entretenimento tiveram algum sucesso com as editoras de livros que compraram. Os livros não são «*media*», e nem os compradores de livros nem os autores — os dois clientes da editora — têm qualquer semelhança com o que nos *media* se entende por «audiência». Mais cedo ou mais tarde, geralmente mais cedo, um negócio requer decisões. As pessoas que não respeitam ou não se sentem confortáveis com o negócio, os seus produtos e os seus utilizadores tomam, invariavelmente, decisões erradas.
4. No prazo de cerca de um ano, a empresa adquirente deve estar preparada para fornecer uma direção de topo para a empresa que adquire. É uma falácia elementar acreditar que se pode «comprar» a gestão. O comprador tem de estar preparado para perder os gestores de topo nas empresas que são compradas. As pessoas de topo estão habituadas a ser chefes; não querem ser «chefes de divisão». Se eram proprietários ou sócios-proprietários, a fusão tornou-os tão ricos que não têm de ficar se não tiverem gosto nisso. E se forem gestores profissionais sem uma participação acionista, normalmente encontram outro emprego com facilidade suficiente. Recrutar novos gestores de topo é uma aposta que raramente falha.
5. No primeiro ano de uma fusão, é importante que um grande número de pessoas nos grupos de gestão de ambas as empresas receba promoções substanciais transfronteiras — ou seja, de uma das antigas empresas para a outra. O objetivo é convencer os gestores de ambas as empresas de que a fusão lhes oferece oportunidades pessoais.

   Este princípio aplica-se não só aos executivos do topo ou perto dele, mas também aos executivos e profissionais mais jovens, as pessoas de cuja dedicação e esforços depende, em primeiro lugar, qualquer negócio. Se se virem bloqueados como resultado de uma aquisição, ir-se-ão embora, e regra geral, encontrarão novos empregos ainda mais facilmente do que os executivos de topo deslocados.

A maioria dos executivos aceita estes cinco princípios, pelo menos desde o fracasso do movimento de fusões de conglomerados no final dos anos 60, mas defendem que os princípios não se aplicam a um período inflacionário, altura em que as aquisições têm uma lógica financeira e macroeconómica, em vez de uma lógica empresarial.

Neste ponto, a experiência alemã durante a grande inflação do início da década de 1920 oferece uma contra-argumentação convincente. O «*boom* de fusões» desse período foi tão agitado como o que se viu nos Estados Unidos nos anos 80. E houve quatro grandes «*raiders*»: Hugo Stinnes, Alfred Hugenberg, Friedrich Flick e o principal fabricante de aço da Alemanha, a Krupp Works. Apenas Hugenberg e Flick foram bem-sucedidos. Hugenberg comprou jornais e construiu a primeira cadeia de jornais moderna na Alemanha. Sobreviveu, aliás, prosperou, até que Hitler, a quem tinha ajudado a colocar no poder, o desapossou. Flick comprou apenas empresas de aço e carvão e sobreviveu tanto à Segunda Guerra Mundial como à prisão como criminoso de guerra nazi, tendo construído mais um império comercial, ainda maior que o anterior, até falecer há alguns anos.

Stinnes, que em 1919 era um grossista de carvão totalmente desconhecido, por volta de 1922 dominava a indústria alemã como jamais homem algum dominou uma indústria de um grande país. Mas nove meses após o fim da inflação alemã, o império de Stinnes — uma coleção heterogénea de siderurgias, companhias marítimas, empresas químicas, bancos e outras empresas não relacionadas — estava em bancarrota e a ser desmantelado.

Quanto à Krupp, durante décadas, a empresa mais rica e politicamente mais poderosa da Alemanha, sobreviveu, mas nunca recuperou. Nunca conseguiu gerir os negócios heterogéneos que tinha comprado — estaleiros navais, um fabricante de camiões e empresas de ferramentas elétricas, entre outras. Eventualmente, as aquisições da Krupp esvaíram-na até à morte. No início da década de 1970, a família Krupp foi destituída tanto da posse como da gestão, tendo sido vendido ao xá do Irão o controlo da empresa moribunda a preço de liquidação.

A bolsa de Nova Iorque — pelo menos desde que recuperou do seu enamoramento por conglomerados na década de 1960 — tem certamente noção da importância das cinco regras das aquisições. Isto explica porque é que, em tantos casos, a notícia de uma aquisição em massa desencadeia uma queda acentuada no preço das ações da empresa adquirente.

No entanto, os executivos, tanto dos adquirentes como dos alvos, ainda ignoram largamente as regras, tal como os bancos quando decidem financiar uma oferta de aquisição. Mas a História ensina amplamente que investidores e executivos, tanto na empresa adquirente como na adquirida, e os banqueiros que os financiam, rapidamente se ressentem se julgarem uma aquisição financeiramente, em vez de o fazerem por princípios comerciais.

(1981)

CAPÍTULO TRINTA

As Organizações Inovadoras

EXISTE A CRENÇA GENERALIZADA de que as grandes empresas não podem inovar. Isto simplesmente não é verdade: Merck, Citibank e 3M são apenas três exemplos de gigantes empresariais altamente inovadores. Mas é verdade que, para inovar com sucesso, uma empresa tem de ser dirigida de forma diferente do típico negócio «bem gerido», seja ele grande ou pequeno.

Uma empresa inovadora compreende que a inovação começa com uma ideia. As ideias são um pouco como os bebés — nascem pequenas, imaturas e sem formas. São mais promessas do que realização. Numa empresa inovadora, os executivos não dizem: «Esta é uma ideia disparatada». Em vez disso, perguntam: «O que seria necessário para tornar esta ideia embrionária, malcozida e disparatada em algo que faça sentido, que seja viável, que seja uma oportunidade para nós?»

Mas uma empresa inovadora também sabe que a maioria das ideias acabará por não fazer sentido. As ideias inovadoras são como ovos de rãs: por cada mil eclodidos, apenas um ou dois sobrevivem até à maturidade. Os executivos em organizações inovadoras exigem, portanto, que as pessoas com ideias pensem bem no *trabalho* necessário para transformar uma ideia num produto, num processo, num negócio ou numa tecnologia. Perguntam: «Que trabalho teríamos de desenvolver e o que teríamos de descobrir e aprender antes de podermos comprometer a empresa com esta sua ideia?»

Estes executivos sabem que é tão difícil e arriscado converter uma pequena ideia numa realidade de sucesso como fazer uma grande inovação. O que procuram não são «melhorias» ou «modificações» em produtos ou tecnologias. O seu objetivo é inovar um novo negócio. E sabem que *inovação* não é um termo do cientista ou do tecnólogo. É um termo do homem de negócios.

Inovação significa a criação de um novo valor e uma nova satisfação para o cliente. As organizações medem as inovações não pela sua importância científica ou tecnológica, mas pelo que contribuem para o mercado e para o cliente. Consideram a inovação social tão importante como a inovação tecnológica. A venda a prestações pode ter tido um impacto maior na economia e nos mercados do que a maioria dos grandes avanços da tecnologia neste século.

As empresas inovadoras sabem que o maior mercado para uma nova ideia bem-sucedida é geralmente inesperado. Ao conceber a dinamite, Alfred Nobel estava a tentar encontrar um explosivo militar melhor. Mas a dinamite é demasiado instável para ser utilizada em bombas e cartuchos; em vez disso, foi utilizada para remover rocha e substituir a picareta e a pá na exploração mineira, construção de ferrovias e construção civil. A IBM conquistou o domínio do mercado de grandes computadores ao perceber que a maior procura de computadores não seria proveniente da Ciência e da Defesa — as duas utilizações para as quais o computador tinha sido concebido —, mas de aplicações tão mundanas como salários, faturação e controlo de inventário.

As empresas inovadoras não começam com um «orçamento de investigação». Acabam por tê-lo. Começam por determinar quanta inovação será necessária para que o negócio se mantenha equilibrado. Assumem que *todos* os produtos, serviços, processos e mercados existentes estão a tornar-se obsoletos — e muito rapidamente. Tentam avaliar a provável velocidade de decadência do que quer que exista e depois determinam a «lacuna» que a inovação tem de preencher para que a empresa não perca terreno. Sabem que o seu programa de inovação deve incluir promessas com várias vezes o tamanho da lacuna de inovação, pois não mais do que um terço dessas promessas, se tantas, alguma vez se tornam realidade. E depois sabem quanto de um esforço inovador — e quanto de um orçamento inovador — precisam como mínimo.

«Mas», diz o chefe executivo de uma empresa inovadora altamente bem-sucedida, «aí duplico o tamanho do esforço e do orçamento. Afinal, a concorrência é tão inteligente como nós e pode ter mais sorte».

As empresas inteligentes sabem que o dinheiro não produz inovação; as pessoas, sim. Sabem que, no trabalho inovador, a qualidade conta muito mais do que a quantidade. Não gastam um cêntimo, a menos que haja uma pessoa de primeira categoria para fazer o trabalho. As inovações bem-sucedidas raramente requerem muito dinheiro nas fases iniciais e cruciais, mas requerem algumas pessoas altamente competentes, dedicadas à tarefa, impulsionadas por ela, a trabalhar a tempo inteiro e com muito afinco. Essas empresas apoiarão sempre uma pessoa ou uma equipa, em vez de um «projeto» até que a ideia inovadora tenha sido provada.

Estas organizações também sabem que a maioria das ideias inovadoras, por mais brilhantes que sejam, nunca trazem «resultados», portanto, tratam o trabalho inovador de forma bastante diferente do negócio existente e em curso no que diz respeito a planeamento, orçamentos, expectativas e controlos.

As empresas tipicamente inovadoras têm dois orçamentos separados: um orçamento de funcionamento e um orçamento de inovação. O orçamento de funcionamento contém tudo o que já está a ser feito. O orçamento de inovação contém as coisas que devem ser feitas de forma diferente e as diferentes coisas que devem ser trabalhadas. O orçamento de funcionamento é de centenas de páginas, mesmo numa empresa de tamanho médio. O orçamento de inovação, mesmo numa empresa gigante, raramente chega a mais de 40 ou 50 páginas. Mas a gestão de topo dedica tanto tempo e atenção às 50 páginas do orçamento de inovação como às 500 páginas do orçamento de funcionamento — e muitas vezes mais.

A gestão de topo faz perguntas diferentes sobre cada orçamento. No de funcionamento, pergunta: «Qual é o menor esforço necessário para evitar que as coisas desabem?» e «Qual é o menor esforço necessário para obter a melhor relação entre esforço e resultados? Qual é, por outras palavras, o ponto de otimização?». Mas, para o de inovação, a gestão de topo pergunta: «Será esta a oportunidade certa?» Se a resposta for sim, a gestão de topo pergunta: «Qual é o máximo que esta oportunidade pode absorver por meio de recursos nesta fase?»

As empresas inovadoras sabem que os retornos da inovação se comportam de forma radicalmente diferente dos retornos do negócio em curso. Durante longos períodos, anos, em muitos casos, as inovações não têm «retornos»; têm apenas custos. Mas, depois, os retornos devem aumentar exponencialmente: uma inovação não tem sucesso se não devolver o investimento várias centenas de vezes, pois os riscos são simplesmente demasiado grandes para justificar um retorno inferior.

Esperar dos esforços inovadores a constante taxa de 10% de retorno e 10% de crescimento — a bitola do «gestor financeiro sólido» — é uma tolice. É esperar tanto demasiado como pouco. Por conseguinte, as empresas inovadoras mantêm esses esforços fora dos valores de retorno do investimento para a atividade em curso e não utilizam estes valores para medir a solidez de uma ideia inovadora e o seu progresso, ou a remuneração das pessoas que nela trabalham. A regra mais antiga, provavelmente formulada pela du Pont há 60 anos, é que o novo não será incluído nos números relativos à atividade em curso até ao seu resultado — o novo produto ou serviço — já estar no mercado há dois ou três anos e já ter passado a sua infância.

No entanto, as empresas inovadoras controlam de perto estes esforços. Nunca se ouve falar de «criatividade» nas empresas inovadoras — *criatividade* é a palavra de ordem daqueles que não inovam. As empresas inovadoras falam de trabalho e autodisciplina. Perguntam: «Qual é o próximo ponto em que devemos rever este projeto? Que resultados deveremos esperar até lá? E em quanto tempo?» Quando uma ideia não atinge os objetivos duas ou três vezes seguidas, a empresa inovadora não diz: «Vamos redobrar os nossos esforços», diz «Não está na altura de fazermos outra coisa?».

Acima de tudo, a empresa inovadora organiza-se para abandonar o velho, o obsoleto, aquilo que já não é produtivo. Nunca diz: «Haverá sempre mercado para um chicote de charrete* bem feito». Sabe que tudo o que os seres humanos

* Em inglês, *buggy whip*, o chicote que se usava nos cavalos que puxavam as charretes, é um símbolo para qualquer coisa que esteja irremediavelmente ultrapassada. *[N. da T.]*

criam acaba por se tornar obsoleto mais cedo ou mais tarde — geralmente mais cedo. E prefere abandonar os seus próprios produtos obsoletos, em vez de ficar a assistir à concorrência a fazê-lo.

Aproximadamente de três em três anos, uma empresa inovadora põe à prova cada produto, processo, tecnologia, serviço e mercado, cuja existência fica pendente dessa avaliação. Pergunta: «Sabendo o que sabemos agora, daríamos hoje início a este produto ou serviço?» E se a resposta for não, a empresa não diz: «Vamos fazer outro estudo». Diz, antes: «Como é que largamos isto.»

Uma forma poderia ser deixar de colocar recursos adicionais e manter o produto ou serviço apenas enquanto ainda der lucro — cunhei o termo *cash cow* para isto há 20 anos. Ou — os japoneses já são mestres nisto — encontrar utilizações e mercados em que a tecnologia antiga ou o produto antigo ainda é genuinamente novo e confere uma vantagem competitiva. Ou abandonar. Mas não se gasta mais dinheiro onde já de gastou muito sem resultados. O abandono organizado do que se tornou obsoleto é a única forma segura de uma organização concentrar a visão e as energias da sua gente na inovação.

Enfrentamos claramente um período em que as exigências e oportunidades de inovação serão maiores do que em qualquer momento de que haja memória viva — tão grandes talvez como nos 50 anos que antecederam a Primeira Guerra Mundial, durante os quais novas invenções técnicas ou sociais, que quase imediatamente geraram novas indústrias, emergem em média a cada 18 meses.

Telecomunicações, automatização dos processos de fabrico em torno do microprocessador, o «escritório automatizado», mudanças rápidas na banca e finanças, medicina, biogenética, bioengenharia e biofísica — estas são apenas algumas das áreas em que a mudança e a inovação já estão a decorrer a grande velocidade. Para competir neste ambiente, as empresas terão de reunir grandes quantias para aumentar os seus orçamentos de investigação, mesmo numa depressão grave. Mas o que será necessário, acima de tudo, são as atitudes, políticas e práticas de uma organização inovadora.

(1982)

CAPÍTULO TRINTA E UM

As Empresas que Não Crescem

TODAS AS EMPRESAS que conheço ainda proclamam como objetivo «10% de crescimento ao ano». Mas muitas, em muitas indústrias, é bastante improvável que cresçam nos próximos anos, por muito bem que a economia evolua. Na melhor das hipóteses, crescerão ao mesmo ritmo que a população, ou seja, muito lentamente. Isto não se aplicará apenas às empresas. Aplica-se ainda mais a organizações não empresariais, como escolas, universidades e hospitais. No entanto, poucos executivos alguma vez geriram uma organização que não estivesse em crescimento.

O requisito mais importante é manter, melhor ainda, melhorar, a qualidade dos recursos humanos, e especialmente dos grupos profissionais e de gestão. Quando uma empresa ou uma indústria deixa de atrair e manter pessoas competentes, instala-se o caruncho; e o declínio a longo prazo daí resultante é extremamente difícil de inverter. Mesmo em tempos de depressão, as pessoas competentes não permanecem onde não têm desafios nem oportunidades e onde não vislumbram conquistas e desempenho.

As empresas que não crescem têm, portanto, de tornar os seus empregos grandes e desafiantes, especialmente ao nível dos principiantes. Esta é uma mudança de 180 graus em relação ao que temos vindo a fazer nestes últimos 30 anos. Durante a maior parte deste tempo, até ao final da década de 1970, a expansão era rápida. Mas os jovens de qualidade ainda eram bastante escassos; o grupo etário do *baby boom* juntou-se à força de trabalho em número substancial apenas em meados da década de 1970. Assim, a tendência era para criar trabalhos de iniciação pequenos e fáceis e construir camadas de gestão para dar supervisão próxima a estas pessoas inexperientes. Acima de tudo, tendíamos a promover muito rapidamente qualquer pessoa que mostrasse capacidade de desempenho. Agora, teremos de mudar estas práticas.

Acima de tudo, teremos de introduzir novamente o desafio e o reconhecimento nos postos de trabalho, em vez de sobrevalorizar as promoções em detrimento de todo o resto. As universidades e os militares têm estado ainda mais focados nas promoções do que as empresas. Tipicamente, nestas últimas décadas, os jovens homens ou mulheres que foram promovidos — a jovem que chegou a vice-presidente-adjunta no banco ou o jovem que chegou a capitão na Força Aérea — perguntavam logo: «E o que tenho de fazer agora para conseguir imediatamente a próxima promoção?». Agora teremos de estruturar empregos para que os jovens perguntem: «O que posso fazer para tornar o trabalho mais importante, mais desafiador, mais realizador, mais gratificante?». E teremos de aprender novamente que o reconhecimento, tanto através do dinheiro como de outros meios, tem de motivar a melhorar o desempenho no trabalho. Na verdade, numa empresa que não esteja a crescer, uma vaga é uma oportunidade de abolir um posto de trabalho ou um nível de gestão. em vez de um lugar a preencher com uma promoção.

Mesmo assim, uma organização que não está a crescer também precisa de oportunidades de progressão para atrair jovens e poder manter os profissionais de melhor desempenho. Caso contrário, declinará em breve para a senilidade organizacional. Tem de fazer aquilo que os serviços militares aprenderam há muito: livrar-se dos de meia-idade que atingiram o seu patamar na organização e já não serão promovidos.

Nos Estados Unidos, é possível (tal como é quase impossível em qualquer outro lugar) colocar uma pessoa mais jovem a chefiar uma pessoa mais velha. Mas mesmo nos Estados Unidos isso não é fácil e não é feito com muita frequência. A menos que as pessoas de meia-idade que não vão ser mais promovidas sejam afastadas das fileiras de gestão, as pessoas mais jovens ficarão bloqueadas atrás delas e ir-se-ão embora ou, pior ainda, perderão o entusiasmo e tornar-se-ão amargas. Os militares reformam essas pessoas. As empresas, ou os hospitais ou as universidades, não podem fazê-lo, quanto mais não seja por não conseguirem suportar os custos. As empresas que não estão a crescer terão de aprender a colocar essas pessoas numa segunda carreira. Normalmente, essas pessoas não são «esgotadas»; estão simplesmente aborrecidas e precisam de ser «recolocadas», precisam do desafio de um novo emprego, de um novo ambiente e de novos colegas, mas, a menos que uma empresa que não esteja a crescer estabeleça claramente que não vai manter para sempre aqueles profissionais e gestores que pararam de avançar e que depois assuma a responsabilidade de ajudar essas pessoas a encontrar novas tarefas e desafios, rapidamente se verá incapaz de atrair novos jovens e envelhecerá, decaindo a pique.

Se a empresa não está a crescer, então, tem de se tornar melhor. Qualquer organização precisa de objetivos desafiantes. Se já não é realista dizer «planeamos duplicar de tamanho nos próximos dez anos», então, o objetivo tem de ser «planeamos duplicar a nossa produtividade nos próximos dez anos» — do capital, dos recursos físicos importantes e dos trabalhadores. Melhorar a produtividade é sempre um objetivo realista e pode sempre ser alcançado. Tudo o que normalmente requer é empenho vindo do topo e um trabalho consciencioso, duro e pouco espetacular, dia após dia. E uma instituição que trabalhe seriamente na sua produtividade terá também em breve os meios para recompensar a sua gente.

Há também alguns «nãos» — coisas a não fazer numa empresa que não está a crescer. Não se precipitarem para as «indústrias em crescimento». Uma diversificação sem sentido não funciona. Não há «negócios fáceis». Além disso, na maioria das instituições que não crescem, o principal fluxo de receitas para os anos seguintes terá de vir do negócio mundano já existente. E se este negócio for negligenciado na excitação da diversificação em negócios de crescimento ou em *cash cows*, tudo irá por água abaixo — incluindo a recente aquisição. A primeira pergunta a fazer sobre a diversificação e sobre uma aquisição é sempre «Com o que podemos nós contribuir que faça uma diferença decisiva no novo empreendimento ou na nova aquisição?» Se a resposta for «nada» (ou «nada exceto dinheiro»), o resultado será previsivelmente catastrófico.

Depois, a empresa deve evitar transformar numa profecia que se cumpre a si própria o facto de não estar a crescer. Gerir uma empresa que não está a crescer requer perguntar a toda a hora «Quais são os nossos pontos fortes? E onde existem novas oportunidades de os aplicar produtivamente, quer graças a mudanças na população e demografia, quer nos mercados e distribuição, quer na tecnologia?». Para uma organização que mantenha a capacidade de desempenho humano e melhore a produtividade, é altamente provável que encontre, e bastante rapidamente, novas e importantes oportunidades de crescimento.

As oportunidades baterão à porta até mesmo de uma indústria em estagnação. As principais ferrovias americanas nos últimos dez anos são disso um bom exemplo. Há 20 anos, o seu ressurgimento teria sido considerado tão improvável como a ressurreição de Lázaro. As oportunidades de crescimento surgem até mesmo durante uma longa e profunda depressão. Houve muitas delas na década de 1930 para várias organizações — fossem empresas, hospitais ou universidades — que continuaram a melhorar. A IBM, por exemplo, lançou então as bases para o seu crescimento de um fornecedor pequeno e marginal para um gigante de alto nível, mas a oportunidade só bate à porta daqueles que a merecem.

(1983)

CAPÍTULO TRINTA E DOIS

Porque é que a Automatização Compensa

A AUTOMATIZAÇÃO, onde quer que esteja instalada numa fábrica, paga-se a si própria no prazo de três anos, e muitas vezes muito mais rapidamente. E tem proporcionado à fábrica a capacidade de competir mesmo face a produtores estrangeiros de baixo custo. No entanto, em cada seminário que tenho vindo a realizar nestes últimos anos, um gestor de uma fábrica levanta-se e diz: «Não consigo convencer a minha gestão de topo de que a automação compensa». E todos os restantes fabricantes que houver nesse grupo bradam: «Amém!».

O retorno da automatização é, de facto, rápido e elevado. Mas muito pouco, se de todo, aparece nas avaliações que a maioria das fábricas dos EUA, especialmente as mais pequenas, utilizam. Os nossos valores contabilísticos convencionais medem os custos de fazer. O principal benefício da automatização reside, contudo, na eliminação — ou pelo menos na minimização — dos custos de *não* fazer. Para convencer a sua gestão de topo de que a automatização compensa, o pessoal de produção terá, portanto, de desenvolver novas e mais adequadas avaliações de custos.

«A boa qualidade é barata; é a má qualidade que sai cara» tem sido um truísmo no controlo de qualidade durante 50 anos. No entanto, poucas fábricas sabem quão cara é realmente a má qualidade. O sistema contabilístico assume que o processo funciona da forma como foi concebido para funcionar: ou seja, que produz a qualidade desejada, uniformemente e ao longo de todo o processo. Um grande número de fábricas mede o *rendimento*, a percentagem de produtos acabados que atingem padrões de qualidade aceitáveis. Mas isso é apenas a ponta do *iceberg* da qualidade. Não mostra em que ponto, no processo, as coisas correram mal. Não mostra quanto tempo e dinheiro já foi gasto em fases anteriores para resolver problemas. Não mostra quantas peças foram retiradas da linha e descartadas por serem de qualidade inferior sem nunca chegarem à inspeção final. Estes custos estão escondidos nos valores contabilísticos convencionais, em horas extraordinárias e despesas gerais, na sucata, no excesso de pessoal, e assim por diante. Mesmo em fábricas de «alta qualidade» bem geridas, chegam frequentemente a um terço dos custos totais de fabrico, por vezes mais.

A automatização constrói padrões de qualidade e controlo de qualidade em cada etapa do processo. Igualmente importante, deteta e anuncia uma deficiência de qualidade no momento em que esta ocorre e no local onde ocorre. E fá-lo sem custos adicionais. Em todos os locais onde houve uma automatização total — no Japão; na fábrica de locomotivas da General Electric em Erie, na Pensilvânia; ou na fábrica de motores Fiat em Termoli, Itália — as poupanças em qualidade superam em muito as poupanças em salários e mão-de-obra, talvez duas ou três vezes. De facto, só a poupança em qualidade é suscetível de reembolsar os custos de automatização dentro de dois ou três anos.

O segundo grande benefício económico da automatização reside também no custo de não fazer: o custo do «tempo de paragem» quando a produção está a ser mudada de um modelo para outro. Durante esse tempo em que as ferramentas estão a ser limpas, os moldes e matrizes a ser removidos e os novos moldes a ser colocados, em que as velocidades das máquinas estão a ser reiniciadas, etc., nada se move. E em processos pré-automatizados, o tempo de inatividade muitas vezes chega a ser de várias horas, ou mesmo dias. A contabilidade de custos convencional não inclui, contudo, o tempo de inatividade; é um custo de «não fazer». A contabilização de custos pressupõe que a linha irá produzir o número de peças para as quais foi concebida; se for 80 por hora, então a contabilização de custos calcula que cada peça custa 1 / 80 do custo da linha por hora. Isto funciona bem se houver grandes séries de produtos uniformes, digamos na fábrica que produz meio milhão de grelhas de radiadores uniformes para *Chevrolets*. Mas na esmagadora maioria das fábricas as séries são muito mais curtas, os modelos mudam constantemente e os períodos de inatividade seguem-se uns atrás dos outros — durante os quais as pessoas têm de ser pagas, a fábrica tem de ser aquecida e iluminada, e assim por diante —, tudo isto, porém, sem qualquer produção. Num processo automatizado, as mudanças de produção podem ser incorporadas no processo. Como resultado, o tempo de inatividade é reduzido ao máximo e muitas vezes eliminado. Mais uma vez, aquilo que se economiza em custos com tempos de paragem excede geralmente os custos da folha de pagamentos e da mão-de-obra e paga frequentemente todo o investimento em automatização dentro de poucos anos.

Por fim, a redução — ou a eliminação — do tempo de paragem dá frequentemente a uma fábrica uma capacidade inteiramente nova de gerar receitas, para além de reduzir drasticamente os seus custos. Permite-lhe obter uma variedade de produtos otimamente rentável e servir mercados mais rentáveis. Isto pode ser particularmente importante para empresas mais pequenas e mais especializadas, por exemplo, um fabricante de dispositivos de cablagem elétrica ou uma pequena fundição. Nos Estados Unidos e na Europa Ocidental, a automação ainda é vista como algo para os «grandes». Mas a experiência no Japão, onde o governo fornece empréstimos a juros baixos para a automatização de pequenas fábricas, indica que a automatização é, acima de tudo, o sistema de fabrico mais vantajoso para as fábricas de pequenas dimensões. Proporciona-lhes custos mais baixos através das poupanças na qualidade e nos tempos de paragem e também lhes possibilita maiores receitas através de uma maior variedade de produtos e de mercados mais rentáveis.

Os gestores de topo e os diretores estão certos ao recusarem-se a fazer os grandes investimentos de capital que a automatização requer pelo simples facto de a automatização ser «avançada». Nem sequer é o suficiente dizer-lhes que as indústrias transformadoras americanas (bem como as de qualquer outro país desenvolvido) só sobreviverão se se automatizarem — embora seja bem verdade. A gestão de topo está certa ao insistir em alguma medição dos benefícios esperados, alguma estimativa do retorno do investimento em automatização. Mas engana-se — tal como os seus fabricantes que tanto se queixam do «conservadorismo» dos seus patrões em conferências de gestão e revistas técnicas — ao acreditarem que estes benefícios são «intangíveis» e têm de ser encarados com base na fé. O custo que tem para as empresas a má qualidade e os tempos de paragem pode, de facto, ser extraído dos dados disponíveis sobre custos bastante rapidamente por qualquer responsável de produção competente (e depois verificado por uma amostragem barata e rápida).

Determinar que receitas adicionais a automatização pode tornar possível requer um pouco mais: um estudo de mercado convencional. Mas estimar os benefícios da automatização também requer uma mudança na forma como a maioria das administrações ainda olha para o processo de fabrico e a sua estrutura de custos. Requer uma mudança do enfoque no custo por peça produzida para um enfoque nos custos totais do processo de fabrico. Mas isto, afinal, é o que os contabilistas e os manuais de contabilidade têm vindo a pregar e a ensinar há pelo menos 25 anos.

(1985)

CAPÍTULO TRINTA E TRÊS

Watson da IBM: Visão para o Futuro

TODA A GENTE SABE que Thomas Watson, Sénior (1874–1956), transformou a IBM numa grande empresa de informática e foi um líder empresarial. Mas «toda a gente» está errada. Thomas Watson, Sénior, não construiu a IBM que conhecemos atualmente; o seu filho, Tom Watson, Jr., fê-lo depois de ter entrado para a direção da empresa em 1946, com apenas 32 anos (embora o pai tenha permanecido até 1956 enquanto presidente muito ativo). A IBM do pai nunca teve mais do que média dimensão; em 1938, fazia apenas 35 milhões de dólares em vendas. Claro que não fabricava nem vendia computadores; os seus produtos principais eram as máquinas de cartões perfurados e os relógios de ponto. Ao invés de ser um líder empresarial, Thomas Watson, Sénior, não logrou o sucesso e reconhecimento pessoal até ter passado dos 60 anos. Duas vezes na década de 1930, esteve à beira da falência. O que o salvou e estimulou as vendas da IBM durante a Depressão foram duas leis do New Deal: a Lei da Segurança Social em 1935 e a Lei das Horas Salariais de 1937–38. Estas exigiam registos de salários pagos, horas trabalhadas e horas extraordinárias ganhas pelos empregados, de uma forma que os empregadores mal conseguiam manter registos. Da noite para o dia, criaram mercados para as máquinas de tabulação e relógios de ponto que Thomas Watson há muitos anos tentava vender com um sucesso não mais que moderado.

Em 1939, quando eu trabalhava em Nova Iorque como correspondente de um grupo de jornais britânicos, quis escrever uma história sobre Watson e a IBM. Tinha-me interessado pela empresa graças ao grande pavilhão que tinham erguido na Feira Mundial de Nova Iorque e pensei que uma história sobre uma empresa tão pequena que se comportava como uma das grandes poderia ser divertida. «Esquece isso», respondeu o meu editor. «Não estamos interessados numa história sobre uma empresa fracassada que, tanto quanto se pode dizer, nunca sairá da cepa torta.» E Watson já tinha 65 anos.

Mas Thomas Watson, Sénior, era muito mais importante do que um empresário de sucesso que construiu uma grande empresa. Ele foi o visionário e, em grande parte, o criador daquilo a que agora chamamos sociedade pós-industrial e um dos grandes inovadores sociais da história americana. Há 50 anos, teve a visão de «processamento de dados» e de «informação». Em plena Depressão, e ele próprio meio falido, financiou a pesquisa que produziu tanto os fundamentos teóricos do computador como o primeiro modelo altamente avançado do mesmo.

Há 50 anos, ou mais, também inventou e pôs em prática aquilo que neste país é hoje conhecido, estudado e imitado como sendo a gestão japonesa — escusado será dizer que o fez sem o mínimo conhecimento do Japão e sem dever nada às então inexistentes práticas japonesas.

De facto, o problema de Watson era que ele estava muito à frente do seu tempo, tanto na visão como nas práticas.

Conheci Watson no início da década de 1930. Tinha sido eleito presidente da secção americana da Câmara de Comércio Internacional — um emprego que mais ninguém desejava —, e eu, na altura um repórter muito jovem, fui enviado para o entrevistar. Mas a entrevista não fazia absolutamente nenhum sentido para o meu editor e nunca foi publicada. Naturalmente, Watson discorreu sobre os lugares-comuns esperados da Câmara de Comércio, sobre comércio livre, cooperação internacional e «o papel do homem de negócios enquanto embaixador da paz». Mas depois começou a falar do que era claramente o seu verdadeiro interesse — coisas a que chamou *dados* e *informação*. Mas o que ele queria dizer com esses termos — e que não era, de todo, o que na altura queriam dizer — não era capaz de explicar. De facto, os jornais costumam retratá-lo como um excêntrico.

Duvido que o próprio Watson *percebesse*. Ele tinha uma visão — ele *via*. Mas ao contrário da maioria dos visionários, Watson *agiu* com base na sua visão.

Algum tipo de computador teria surgido sem a sua intervenção. Havia muitas pessoas na altura a trabalhar em máquinas de cálculo rápido, especialmente sob o impulso da Segunda Guerra Mundial, com a necessidade que criou de equipamento de navegação para aviões rápidos, de mecanismos de disparo de canhões de longo alcance contra alvos invisíveis muito para além do horizonte, de bombas aéreas e de armas antiaéreas. Mas sem Watson poderia ter sido um computador muito diferente, uma «máquina de calcular», em vez de um «processador de informação». Sem Watson e a sua visão, o computador teria emergido como uma «ferramenta» e não como uma «tecnologia».

Watson não inventou uma única peça de *hardware*. Não tinha qualquer formação técnica, ou sequer grande educação formal, tendo começado a trabalhar como vendedor de máquinas de costura, pianos e órgãos no Upstate Nova Iorque, de onde era nativo, quando mal tinha 18 anos. Também não tinha nenhum talento técnico nem muito domínio da matemática ou da teoria no seu todo. Definitivamente, não foi um inventor nos moldes de Edison ou do seu contemporâneo Charles Kettering. Os computadores que patrocinou, financiou e impulsionou — um deles concluído em 1943, outro quatro anos mais tarde, em 1947 — contribuíram pouco com *hardware* e soluções de engenharia, até para o computador comercial da própria IBM nos anos 50.

Mas Watson visionou e compreendeu o computador 15 anos antes de até o termo ter sido cunhado. Soube de imediato que tinha de ser radicalmente diferente de uma calculadora de alta velocidade. E não descansou até os seus engenheiros terem construído o primeiro verdadeiro «computador» operacional. Watson especificou muito cedo — no final da década de 1930, o mais tardar — o que os informáticos chamam agora *arquitetura* de um computador: capacidade de armazenar dados; uma memória e acesso aleatório a ela; capacidade de receber instruções e de as alterar, de ser programado e de expressar lógica numa linguagem informática. A Calculadora Eletrónica de Sequência Seletiva (SSEC) de 1947 de Watson era muito mais potente e muito mais flexível do que qualquer máquina então existente ou em fase de projeto. Os seus 12 500 tubos de vácuo e 21 400 relés podiam, por exemplo, resolver equações diferenciais parciais. Foi, acima de tudo, a primeira — e durante vários anos a única — máquina a combinar computação eletrónica com programas armazenados, com a sua própria linguagem informática e com a capacidade de tratar as suas instruções como dados: ou seja, alterar, corrigir e atualizá-las com base em novas informações. Estas são, contudo, precisamente as características que distinguem um computador de uma calculadora.

Quando a IBM iniciou a conceção de um computador para ser vendido em grandes quantidades, aplicou muito *hardware* desenvolvido por terceiros — principalmente laboratórios universitários no MIT, Princeton, Rochester e Pensilvânia. Mas tudo foi concebido de acordo com as especificações originais de Watson. Isto explica porque é que a 650, a primeira máquina comercial de sucesso da IBM, se tornou imediatamente líder e padrão da indústria quando foi introduzida em 1953; porque é que vendeu 1800 unidades durante os seus primeiros cinco anos no mercado — duas vezes mais do que a pesquisa de mercado mais otimista tinha previsto para o total de vendas de computadores em todo o mundo durante todo o século XX; e porque é que deu à IBM a liderança mundial em computadores que a empresa ainda detém.

A história *técnica* inicial do computador é bastante nebulosa, e o papel que Watson e a IBM, ou qualquer outra pessoa, desempenharam nela é notavelmente controverso. Mas não há qualquer dúvida de que Watson desempenhou um papel fundamental na história *conceptual* do computador. Há muitos outros que foram importantes, ou mesmo centrais, na engenharia do computador. Mas Watson criou a era do computador.

A história começa em 1933, quando a IBM, por ordem de Watson, concebeu uma calculadora de alta velocidade para os cientistas da Universidade de Columbia e a construiu a partir de peças padrão das máquinas de tabulagem. Quatro anos mais tarde, em 1937, Howard Aiken, um matemático de Harvard, sugeriu que a IBM tentasse ligar várias máquinas existentes — concebidas originalmente para fins de contabilidade — para criar uma calculadora ainda mais rápida para os cálculos demorados e fastidiosos exigidos aos astrónomos. O trabalho, nas estimativas de Aiken, levaria alguns meses e custaria cerca de 100 mil dólares. Em vez disso, o trabalho demorou seis anos e o custo foi bem superior a meio milhão de dólares. Isto porque, em vez da calculadora de alta velocidade que Aiken tinha em mente, Watson foi mais longe e produziu um computador.

Primeiro, Watson especificou uma máquina totalmente eletrónica; todos os projetos anteriores, incluindo as próprias máquinas da IBM, eram eletromecânicos com alavancas e engrenagens que faziam a comutação. É claro que, na altura, *eletrónica* significava utilizar tubos de vácuo — a invenção do transístor ainda estava para vir. As máquinas resultantes eram, portanto, grandes e desajeitadas, tendiam a sobreaquecer e utilizavam uma grande quantidade de eletricidade. Mesmo assim, ninguém na altura sabia sequer como utilizar dispositivos eletrónicos como interruptores — a chave, é claro, para a tecnologia informática. Até mesmo o trabalho teórico necessário estava ainda por fazer. Para Watson e a IBM, a decisão de abandonar a conhecida e tão familiar tecnologia eletromecânica a favor da totalmente inexplorada eletrónica foi um salto no escuro, mas foi a decisão que tornou o computador possível.

A segunda especificação de Watson foi igualmente inovadora. O seu projeto previa aquilo com que nenhum engenheiro na altura sequer sonhava: uma memória de computador. Howard Aiken, na sua proposta de investigação, tinha-se preocupado com o cálculo rápido; ele queria um «papa-números». A sua ideia era construir algo que fosse capaz de fazer muito rapidamente o que as tradicionais máquinas de calcular e as réguas de cálculo faziam lentamente. A IBM acrescentou a isto a capacidade de armazenar dados. E isto significava que a máquina projetada pela IBM seria capaz de processar informação. Teria um banco de dados — um termo que, obviamente, não existia na altura — e seria capaz de se referir a ele. Assim, poderia memorizar e analisar. Poderia também — e isto é crucial — corrigir e atualizar as suas próprias instruções, com base em novas informações.

E isto ainda significava — outra especificação bastante visionária da IBM — que a máquina da IBM seria passível de ser *programada*, ou seja, de ser utilizada para qualquer informação capaz de ser expressa numa notação lógica. Todos os modelos que estavam então a ser trabalhados eram para máquinas com um único propósito. A mais conhecida, chamada ENIAC, construída na Universidade da Pensilvânia durante a Segunda Guerra Mundial para a Cartografia do Exército e concluída em 1946, foi concebida para fazer cálculos de alta velocidade para armas de disparo rápido. Mas pouco mais podia fazer, uma vez que não tinha memória nem capacidade de programação. A IBM também tinha em mente aplicações específicas — em especial, cálculos para tabelas astronómicas. Mas, talvez porque Watson conhecia em primeira mão as necessidades de processamento de dados de uma série de instituições — bibliotecas públicas, o Gabinete de Recenseamento, bancos, companhias de seguros e afins —, as suas especificações exigiam uma máquina capaz de ser programada para todo o tipo de dados.

A máquina da IBM era polivalente desde o início. Isto significava também que, quando chegou a altura de a IBM finalmente ter um computador que podia ser fabricado e vendido — no início dos anos 50 —, estava disposta e habilitada para fornecer os utilizadores cuja procura realmente criou a indústria informática, mas em quem ninguém tinha sequer pensado nas fases iniciais da conceção de computadores: empresários que queriam computadores para fins tão mundanos e não científicos como folhas de pagamentos e inventários. A insistência de Watson na memória e na programação explica assim, em grande medida, que exista uma indústria de computadores.

Graças às especificações de memória e programação de Watson, o projeto de investigação da IBM de 1937 ajudou a criar a ciência da computação. A «máquina analítica» que Watson tentou desenvolver precisava tanto de teoria como de linguagem informática — mais uma vez, é claro, termos que não existiam na altura. Precisava, evidentemente, de engenharia de primeira ordem, tal como todas as outras máquinas de cálculo então concebidas. Mas também criou, ou pelo menos estimulou, os primeiros cientistas informáticos.

Esta investigação produziu um protótipo em finais de 1943 — chamado Calculadora Automática Controlada por Sequência (ASCC) — e Howard Aiken fez nela cálculos astronómicos, no início de 1944. Mas era demasiado avançada para a tecnologia de fabrico da sua época. De facto, só recentemente os materiais e a tecnologia se tornaram disponíveis para fabricar o tipo de computador para o qual Watson organizou a investigação em 1937. Watson doou então o protótipo, juntamente com dinheiro para a sua gestão e manutenção, a Harvard e encomendou imediatamente o trabalho para o modelo seguinte — o trabalho que deu origem à SSEC vários anos mais tarde. A sua primeira demonstração pública, a 27 de janeiro de 1948, em Nova Iorque — na qual calculou todas as posições passadas, presentes e futuras da lua — deu início à era do computador. Mesmo agora, 35 anos mais tarde, o computador que os desenhos animados populares mostram, com as suas luzes intermitentes e rodas giratórias, é o SSEC tal como foi exibido nesta primeira demonstração pública. Olhando para as especificações de Watson em retrospetiva, isto é precisamente o que devia estar na sua mente desde o início.

Tão significativo como Watson, o visionário informático, foi Watson, o inovador social. A sua visão social era ainda mais avançada do que a sua visão sobre dados e informação e teve talvez ainda mais impacto — e foi igualmente (ou mais) mal compreendida pelos seus contemporâneos.

Watson tornou-se uma figura nacional em 1940, quando a *Fortune* publicou um violento ataque contra ele. Insinuou que Watson era o *Führer* americano e tentou fazer dele o símbolo de tudo o que era repulsivo no capitalismo americano. E também fixou a perceção popular de Thomas Watson como reacionário e paternalista, uma perceção que ainda persiste. Mas hoje em dia é evidente que a verdadeira ofensa de Watson era estar muito à frente do seu tempo.

Relendo a história em 1983, 43 anos mais tarde, vi imediatamente que o que mais irritou o jornalista da *Fortune* em 1940 foi Watson ter proibido o álcool nos clubes de funcionários da IBM e nas festas da IBM. Ele era, de facto, fervorosamente contra o álcool — uma vez ouvi dizer que o seu pai ou um dos seus tios tinha sido alcoólico. Mas quaisquer que fossem os motivos de Watson, talvez não seja assim tão má ideia manter o trabalho e o álcool separados.

Depois, claro, houve a arregimentação que Watson fez à sua força de vendas, ou seja, a sua exigência de que os vendedores da IBM usassem fatos escuros e camisas brancas. Mas o que Watson tentou fazer, como me tinha explicado nas entrevistas que lhe fiz um ano antes do artigo da *Fortune*, foi incutir autorrespeito nos vendedores e respeito por eles entre o público. Quando Watson começou, o vendedor era um «caixeiro-viajante», um bandido desonrado de intenções duvidosas, que passava as noites no bordel da vila ou no palheiro de um agricultor, abusando da sua filha inocente. Watson, que tinha sido vendedor, tinha sofrido profundamente com o desprezo pela classe e estava determinado a que os seus vendedores tivessem autorrespeito e fossem respeitados. «Quero que os vendedores da IBM», disse ele na conversa que teve comigo em 1939, «sejam pessoas de quem as suas mulheres e filhos se possam orgulhar. Não quero que as suas mães sintam que têm de pedir desculpa por eles ou que têm de dissimular quando lhes perguntam o que faz o seu filho» (e havia uma implicação clara, pensei então, de que estava a falar da própria mãe).

Porém, o crime hediondo de Watson, aquele pelo qual o escritor da *Fortune* era incapaz de o perdoar, era ele acreditar num trabalhador que assume a responsabilidade pelo seu trabalho, que se orgulha dele e que o adora. Acreditava num trabalhador que via os seus interesses como sendo os mesmos da empresa. Queria, acima de tudo, um trabalhador que usasse a própria mente e a própria experiência para melhorar o trabalho, o produto, o processo e a qualidade. O crime de Watson — e era de facto visto como um crime no final dos anos 30, altura em que um marxismo vulgar infestou até membros bastante conservadores da intelligentsia — era fazer com que os trabalhadores gostassem do seu trabalho e assim aceitassem o sistema, em vez de se sentirem explorados e se tornarem proletários revolucionários.

A forma como Watson o fez, em primeiro lugar, foi dar aos seus empregados aquilo a que agora chamamos emprego vitalício. Tal como no Japão atual, não havia nenhuma obrigação contratual por parte da IBM de Watson de não despedir pessoas. Mas havia aqui um compromisso moral. Nos primeiros anos da Depressão, 1931 e 1932, a IBM despediu, de facto, algumas pessoas, mas Watson opôs-se de imediato. A sua recusa mais tarde, nos anos mais negros da Depressão de 1933 e 1934, em despedir trabalhadores poderia ter levado a IBM à falência. E a segurança laboral dos trabalhadores tem sido uma prática da IBM desde há 50 anos.

Em meados da década de 1930, Watson aboliu os «capatazes». Tornaram-se «gestores», cuja função era assistir os trabalhadores, garantir que estes dispunham das ferramentas e das informações de que necessitavam e ajudá-los quando se encontravam em apuros. A responsabilidade pelo trabalho em si foi colocada firmemente no grupo de trabalho.

O trabalhador, defendia Watson, sabia melhor do que ninguém como melhorar a produtividade e a qualidade. Assim, por volta de 1935, inventou o que hoje conhecemos como círculos de qualidade, que hoje atribuímos aos japoneses. O engenheiro industrial deveria ser um «recurso» para o grupo de trabalho e o seu «consultor», e não o «perito» que lhes ditava o que fazer. Watson também estabeleceu que cada trabalhador deveria ter o maior trabalho possível e não o mais pequeno, e em 1920 iniciou o que agora chamamos de enriquecimento do trabalho. (E após a sua morte, o seu filho, em 1958, pôs em prática a velha ideia do pai e deu a *todos* os empregados um salário mensal, abolindo tanto o salário à hora como a distinção entre empregados fabris e empregados de escritório.)

Finalmente, cada empregado da IBM tinha o direito de se dirigir diretamente ao diretor executivo da empresa, ou seja, a Watson, para reclamar, sugerir melhorias e ser ouvido — e esta continua a ser a prática da IBM.

Há muito tempo, Watson inventou aquilo a que os japoneses agora chamam aprendizagem contínua. Começou no início da década de 1920 com os seus vendedores, que eram constantemente chamados à sede para sessões de formação, para lhes permitir «fazer melhor o que já estão a fazer bem». Mais tarde, Watson estendeu a aprendizagem contínua aos empregados da fábrica, e nos anos 40 contratou Dwayne Orton, um presidente universitário de São Francisco, para ser o diretor de educação da empresa.

Estas práticas explicam, em grande medida, o sucesso da IBM. Exorcizaram o grande monstro das empresas americanas, a alegada resistência dos funcionários à mudança. Permitiram que a empresa nas décadas de 1950 e 1960 crescesse tão depressa — talvez até mais — como qualquer outra empresa havia crescido antes, sem muita turbulência interna, sem grandes despedimentos de mão-de-obra e sem conflitos industriais. E como os vendedores de Watson sempre foram habituados a aprender coisas novas, os vendedores de cartões perfurados de meia-idade sem experiência em computadores ou em gestão de grandes empresas podiam, de um dia para o outro, tornar-se executivos eficazes numa grande empresa de alta tecnologia.

Mas há 40 anos, as políticas e práticas de Watson eram, de facto, muito estranhas. Ou faziam com que Watson parecesse um excêntrico, que é o que a maioria das pessoas pensava, ou faziam dele a força sinistra que o escritor da *Fortune* retratou. Hoje percebemos que Watson estava apenas 40 ou 50 anos à frente do seu tempo. Watson era, na realidade, um ano mais velho do que Alfred Sloan. Mas enquanto Sloan, nos anos 20, criou a gestão moderna com a General Motors, criando assim os moldes da «grande empresa» moderna, Watson, dez anos mais tarde e de forma bastante autónoma, criou a «comunidade fabril» que sabemos ser o sucessor da «grande empresa» de Sloan dos anos 20. Criou, na década de 1930, a organização social e a comunidade de trabalho da sociedade pós-industrial.

Os primeiros a ver isto, por sinal, foram os japoneses. Riem-se sempre de mim no Japão quando falo da gestão japonesa que encarna os valores japoneses. «Não percebe», perguntam os meus amigos japoneses, «que estamos simplesmente a adaptar o que a IBM sempre fez?». Quando pergunto porquê, respondem sempre, «quando começámos a reconstruir o Japão, nos anos 50, procurámos a empresa mais bem-sucedida que conseguimos encontrar — é a IBM, não é?».

Watson também antecipou as multinacionais. Também isto, ninguém, em 1940, conseguia compreender.

Watson estabeleceu muito cedo filiais estrangeiras da IBM, uma em França, outra no Japão, e assim por diante. Na altura, a IBM tinha poucos negócios no estrangeiro e Watson sabia perfeitamente que poderia tratar dos que havia através da exportação direta. Mas também percebeu que a IBM que previa para o futuro, a IBM daquilo a que agora chamamos processamento de dados e tratamento de informação, teria de ser uma empresa multinacional. E assim criou, há mais de 50 anos, a estrutura que sabia que a IBM teria de ter e teria de saber gerir se alguma vez se tornasse a empresa com que sonhava. Também viu que o problema central das multinacionais é combinar a autonomia da afiliada local com a unidade de direção e de propósito de toda a empresa. Esta é, em grande medida, a razão pela qual Watson criou deliberadamente o que para a maioria das pessoas parecia ser um paternalismo tão extremo — hoje em dia, chamar-lhe-íamos a cultura da IBM. Já em 1939 ele tentou explicar-me isso. «As filiais estrangeiras», disse ele,

> *devem ser geridas por nativos do seu próprio país e não por expatriados. Eles devem ser aceites como membros da sua própria sociedade. Têm de ser capazes de atrair as melhores pessoas que o próprio país produz. No entanto, devem ter os mesmos objetivos, os mesmos valores, a mesma visão do mundo que a empresa-mãe. Isto significa que o seu pessoal de gestão e os seus profissionais partilham uma visão comum da empresa, dos produtos e da sua própria direção e propósito.*

A maioria das multinacionais ainda se debatem com o problema que Watson previu — e resolveu — há 50 anos.

Watson era um autocrata, claro. Os visionários geralmente são-no. Uma vez que os visionários não conseguem explicar-nos o que veem, têm de depender do comando.

Watson era uma pessoa generosa, mas um chefe exigente e nem um pouco permissivo. Mas exigia as coisas certas: dedicação e desempenho a padrões elevados. Era irascível, vaidoso, opinativo, gostava de estar na berlinda e mencionava alguém famoso que ele conhecia sempre que surgia uma oportunidade para o fazer. À medida que envelhecia, tornou-se cada vez mais viciado em ser lisonjeado. Mas também era intensamente leal e bastante disposto a admitir que estava errado e a pedir desculpa. As pessoas que trabalhavam para ele temiam-no — mas quase ninguém se ia embora.

Claro que não se enquadrava no clima intelectual de Nova Iorque dos finais da década de 1930. Nessa altura, já tinha 65 anos e as suas raízes estavam nas pequenas cidades rurais da década de 1880, com os seus almoços sociais na igreja e nos clubes de voluntários, com cânticos comunitários e promessas de fidelidade à bandeira — tudo aquilo do qual os «inteligentes» da época tinham aprendido a escarnecer como marcas das gentes ignorantes e sem cultura. E o que era pior e fazia de Watson uma ameaça era que os seus empregados partilhavam os valores de Watson, em vez dos dos intelectuais, e adoravam trabalhar para ele.

Watson era um homem extraordinariamente complexo, que não se enquadrava em nenhuma categoria. Foi dos primeiros homens de negócios americanos a utilizar design moderno e gráficos modernos para o logótipo da empresa e para o papel e envelopes, produtos e escritórios da empresa. Mas fê-lo principalmente porque era a forma mais barata de fazer sobressair a sua empresa — e não tinha dinheiro para publicidade. Para chamar a atenção para a IBM, utilizou o *slogan* THINK, que tinha inventado na NCR. Os seus vendedores usavam aos milhares cadernos THINK — mais uma vez, era a única publicidade que ele conseguia pagar. E embora ele próprio não tivesse muito sentido de humor, inventou muitas das piadas com THINK e fez com que estas tivessem grande circulação — mais uma vez, para chamar a atenção para a sua empresa. Finalmente, teve a brilhante ideia de construir um enorme pavilhão na Feira Mundial de Nova Iorque, em 1939, como a única forma de tornar milhões de visitantes de todo o mundo conscientes da sua então ainda pequena e praticamente desconhecida empresa e, como me disse na altura, «ao mais baixo custo por mil espectadores que alguém alguma vez teve de pagar».

A imagem popular de Watson é a de um conservador encoberto, e ele deu crédito a esta visão ao usar o colarinho rígido de Herbert Hoover muito depois de ter saído de moda. Mas, quase o único entre os homens de negócios do seu tempo, era um fervoroso New Dealer e um defensor convicto de Franklin D. Roosevelt. De facto, FDR ofereceu-lhe cargos importantes na sua administração: primeiro, secretário do Comércio e depois embaixador na Grã-Bretanha (quando Watson disse que não, o cargo foi para Joseph Kennedy). No final da sua vida, Watson instou o Presidente Eisenhower a regressar aos princípios do New Deal e ficou chateado com a insistência de Ike em reduzir o papel do governo na economia e na sociedade.

Watson teve uma história pessoal muito invulgar, talvez a mais invulgar nos anais das empresas americanas. Começou muito pobre como vendedor ambulante adolescente — pouco mais do que um vendedor de rua. Ascendeu a vendedor estrela da então nova National Cash Register Company de Dayton, Ohio, que foi a primeira empresa de máquinas registadoras da história. Em cerca de 15 anos tornou-se gestor de vendas da empresa, mas depois a empresa foi acusada de infrações *antitrust*, com as quais, sabemos agora, Watson pouco ou nada tinha que ver.

O julgamento fez furor, pois a National Cash era a empresa em crescimento do início dos anos 1900. Watson foi condenado a uma multa pesada e a uma pena de prisão de um ano. Esta condenação foi anulada dois anos mais tarde, em 1915, pelo Tribunal de Recurso, e o governo abandonou então o processo. Mas Watson tinha perdido o emprego; tanto a sua carreira como a reputação estavam pelas ruas da amargura. Foi uma experiência que o marcou para toda a vida, uma experiência que nunca esqueceu.

Já com 40 anos, teve então de começar tudo de novo como diretor-geral de uma pequena e até então bastante malsucedida empresa que detinha as patentes dos cartões perfurados. Só depois dos 60 anos, em meados dos anos 30, é que conseguiu consolidar esta empresa, então rebatizada IBM, numa base firme.

Watson — e isto, penso eu, torna o homem singularmente interessante — era do tipo singularmente americano e que o sistema estabelecido nunca compreendeu ao longo da nossa história. Era dotado de um intelecto imponente, mas era totalmente não intelectual. Pertence ao mesmo tipo de Abraham Lincoln, que ofendeu de forma semelhante o sistema estabelecido da sua época, os cosmopolitas, polidos, instruídos habitantes de Boston que se consideravam tão superiores ao Presidente provinciano cuja administração eram forçados a servir. Foi também semelhante em muitos aspectos ao primeiro grande romancista americano, James Fenimore Cooper, que também foi ridicularizado, desprezado e ignorado pelos intelectuais e pela sociedade do seu tempo, tal como os Transcendentalistas da Nova Inglaterra. Estes não conseguiam entender a visão poderosa, trágica e profética em que Cooper predisse o fim do sonho americano em livros como *The Pioneers* e *The Prairie*.

Este é um tipo de americano totalmente nativo e não deve nada à Europa — uma razão pela qual os intelectuais do seu tempo não sabiam o que fazer dele. Tipicamente, os homens deste tipo têm um dom para as palavras — e Watson partilhou-o totalmente. Mas não são homens de ideias. São homens de visão. O que os torna importantes é que, tal como Watson, agem com base na sua visão.

(1983)

CAPÍTULO TRINTA E QUATRO

A Lição do Desmembramento da Bell

A DISCUSSÃO SOBRE a rutura da Bell System que tem havido, e tem havido notoriamente pouca, tem-se centrado principalmente nas consequências para os acionistas e no preço das ações e obrigações. No entanto, poucos atos governamentais desde a Segunda Guerra Mundial irão ter um impacto tão profundo na sociedade americana, na tecnologia americana e mesmo na segurança nacional, como o processo *antitrust* contra a AT&T e a subsequente dissolução da Bell Systems. Poucos afetam tão imediatamente todos os indivíduos do país. O processo *antitrust* e a sua sequela levantam questões sérias e perturbadoras sobre esses pilares gémeos da economia política americana: regulação do comércio e antitrust.

Antitrust: o ponto de vista dos cínicos

Para os cínicos relativamente ao *antitrust* — e entre os economistas, superam os «verdadeiros crentes» em cerca de dez para um — é quase axiomático que nenhum grande processo *antitrust* jamais seja instaurado até que o alegado monopólio já esteja em derrapagem, pois só então aparecem os concorrentes; as suas queixas de que o monopólio não está a entrar em colapso suficientemente depressa impulsionam os mecanismos *antitrust* a entrar em ação. Assim, o processo *antitrust*, afirmam os cínicos, alcança o oposto do que os defensores do *antitrust* pretendem. Ao forçar o monopolista a deixar de defender o passado, restabelece a sua posição de liderança e dá-lhe um quase monopólio sobre o futuro.

Isto aplica-se certamente ao processo *antitrust* mais celebrado da América, aquele que resultou na dissolução do Standard Oil Trust de John D. Rockefeller há três quartos de século. O «monopólio» que a Standard Oil tinha era o do querosene, que tinha sido o produto petrolífero de eleição até que o Modelo T de Henry Ford criou um mercado generalizado para a gasolina. Em 1911, quando a Standard Oil foi dissolvida, o mercado da gasolina ainda era secundário, mas estava a crescer rapidamente, enquanto o querosene já estava em pleno declínio e a ser substituído em todas as áreas, exceto nas rurais, por luzes elétricas. E o mercado da gasolina nos Estados Unidos, e ainda mais fora do país, foi rapidamente tomado por recém-chegados agressivos como a Shell em Inglaterra, a Royal Dutch no continente europeu ou a Gulf e a Texaco nos Estados Unidos. No entanto, Rockefeller agarrou-se obstinadamente ao querosene, sobre o qual a Standard Oil tinha, de facto, um quase monopólio mundial. Foi apenas depois de o *antitrust* ter conseguido desfazer o *trust* — removendo também nesse processo os Rockefellers da gestão ativa — que as empresas sucessoras da Standard Oil ficaram livres para se concentrarem na gasolina. Dez anos mais tarde, tinham 70% a 80% do mercado de gasolina dos EUA e quase 50% do mercado de gasolina no mundo exterior.

Da mesma forma, a IBM nunca teria alcançado a liderança mundial no mercado de computadores se não tivesse sido intentada uma ação *antitrust* contra a empresa em meados dos anos 40 por monopolizar o cartão perfurado. Mas em 1947, os cartões perfurados já estavam a tornar-se obsoletos. A IBM tinha, de facto, feito a maior parte do trabalho necessário para lhe dar a liderança na tecnologia de amanhã: o computador. Mas a sua teimosa defesa do cartão perfurado paralisou-a ao ponto de, na realidade, asfixiar a investigação sobre computadores e sobre a sua comercialização. O processo *antitrust* permitiu aos proponentes do amanhã na direção da IBM, especialmente ao filho do fundador, Thomas Watson Jr., deslocar os esforços da empresa da defesa do passado para a obtenção de liderança no futuro.

O processo *antitrust* subsequente contra a IBM, que o governo finalmente abandonou em 1982 como desesperadamente confuso, também foi instaurado no preciso momento em que os minicomputadores e computadores pessoais surgiram pela primeira vez, desafiando o domínio da IBM no mercado doméstico, e quando os japoneses se tornaram os primeiros concorrentes sérios em computadores *mainframe* em todo o mundo. O processo provavelmente levou a IBM a deixar o confortável lugar de número um em *mainframes* e a fazer esforços frenéticos para fazer algo que anteriormente tinha desperdiçado: entrar no mercado de computadores pequenos e pessoais.

Há poucas dúvidas de que o processo *antitrust* contra a AT&T (a Bell System), que terminou em janeiro de 1983 com a cisão do sistema, foi igualmente instaurado numa altura em que o monopólio da empresa já se tinha desmembrado. Isto forçou certamente a empresa a desistir de defender o passado. O que ainda não sabemos é se, tal como os processos anteriores, permitirá à AT&T dominar o mercado de comunicações de amanhã: o desafio está claramente aí.

Um telefone em cada divisão

Há cerca de 30 anos, a AT&T tomou a decisão fundamental que acabaria por levar ao seu desmembramento. A empresa dirigia então a sua própria Escola Avançada de Gestão em Asbury Park, em Nova Jérsia, para a qual eram enviados os «promissores» em gestão intermédia superior para várias semanas de formação intensiva, geralmente pouco antes de serem promovidos aos seus primeiros cargos de gestão superior. A tarefa atribuída a uma destas turmas durante a última semana no Asbury Park foi a de pensar em objetivos e estratégia para a Bell System, agora que tinha atingido o seu objetivo original de longo prazo de proporcionar acesso universal ao serviço telefónico para todos nos Estados Unidos. (Por acaso, fui o orador convidado no Asbury Park nessa semana e responsável pelas sessões.) A tarefa era elaborar uma recomendação para a gestão de topo da Bell System. Mas a turma não conseguiu chegar a acordo e acabou por produzir — para grande incómodo de todos — um relatório maioritário e outro minoritário.

A maioria recomendou que a Bell mudasse o posicionamento básico no mercado. Enquanto durante mais de 60 anos a ênfase tinha sido em fornecer a cada cidadão um serviço mínimo ao mais baixo custo possível, a ênfase, de agora em diante, propunha o relatório, deveria ser em fazer com que as pessoas utilizassem os seus telefones tanto quanto possível. Isto significaria colocar extensões para além de um telefone único na parede da cozinha. Implicaria vender mais do que uma linha a um cliente (um telefone extra para filhos adolescentes, por exemplo). Significaria também fazer do telefone um elemento de «decoração interior», em vez de «utilitário» (os telefones *Princess*, por exemplo), ou telefones de outras cores que não o preto.

«Tudo isto é necessário», concordou a minoria,

> *mas não é suficiente. De facto, é apenas uma ação de retaguarda e benéfica durante, no máximo, 20 anos. O mercado telefónico tradicional está saturado; sejamos realistas. O crescimento, que já é rápido e continua a acelerar, está na longa distância e na transmissão de sinais que não de voz, tais como programas de televisão e dados informáticos. O que é necessário, para além de uma venda mais intensiva dos serviços locais tradicionais, é uma mudança básica na política. De facto, o que é necessário é uma redefinição do «sistema». Sempre o definimos como serviços locais ligados entre si por linhas de longa distância. Precisamos agora de redefinir o «sistema» como um processador de informação nacional e cada vez mais internacional com pontos de venda locais. Especificamente, isto significa primeiro alterar a política básica de preços. Tradicionalmente, os preços têm sido estabelecidos de modo a dar ao assinante local o custo mais baixo possível, enquanto os utilizadores de longa distância pagam muito mais do que o custo total da interligação e do acesso ao utilizador local. Desta forma, os preços das chamadas de longa distância são muito superiores aos custos, e têm subsidiado fortemente o serviço local. Isto tem de ser alterado para que o assinante local pague o custo total e pague pelo acesso à rede. E depois devemos passar das tarifas telefónicas reguladas pelos 48 estados, cada um preocupado apenas em obter um serviço mínimo a um custo mínimo para os assinantes locais, para uma regulação nacional; por exemplo, pela Comissão Federal de Comunicações, com ênfase na obtenção de um serviço nacional ótimo ao*

menor custo para a nação. As nossas políticas tradicionais eram racionais quando o serviço local era a nossa primeira prioridade e um sector em crescimento. Está a tornar-se deletério tanto para a empresa como para a nação, agora que as oportunidades de crescimento mudaram.

A administração de topo da Bell System levou estas recomendações muito a sério e estudou-as cuidadosamente. No final, decidiu adotar o relatório da maioria. Foi, sabemos *a posteriori*, a decisão errada, mas provavelmente não havia escolha. Alinhar com a minoria teria originado 48 batalhas com 48 comissões de serviço público estatais. Além disso, a milhares de pessoas da Bell Telephone em todo o país tinha sido incutido durante anos o credo do serviço local e teriam resistido a qualquer mudança. Tal como aconteceu, resistiram tenazmente mesmo à recomendação da maioria. «Sempre tive orgulho em prestar serviço público e agora eles querem que eu seja um "bufarinheiro"», disse-me um amigo da Bell System quando viu os primeiros telefones com cores «decorativas». Outro amigo, engenheiro chefe de uma das empresas operadoras, queixou-se durante anos de que os seus quatro filhos adolescentes monopolizavam o telefone em casa. Mas, quando ouviu dizer que a sua empresa ia promover «linhas de adolescentes» separadas, exclamou, «Isto é imoral», e antecipou imediatamente a sua reforma.

Também não parecia haver qualquer risco em pelo menos adiar a mudança de ênfase dos serviços locais para os serviços não locais, de rápido crescimento. Afinal de contas, a Bell era regulada. Assim, naquela época, era considerada imune à *antitrust* e capaz de excluir todos os potenciais concorrentes. Era uma decisão inevitável, mas foi a decisão errada.

As limitações das vendas intensivas

A campanha de vendas intensivas que a maioria tinha recomendado tornou-se um tremendo sucesso. Em dez anos, converteu o telefone doméstico de um utensílio numa comodidade, ou até numa moda e *glamour*. Poucas campanhas de marketing na história americana foram tão bem-sucedidas. Ironicamente, este grande sucesso acabou por danificar seriamente a AT&T. Criou um conflito debilitante entre as expectativas dos clientes e a realidade regulamentar. A campanha de marketing da AT&T tornou os clientes ávidos por novidades, por mudanças rápidas, por novas funcionalidades. Mas as realidades regulamentares — em grande parte um reflexo dos valores anteriores da AT&T — resistiam à novidade, à mudança rápida e às novas características. Todas as 48 comissões reguladoras estatais nos Estados Unidos continental tinham sido há muito instruídas pela AT&T de que o seu trabalho era assegurar o acesso universal ao serviço telefónico mínimo ao mais baixo custo. Isto significava, especificamente, que a AT&T não estava autorizada a eliminar equipamento ainda em boas condições físicas, mesmo sendo tecnicamente obsolescente, antiquado, ou «básico», em vez de «sofisticado». A campanha da AT&T criou um mercado para mudanças rápidas no equipamento telefónico, sejam recetores ou centrais telefónicas. Mas a AT&T manteve centenas de milhares — talvez até milhões — de modelos obsoletos que eram mais antigos, mas ainda perfeitamente utilizáveis e que, por isso, não podiam ser eliminados ou desperdiçados. E assim, a AT&T viu-se encurralada entre não satisfazer a procura que ela própria tinha trabalhado arduamente para criar e suportar enormes perdas em equipamento antigo que poderiam ter posto em perigo a sua integridade financeira. As estimativas da anulação rondam os milhares de milhões. A AT&T, compreensivelmente tentando proteger-se, apenas criou um mercado para potenciais concorrentes.

Ao mesmo tempo, a previsão do relatório da minoria revelou-se correta: o serviço não local, telefonemas de longa distância, transmissão televisiva e transmissão de dados cresceram exponencialmente. Em termos totais, o número de chamadas dentro de áreas locais ainda é superior ao número de chamadas não locais. Mas tanto nas exigências do sistema como nas receitas, os serviços não locais tornaram-se, por volta de 1970, o centro de gravidade do sistema telefónico e o seu sector dominante, ou mesmo o único, de crescimento. Neste momento, os americanos gastam dois dólares em chamadas de longa distância por cada dólar que gastam em serviços locais. Para o assinante local subsidiado, esta era uma boa notícia. Mas também significava que as tarifas não locais, e especialmente as tarifas de longa distância, estavam cada vez mais afastadas dos custos, tanto mais que o rápido aumento do volume de tráfego não local provocou uma redução drástica dos seus custos. A AT&T fez a coisa inteligente: ofereceu grandes descontos aos utilizadores de volume. Mas isto só aumentou a vulnerabilidade da AT&T, pois significava que qualquer pessoa capaz de se tornar grossista — isto é, qualquer pessoa que pudesse fazer chamadas de longa distância individuais suficientes para se qualificar para o desconto por grosso — poderia sublicitar as tarifas da AT&T e, ainda assim, obter um bom lucro.

Finalmente, a tecnologia das telecomunicações floresceu — em grande parte, como resultado das contribuições científicas dos próprios Laboratórios Bell da AT&T. O transístor, a teoria da comutação e a teoria da informação surgiram todos dos Laboratórios Bell na década de 1950, assim como uma boa parte da lógica e da conceção dos computadores. Como resultado destes avanços, o telefone praticamente desapareceu como tecnologia única. Do ponto de vista da AT&T, o computador — por exemplo, numa central telefónica de uma empresa ou numa estação central — é um acessório do telefone; do ponto de vista de uma IBM, o telefone é simplesmente um terminal de computador.

Nenhum monopólio na história jamais sobreviveu sequer a uma dessas mudanças, quanto mais a várias. Se a concorrência for proibida por lei, entrará através de um mercado negro, mas entrará. Mais cedo ou mais tarde, e normalmente mais cedo, a lei é então alterada de uma forma ou de outra. Isto é exatamente o que aconteceu à AT&T. As «extensões» nas quais os telefones podiam ser ligados eram bastante raras; o grande impulso do mercado da AT&T nos anos 60 tornou-as um lugar-comum. Isto criou então o mercado para os concorrentes que, numa primeira fase semilegal, ofereciam «telefones decorativos», «telefones divertidos», bem como outros acessórios, ainda oficialmente proibidos. Depois, a concorrência avançou para a central telefónica das empresas. A AT&T tinha gastado milhões para desenvolver quadros de distribuição eletromecânicos para substituir os antigos operados manualmente. Mas a concorrência disponibilizou quadros elétricos computorizados que ultrapassavam, em grande medida, o equipamento da AT&T. A tecnologia para o fazer tinha vindo da AT&T. Mas, graças à sua incapacidade de descontinuar, quanto mais de deitar fora equipamento antigo, que se tinha tornado tecnicamente obsoleto, apesar de permanecer em perfeitas condições físicas, a AT&T teve de se ater a instrumentos eletromecânicos, ou seja, desatualizados. Por fim, chegaram os grossistas — MCI, Sprint e uma série de outros — que ofereceram serviço de longa distância a assinantes individuais 30% a 50% abaixo das tarifas da AT&T. A AT&T invocou o seu direito tradicional como um monopólio regulado para afastar estes concorrentes. Mas os tribunais, invertendo um século de decisões e doutrina jurídica há muito estabelecida, decidiram, caso a caso, que uma indústria regulada não está isenta de *antitrust*, e que a AT&T não poderia discriminar os concorrentes, proibir os seus equipamentos ou penalizar os produtos dos concorrentes, fosse de que forma fosse. Houve uma área importante em que o impacto sobre a AT&T foi imediato e substancial. Em 1960, a AT&T fornecia quase todos os quadros de distribuição de escritório utilizados na América. A sua quota no mercado dos quadros de distribuição em 1984 tinha caído para menos de um terço, sendo a maior parte do novo equipamento fornecido por empresas como a ROLM, que começou como fabricante de computadores.

A maior perda registou-se na longa distância. Em 1981, o Departamento de Longa Distância da AT&T ainda era responsável por 90% de todas as chamadas de longa distância no país. Em meados de 1984, a sua quota tinha caído para 60%. Acima de tudo, a AT&T perdeu os segmentos de mercado mais lucrativos: os utilizadores de maiores dimensões constroem cada vez mais os seus próprios sistemas para conectar as suas fábricas e escritórios por todo o país, ou mudam para as empresas de telecomunicações que oferecem descontos, como a MCI e a Sprint.

De «*Ma* Bell»* a «*Monster* Bell»

A AT&T foi, assim, cada vez mais forçada a jogar na defensiva, ficando cada vez mais presa entre a necessidade de manter elevadas as taxas de longa distância para subsidiar o serviço local e a necessidade de cortar nas taxas de longa

* Diminutivo de «Mother-Bell», a alcunha popular da Bell Telephone Company quando esta, considerada a «mãe» das telecomunicações, detinha o monopólio deste sector nos Estados Unidos. *[N. da T.]*

distância para estancar a hemorragia. Ainda assim, a AT&T poderia ter sobrevivido se não fosse a inflação. A inflação da década de 1970 corroeu tanto a base financeira como política da Bell System — e minou a autoconfiança da AT&T.

São raros os funcionários da própria AT&T que sabem que a sua empresa tem funcionado como uma das maiores instituições financeiras não-governamentais do mundo. A empresa não só tem sido o maior mutuário dos mercados de capitais ano após ano, pois o negócio dos telefones é altamente intensivo em capital, como também tem sido o maior mutuante do país. Durante muitos anos, teve de financiar cada um dos assinantes de telefone.

Tradicionalmente, o assinante não comprava a ligação telefónica à sua casa ou ao seu local de trabalho, nem comprava o equipamento. A companhia telefónica fornecia ambos e era reembolsada a partir das receitas operacionais. E demorava uma média de cinco ou seis anos até que os pagamentos do assinante reembolsassem totalmente a companhia telefónica pelo investimento de instalação. Originalmente, isto era necessário; muito poucas pessoas nos primeiros anos do telefone teriam estado dispostas ou seriam capazes de pagar as quantias bastante elevadas necessárias para comprar o equipamento. Mas nos anos anteriores à Primeira Guerra Mundial, Theodore Vail — presidente da AT&T desde 1905 até à sua morte, em 1920, e o arquiteto da Bell System — transformou esta necessidade em virtude e lucro. Ele percebeu que a AT&T podia pedir emprestado a taxas de juro muito mais baixas do que um indivíduo seria capaz de conseguir; historicamente, a AT&T pagava entre 3% e 4% pelo seu dinheiro. A AT&T podia assim financiar o cliente a uma taxa muito baixa — 4,5% a 5,5% em média histórica — e ainda assim obter um bom lucro. Isto não só deu à AT&T uma tremenda força financeira e segurança: também permitiu à empresa baixar ainda mais as taxas para o serviço local. Assim, todos lucraram.

Mas esta situação ideal chegou bruscamente ao fim quando a inflação dos anos 70 fez subir as taxas de juro que a AT&T tinha de pagar para 13%, 14% e 15%. Enquanto a taxa de juro para a AT&T mudou, a taxa para os seus assinantes permaneceu congelada. O financiamento dos subscritores tornou-se então uma despesa perigosa. O *crescimento do mercado*, ou seja, os novos assinantes que se candidatam ao serviço, tornou-se uma ameaça, o que explica porque é que as Bell Companies têm tido piores resultados nos locais onde a população tem crescido mais rapidamente (como no Sul da Califórnia). Apesar da automatização, o telefone continua a implicar bastante mão-de-obra. Assim, à medida que a inflação aumentou os salários, a AT&T e as suas empresas operacionais foram forçadas a pedir tarifas mais elevadas. Mas, uma vez que o financiamento de novos assinantes — juntamente com as instalações adicionais para os antigos assinantes — transformou um empreendimento sem risco de lucro numa grande perda financeira, a AT&T foi forçada a pedir taxas ainda mais elevadas muito para além da taxa de inflação.

Na maioria do país e para a maioria dos serviços, o telefone, ajustado à inflação, ainda custa muito menos do que custava em 1950 ou talvez até em 1960. E o serviço telefónico americano ainda é mais barato do que o serviço telefónico em qualquer outro lugar, com a possível exceção do Canadá. Mas durante mais de 60 anos, o público americano assistira a uma contínua diminuição das tarifas telefónicas — e as tarifas dos assinantes locais eram as que diminuíam de forma mais rápida e consistente. Agora, de repente, as tarifas telefónicas estavam a subir e as tarifas de serviço local eram as de crescimento mais rápido.

Tem havido certamente muito menos «tumulto público» por causa do aumento das tarifas telefónicas do que as histórias dos jornais e os comentadores de televisão têm relatado. No máximo, o público contentou-se em escrever algumas cartas aos editores. Mas o impacto político foi considerável. Governadores, legisladores estatais e comissários de utilidade pública perceberam que podiam conseguir manchetes e ganhar popularidade resistindo publicamente a pedidos de tarifas telefónicas mais elevadas e denunciando o «monopólio telefónico».

O efeito psicológico sobre o pessoal da AT&T foi devastador. Grandes empresas — e grandes instituições em geral, incluindo universidades, hospitais e sindicatos de trabalhadores — tendem a sofrer da perigosa ilusão de que o cliente «gosta deles». Ficam então chocados quando descobrem que um cliente totalmente pouco sentimental e completamente ingrato apenas pergunta: «O que farão por mim amanhã?» Mas nenhuma instituição nos Estados Unidos — certamente nenhuma outra empresa — tem estado tão preocupada com a sua posição na opinião pública e tão convencida de ser «adorada» como a Bell Telephone System. Isto não se limitou, de forma alguma, à direção de topo. Os quadros inferiores estavam ainda mais profundamente imbuídos da mística da Bell.

Assim, os protestos bastante moderados contra a AT&T e as suas empresas operacionais, protestos que na General Motors teriam provavelmente sido confundidos com expressões de carinho, atingiram os funcionários como se de uma rejeição por parte da amada se tratasse. Um grande número de pessoas do nível médio de gestão que conheço na Bell System sentem-se como se as suas vidas tivessem sido em vão. Tinham dedicado toda a sua carreira ao serviço do público, para agora serem acusados de gananciosos e injuriados como aproveitadores. Sempre contaram com o apoio do público e agora, quando pela primeira vez precisavam do público numa época de erosão financeira e concorrência crescente, o público virava-se contra eles.

Foi precisamente nessa altura, quando todas as fundações tradicionais da Bell System estavam a vacilar, que o Departamento de Justiça, em 21 de novembro de 1974, iniciou um processo *antitrust* solicitando a desintegração da Bell Telephone System.

Desintegração... sem luta

O processo da AT&T foi documentado mais detalhadamente do que qualquer outro processo *antitrust* na história americana. No entanto, está cheio de quebra-cabeças.

É quase certo que o processo só foi instaurado por causa do vácuo político na Casa Branca no final da presidência Nixon, que libertou de restrições políticas os advogados de *antitrust* do Departamento de Justiça. Mas por que motivo é que o governo deu seguimento ao processo? Uma comissão presidencial da administração Carter condenou-o por o ter considerado contrário ao interesse nacional. Meia dúzia de membros das administrações de Ford, Carter e Reagan recomendaram que se desistisse dele. E o Pentágono disse publicamente, em mais de uma ocasião, que um sistema telefónico nacional normalizado sob uma gestão central unificada é absolutamente essencial para a Defesa e não deve ser desmantelado. Contudo, nem Ford, nem Carter, nem Reagan fizeram nada para impedir o processo. Porquê?

O Departamento de Justiça, por seu lado, pouco fez para fazer andar o processo. Esperou seis anos, até janeiro de 1981, até levar o processo a julgamento. E depois suspendeu imediatamente o julgamento na esperança de uma oferta de acordo por parte da empresa. A única explicação racional é que os superiores da divisão *antitrust* estavam sob pressão dos seus próprios «verdadeiros crentes» para levar o processo a julgamento, mas esperavam perdê-lo.

O comportamento da AT&T foi igualmente intrigante. A AT&T tem trabalhado mais nas relações públicas do que qualquer outra grande empresa na América. No entanto, os seus esforços para mobilizar a opinião pública através dos contactos estreitos que tinha construído ao longo dos anos com jornais, políticos locais e académicos foram pateticamente inadequados. Os executivos da Bell System sabiam desde o início que a separação do serviço local do serviço de longa distância, que foi a primeira e principal exigência da divisão *antitrust*, resultaria inevitavelmente em taxas muito mais elevadas para os menos capazes de as pagar, os assinantes individuais. De facto, qualquer pessoa externa à empresa, ainda que conhecesse apenas superficialmente a economia do sector dos telefones, sabia disso. No entanto, não conheço qualquer tentativa de alertar os clientes ou mesmo as várias comissões de serviços públicos. A direção da Bell System também sabia — era mais uma vez óbvio — que qualquer mudança implicaria tanto despedimentos substanciais como reduções salariais acentuadas para os trabalhadores da Bell System. Como todas as indústrias protegidas, a Bell System conseguiu transmitir os aumentos salariais aos seus clientes, tendo assim sido forçada a manter tanto o emprego como os salários artificialmente elevados. Contudo, aparentemente não foi feita qualquer tentativa de colocar os 600 mil trabalhadores da Bell ou o seu sindicato, os Trabalhadores das Comunicações da América, do lado da empresa, em oposição ao processo *antitrust*. O próprio sindicato não pronunciou uma palavra sobre o processo que tão claramente o punha em perigo — talvez até a sua própria sobrevivência —, embora fosse quase certo que a oposição dos membros pró-sindicato do Congresso tivesse posto um fim rápido ao processo. E a administração da Bell System, ao que parece, nunca divulgou o forte protesto do Pentágono. No entanto, a direção de topo da Bell System estava emocionalmente empenhada em combater o processo *antitrust* até ao fim sem fazer quaisquer concessões, e considerou o processo como totalmente sem mérito e totalmente imoral. De facto, a julgar pelos abundantes documentos publicados, a direção de topo da AT&T esteve preocupada durante vários anos com o combate ao processo, sobrando-lhe tempo para pouco mais. Será que a direção de topo da Bell tinha perdido a coragem? Teria sido de tal forma ultrapassada pelas suas vicissitudes, e especialmente pela sua aparente rejeição por parte do público americano, que ficou virtualmente paralisada?

De repente, nas últimas semanas de 1981, a Bell capitulou. Ofereceu-se voluntariamente para se alienar das empresas operacionais e para se restringir a operações de longa distância e no estrangeiro, ao fabrico e venda de equipamento telefónico e à investigação em telecomunicações. A decisão veio sem qualquer aviso e como uma surpresa para todos na Bell System, onde se acreditava então que o processo iria certamente arrastar-se até cerca de 1990 e seria finalmente combatido no Supremo Tribunal. Em vez disso, a Bell aceitou voluntariamente a maior parte do que o *antitrust* tinha pedido.

A única explicação racional para o súbito *volte-face* da administração de topo da Bell System é o facto de se ter visto forçada a redefinir o seu próprio papel e função. Desde os tempos de Theodore Vail, nos primeiros anos do século, a AT&T sempre se viu como uma «empresa privada de serviço público» e não como um «negócio privado». Foi nesta tradição que a direção de topo da Bell System se sentiu obrigada a combater o processo *antitrust* do governo como sendo suscetível de prejudicar a economia americana, penalizar os pobres e pôr em perigo a liderança tecnológica americana (como veremos, todas preocupações perfeitamente legítimas). Mas, durante seis longos anos, ninguém no público notou a sua situação difícil e veio em sua defesa — nem os meios de comunicação social, nem a administração, nem as comissões de utilidade pública dos estados, nem o sindicato dos trabalhadores, nem mesmo o Pentágono, que provavelmente tinha mais em jogo no processo *antitrust* do que qualquer outro. E então, embora possamos apenas imaginar, o pessoal da administração de topo da Bell System terá dito entre si: «Se ninguém nos aceita como defensores do interesse público, temos de fazer o que a lei nos diz ser o nosso dever, ou seja, cuidar dos interesses da empresa e dos seus acionistas.»

Assim, depois de capitularem, agiram com uma rapidez surpreendente. Dois anos mais tarde, a 1 de janeiro de 1984, a rutura do Sistema de Sinos foi completa. A AT&T aceitou a competição no serviço de longa distância e no fornecimento de instrumentos e equipamento ao público. Em troca, a AT&T foi isenta de toda a responsabilidade pelo serviço local e com ela da responsabilidade de subsidiar o assinante local. Esta responsabilidade está agora a ser deslocada para sete grandes empresas regionais independentes. Nem as empresas operacionais nem a AT&T têm de financiar o equipamento do cliente por mais tempo. Agora são livres de o vender. Até 1987, a AT&T será livre de estabelecer tarifas de longa distância e, assim, lutar contra a concorrência que a sua anterior estrutura de tarifas criou e, na verdade, subsidiou. Pela primeira vez desde a década de

1920, quando os receios *antitrust* anteriores fizeram com que o Sistema Bell vendesse as suas operações de fabrico europeias (após o que se limitou à América do Norte, e desde a década de 1950 aos Estados Unidos continental), a AT&T pode competir a nível mundial. E pode dedicar-se a qualquer negócio, por exemplo, a vender computadores e equipamento de escritório.

Mas qual é especificamente o futuro para as empresas operadoras e para a AT&T? E o que significa a rutura do Bell para o utilizador telefónico americano e para a segurança nacional americana?

Dificuldades regionais

Cada uma das novas empresas regionais nas quais a Bell System foi dividida comprometeu-se publicamente a um espírito empresarial audaz e a um marketing agressivo, por exemplo, à liderança na televisão por cabo. Mas o futuro das empresas operacionais dependerá de algo muito mais mundano: da sua capacidade de sucesso no negócio tradicional de oferecer um serviço que suporte uma diversidade de mensagens eletrónicas que vão de um instrumento telefónico para outro.

As antigas empresas operadoras da Bell System têm pela frente vários anos altamente turbulentos de luta pelo aumento da taxa de que necessitam para sobreviver. As taxas já estão a subir acentuadamente e vão continuar a subir. No entanto, o processo *antitrust* prometia, evidentemente, que o consumidor beneficiaria grandemente com a dissolução do monopólio da Bell. Mas para além de terem perdido o subsídio de longa distância, as empresas operacionais têm de pagar muito mais pelo dinheiro de que necessitam, agora que já não são monopólios protegidos. E têm de angariar somas muito elevadas para equipamento e instalações.

Em segundo lugar, têm de completar a mudança que apenas começaram: da posse, aluguer e instalação de equipamento à sua venda. Dentro de dez anos, as empresas operacionais terão de transferir para o cliente o encargo de pagar os instrumentos telefónicos, bem como a ligação da linha telefónica mais próxima ao edifício do utilizador. Não poderão financiar o equipamento dos utilizadores nem absorver os custos de mão-de-obra para a instalação e reparação do equipamento. Eventualmente, isto poderá conduzir a um novo e lucrativo negócio — se e quando as taxas de juro descerem. As Bell Companies poderão ser capazes de criar empresas financeiras que oferecerão ao consumidor um financiamento em prestações de cinco a oito anos em condições atrativas. Mas isto só no futuro. Entretanto, as empresas terão de persuadir tanto o público como as comissões de serviços públicos dos 48 estados continentais (a AT&T não opera no Alasca e no Havai) a permitir-lhes que se retratem de um serviço que os consumidores e as comissões de serviços públicos têm vindo a considerar como um dado adquirido desde há um século. Assim, assistiremos inevitavelmente a mais tentativas para garantir um serviço telefónico de baixo custo para os mais pobres, tais como a recente lei telefónica universal da Califórnia. Mas isto significa simplesmente que o subsídio aos utilizadores locais que era suportado pelas empresas — ou seja, os utilizadores de longo curso de grande volume — será agora suportado pelo contribuinte.

Mas talvez ainda mais difícil será o problema do emprego. Aquilo de que as empresas operacionais necessitam é algo como uma redução de um quarto a um terço no emprego total e uma redução de um quarto a um terço no preço da mão-de-obra à hora e nos encargos com a mão-de-obra. Historicamente, as comissões dos serviços públicos permitiram automaticamente à companhia telefónica repercutir todos os encargos com o pessoal e os aumentos salariais no preço final ao cliente. É pouco provável que isto continue, em parte, porque os salários se tornaram altamente politizados, em parte, contudo, porque os sindicatos — especialmente os grandes sindicatos de produção em massa — perderam muito do seu poder político. Os funcionários eleitos, como os comissários dos serviços públicos, têm agora claramente mais medo dos contribuintes do que do voto dos sindicatos. E os trabalhadores da Bell, enquanto empregados de uma indústria protegida, atingiram níveis de benefícios salariais superiores aos pagos pelos concorrentes da Bell.

A Communications Workers of America conta com 600 mil membros, e qualquer redução de pessoal e de salário atingirá com maior dureza os instaladores e reparadores, os mais bem pagos, mas também os mais completamente sindicalizados de todos os trabalhadores da Bell. No entanto, eles sabem que a greve não os vai ajudar muito; o serviço telefónico é tão altamente automatizado que a maioria dos assinantes não notariam sequer que estavam em greve, ainda que fosse muito longa. As relações laborais, por outras palavras, estão condenadas a ser amargas de ambos os lados, e turbulentas. Cada uma destas tarefas é difícil e representa uma rutura completa com a tradição da Bell System.

Cada uma delas vai causar disputas raivosas, amarguras e má publicidade, mas todas elas terão de ser enfrentadas.

Aprender a competir

É muito mais difícil prever o futuro da AT&T, a antiga empresa-mãe da Bell System, agora que foi libertada de toda a responsabilidade parental — prestação de serviços locais, instalação e financiamento de equipamento — e das restrições sobre a venda e preços dos seus produtos, e da restrição de fazer negócios apenas nos Estados Unidos continental. Ou antes, é preciso prever «futuros». Isto porque a AT&T não é um, mas sim quatro grandes negócios, cada um bastante diferente, embora interligado com os restantes.

Primeiro, há o serviço telefónico não local. Durante mais algum tempo, a AT&T pode ainda trabalhar sob uma penalização competitiva bastante pesada.

Os serviços de longa distância concorrentes têm feito pressão, e com considerável sucesso, para adiar por um ou dois anos a proposta da AT&T de cobrar «taxas de acesso» aos telefones locais, taxas que teriam reduzido a vantagem tarifária dos concorrentes e permitido à AT&T cortar rápida e acentuadamente as suas próprias taxas de longa distância. Mas mesmo depois de a penalidade ser finalmente removida (em 1987), a AT&T enfrentará uma luta penosa para recuperar os utilizadores de longa distância que perdeu, e especialmente os de grandes dimensões. Resta saber se alguma vez conseguirá recuperar a sua liderança. Grande parte dos melhores clientes de longa distância, os muito grandes, tais como as maiores empresas multinacionais ou os mais importantes bancos, foram impelidos pelas elevadas taxas de longa distância da AT&T a construir os seus próprios sistemas telefónicos privados. E o mesmo aconteceu com vários dos serviços concorrentes. O maior, a MCI, está de facto a planear construir os seus próprios circuitos transatlânticos.

Ainda mais obscuro é o futuro da segunda unidade da AT&T, a enorme filial de fabrico, a Western Electric. Em número de empregados (150 mil), a Western Electric ocupa o 10.º lugar entre as empresas fabricantes americanas; em vendas (12 mil milhões de dólares), ocupa o 22.º lugar. Mas em rentabilidade está bem abaixo dos 300, com um retorno ridículo de 2,5% nas vendas e um retorno de 7% nos ativos — menos de um terço das empresas de engenharia comparáveis como a General Electric ou a IBM, e muito menos de metade do retorno mínimo que uma empresa de engenharia precisa para cobrir o seu custo de capital. Mas, claro, a Western Electric nunca teve de competir, uma vez que a Bell System comprou tudo o que dela resultava. Nunca foi gerida com fins lucrativos, mas como fornecedor das empresas operadoras. E nunca teve quaisquer perdas de crédito, ou inventários para amortizar, ou despesas de marketing.

Agora, quase da noite para o dia, a Western Electric terá de competir por cada encomenda que receber. Ao abrigo do acordo *antitrust*, as empresas operacionais têm de considerar cada um dos fornecedores, em vez de favorecer um deles — e as comissões de serviço público do Estado certificar-se-ão de que o fazem. Todos os fabricantes de equipamento telefónico tradicional do mundo — Siemens, da Alemanha; Ericsson, da Suécia; as empresas ITT, dos EUA, Grã-Bretanha, Alemanha, França e Bélgica; NEC, do Japão; e meia dúzia de outros — já estão no mercado americano a vender as suas mercadorias aos órfãos da Ma Bell. E o mais poderoso e mais agressivo novo concorrente, a IBM, está a avançar a toda a velocidade para o negócio dos telefones. Adquiriu a ROLM, o mais perigoso concorrente da Western Electric no mercado de centrais telefónicas, e adquiriu uma grande participação na Intel, um fabricante líder dos semicondutores utilizados no fabrico de telefones e aparelhos de comutação telefónica.

Além de tudo isto, a Western Electric tem de entrar num mercado mundial que outrora dominou, mas do qual se retirou há 60 anos. Precisa de volume. Enquanto a Western Electric tinha de fazer tudo o que as Bell Companies compravam, e enquanto essas empresas, por sua vez, tinham de comprar tudo o que a Western Electric fazia, a Western Electric tinha de produzir um número desconhecido, mas muito grande de artigos que não eram nem os produtos certos para as suas fábricas nem sequer remotamente rentáveis. É óbvio que, a partir de agora, já não poderá vender estes produtos. Apenas no mercado de exportação poderia eventualmente obter o volume para preencher esta capacidade. Atualmente, o mundo em vias de desenvolvimento é *o* mercado de equipamento verdadeiramente avançado de telecomunicações, simplesmente porque os países em desenvolvimento (como Singapura, Colômbia, Kuwait) não dispõem de grandes quantidades de equipamento mais antigo ainda em funcionamento que estaria demasiado bom para substituir de um dia para o outro. Assim, a Western Electric saiu energicamente dos Estados Unidos para uma parceria com, por exemplo, a Olivetti, o grande fabricante italiano de equipamentos de escritório e minicomputadores. No entanto, o mercado mundial já está sobrelotado com fabricantes de telefones, e as grandes encomendas telefónicas — normalmente encomendas de governos nacionais, claro — exigem o tipo de incentivo financeiro que os grandes exportadores na Europa ou no Japão recebem dos seus governos como uma questão de política nacional, mas isso não existe nos Estados Unidos.

A Western Electric tem recursos formidáveis na conceção, na engenharia, no fabrico — em tudo, de facto, menos no marketing. Também não tem outra escolha senão tentar. Ainda assim, não há provas de que um sapo possa transformar-se num príncipe, e é mais ou menos isso que a Western Electric está a tentar fazer.

Terá a Bell Labs um futuro?

A terceira e mais conhecida das principais unidades da AT&T, a Bell Telephone Laboratories, representa a decisão mais difícil. Quando a Bell System se separou, a gestão de topo anunciou que não haveria qualquer mudança no papel e função dos famosos Bell Labs do sistema. Mas isso é pouco provável, por mais sincera que seja a sua intenção. De facto, a Bell Labs enfrenta a mudança mais radical da sua história e da sua missão.

No entanto, o acordo *antitrust* é apenas um fator menor nisto, apenas o gatilho. A Bell Labs, na sua forma tradicional, tinha-se tornado cada vez mais insustentável durante um longo período, em grande parte em resultado dos seus próprios sucessos e contribuições. As descobertas e invenções da Bell Laboratories criaram, em grande parte, a «eletrónica» moderna; eliminaram assim o «telefone» como uma tecnologia distinta. Fazer aquilo para que a Bell Labs foi fundada em 1925 e fez magnificamente durante 50 anos — ou seja, para produzir *toda* a ciência e tecnologia de que um telefone necessita — tinha-se tornado literalmente impossível. Já nenhum laboratório, por muito bom ou grande que seja, pode fazê-lo. Tudo em eletrónica, mas também em física de estado sólido ou molecular, em metalurgia ou em plásticos, em cristalografia ou em ciências informáticas, e numa série de outras disciplinas, tem uma aplicação direta e imediata ao telefone. E, inversamente, nem mesmo o maior sistema telefónico do mundo é suficientemente grande para servir de escape às descobertas e invenções que saem da Bell Labs. De facto, numa vasta gama de áreas, desde o transístor à fibra ótica, e desde a teoria da comutação à lógica do computador, a Bell System já não é suficiente como veículo para as contribuições científicas da Bell Labs, tal como um conta-gotas não o seria para canalizar a neve que derrete na primavera numa montanha. Os principais utilizadores têm sido outros — ou seja, indústrias não ligadas aos telefones — com as contribuições dos Bell Labs a obterem pouco das suas contribuições para além de uma nota de rodapé ocasional num artigo científico.

O processo *antitrust* provavelmente atrasou por uma década a resolução deste problema. Mas agora tem de ser enfrentado. Ao abrigo do novo acordo, as despesas da Bell Laboratories já não podem ser pagas pelas empresas operacionais. Podem, evidentemente, contratar a Bell Labs para trabalhos específicos, se assim o desejarem, mas já não têm a obrigação de contribuir. Considerando as pressões exercidas sobre as empresas operadoras no sentido de conterem os custos, as 48 comissões de serviços públicos irão certamente encarar com muito ceticismo qualquer pagamento da empresa operadora no seu estado à Bell Labs. A Bell Labs, por outras palavras, de repente pode ter apenas uma fração da sua base económica anterior.

Durante vários anos, tinha sido claro que a Bell Labs podia ir em duas direções. Poderia tornar-se um laboratório industrial padrão de uma grande empresa de engenharia, comparável aos laboratórios da GE, RCA ou du Pont. Isto não a condena necessariamente à mediocridade; o laboratório da GE pode equiparar-se em vencedores do Prémio Nobel a qualquer instituição científica do mundo. Mas é um papel muito diferente daquele a que a Bell Labs tem estado habituada.

Ou então haveria um curso muito mais arrojado, mas também muito mais arriscado: converter a Bell Labs em algo totalmente novo, um laboratório *científico* mundial em telecomunicações e eletrónica, no ramo por si própria, um laboratório que visaria a obtenção de lucros, aceitando trabalhos de investigação de quem quer que esteja disposto a pagar por eles, desenvolvendo as suas próprias patentes e produtos para vender e licenciar, e assim por diante. A AT&T continuaria a ser a empresa-mãe da Bell Lab, mas também seria apenas mais um cliente a ser tratado com algum distanciamento. Nunca se fez algo assim. E ninguém sabe se poderia ser bem-sucedido. Mas é claramente a alternativa à Bell Labs se tornar outro, embora muito bom, laboratório industrial subordinado a uma grande empresa transformadora.

A rutura da Bell System, que a privou da sua base financeira nas empresas operadoras, certamente que inclina a balança para a Bell Labs se tornar o departamento de investigação e desenvolvimento da Western Electric. Não foi por acaso que uma das primeiras mudanças organizacionais feitas pela AT&T após a rutura da Bell System a 1 de janeiro de 1984 tenha sido a de colocar a Bell Labs no mesmo grupo organizacional da Western Electric e subordiná-la à mesma administração.

O risco para as comunicações de defesa

Quase ninguém, até agora, mencionou publicamente o quarto grande negócio da AT&T: as comunicações da defesa nacional. No entanto, pode ser o mais importante, e o mais severamente afetado pela rutura da Bell System.

Todos concordam que as comunicações são o sistema nervoso da defesa moderna. Se as comunicações não funcionam, a defesa desmorona-se. Todos concordam também que as comunicações são a única grande área em que os Estados Unidos têm gozado até à data de uma superioridade inquestionável. Todos concordam também que será necessário um enorme trabalho e esforço simplesmente para manter as nossas comunicações de defesa, pois agora sabemos que o que temos é altamente vulnerável a campos magnéticos criados por explosões no espaço. Por «comunicações de defesa nos Estados Unidos», leia-se AT&T. O que deu aos Estados Unidos a sua superioridade nas comunicações de defesa foram precisamente as características da Bell System que foram abandonadas no acordo *antitrust*: integração completa de acesso universal, serviço local com serviço universal a longa distância; compatibilidade completa em todo o sistema sob controlo central unificado; e, finalmente, integração da investigação a todos os níveis, desde a ciência pura à conceção de produtos e aplicação operacional. Foi precisamente porque o processo *antitrust* contestou estas características da Bell System que o Pentágono protestou veementemente contra ele. Mas, no rescaldo do Vietname, ninguém ouviu. O que acontecerá agora que a rutura da Bell System é um facto consumado? Quanta compatibilidade deve haver no sistema telefónico do país; nos recetores telefónicos, quadros elétricos e estações centrais; nos circuitos de longa distância e no serviço de longa distância; na capacidade de mudar automaticamente de um circuito danificado para outro, de modo a apoiar a mobilização, a organização da produção de guerra e o transporte de material de defesa, quanto mais o comando militar em tempo de guerra?

Nos termos do acordo *antitrust*, as comunicações de defesa vão ser fragmentadas. A AT&T está a licitar os negócios de longa distância do governo, mas muitos «*discounters*», especialmente a MCI, também estão a tentar consegui-lo. O mesmo pode ser dito da Bell Atlantic, a empresa operacional regional que serve Washington, D.C. Vai haver uma série de fornecedores a oferecer diferentes tipos de equipamento a todas as agências governamentais, incluindo o Departamento de Defesa. E a AT&T está inteiramente proibida de oferecer serviços de *ponta a ponta* — ou seja, ligações a telefones locais —, exceto em algumas instalações altamente especializadas do Departamento de Defesa e do Comando Aéreo Estratégico.

Mas certamente há um ponto a partir do qual a fragmentação do nosso sistema de comunicações põe em perigo a nação. Pearl Harbor, sabemos agora, aconteceu, em grande parte, porque um circuito telefónico da Marinha estava avariado no momento crítico em que não existia qualquer interconexão com outros circuitos não danificados. Correríamos o risco de um desastre semelhante se tivéssemos vários sistemas concorrentes de longa distância em vez de um integrado, e se o serviço de longa distância e o serviço local estivessem separados em termos de gestão, em termos técnicos e no que respeita ao seu equipamento?

Assim, poderemos em breve ser confrontados com a necessidade de repensar a decisão *antitrust* da Bell, na medida em que afeta a segurança nacional. Uma possibilidade, e está a ser seriamente estudada no Pentágono, é que os militares construam o seu próprio sistema de comunicações. Ninguém sabe quanto custaria, mas seria extremamente caro; um palpite é de cerca de 100 mil milhões de dólares. Também enfraqueceria o sistema telefónico civil, retirando-lhe o seu maior utilizador e o mais disposto a experimentar novas tecnologias e a pagar por elas.

Mas surgiu em abril de 1984 uma proposta totalmente diferente: revogar o acordo *antitrust* no que diz respeito a todas as telecomunicações governamentais e entregar todos elas — serviço local, longa distância e equipamento — novamente à AT&T. De facto, a AT&T já solicitou à Comissão Federal de Comunicações uma renúncia ao decreto *antitrust* para lhe permitir apresentar uma proposta dessas ao governo. Suspeito que o Pentágono irá apoiar fortemente a AT&T; na verdade, suspeito que o Pentágono tenha encorajado a AT&T a dar este passo arrojado. Se o pedido da AT&T será concedido é, evidentemente, bastante duvidoso. Não há precedentes na história *antitrust* para algo tão ousado e tão radical.

O pedido da AT&T iria muito no sentido de anular a característica central do decreto anti monopólio: a separação absoluta da longa distância do serviço local. E fá-lo-ia em relação ao maior utilizador de telefone do país, o governo federal, com uma conta telefónica total de quase 2 mil milhões de dólares. Acima de tudo, o que a AT&T está a pedir é que o governo admita, pelo menos implicitamente, que a rutura da Bell System foi um erro grave e potencialmente desastroso. Não só todos os outros fornecedores de serviços telefónicos — antigas empresas operadoras da Bell, bem como todos as empresas de desconto de longa distância e fabricantes de equipamento que não a Western Electric — irão combater o pedido da AT&T, mas no seio do governo e no Congresso haverá também uma enorme oposição.

Ainda assim, poderá ser a única solução. E se o pedido da AT&T para uma renúncia não for concedido, mais cedo ou mais tarde, teremos de enfrentar a questão das comunicações de defesa — e provavelmente mais cedo. Algumas pessoas ponderadas que conheço no exército, que não são, de modo algum, alarmistas, pensam que a questão poderá surgir antes do final do próximo mandato presidencial em 1988.

As conquistas — e os problemas — dos monopólios regulamentados

O processo da AT&T foi, de longe, a maior ação *antitrust* de sempre, e não apenas porque a AT&T era a maior empresa não-governamental do país. Teve também resultados muito mais dramáticos do que qualquer processo *antitrust* anterior alguma vez visou ou alcançou. Quais são, então, as suas lições em matéria de regulação e *antitrust* — duas instituições americanas fundamentais — ambas, a propósito, quase contemporâneas exatas da Bell Telephone System?

O monopólio regulado foi uma das contribuições mais inovadoras e mais bem-sucedidas da América para a arte do governo. Num conceito simples, resolveu o que parecia um dilema insolúvel: ou deixar um «monopólio natural» à livre iniciativa e, assim, dar-lhe uma licença para extorquir, ou nacionalizá-lo e, assim, condená-lo a uma arrogância burocrática quase certa, custos elevados e ineficiência. Sem exceção, os monopólios regulados da América prestaram um melhor serviço e saíram-se melhor do que os seus homólogos nacionalizados no resto do mundo desenvolvido. A Bell Telephone System foi, evidentemente, o principal exemplo, dando ao país o melhor serviço telefónico do mundo, com tarifas até 50% inferiores às de qualquer outro país industrializado. Os custos das empresas americanas de eletricidade também são, em quase todo o lado, inferiores aos das empresas de eletricidade de outros países com fontes de energia comparáveis (por exemplo, carvão, petróleo ou água).

Mas mesmo um monopólio regulado pode tornar-se disfuncional. Logo que haja concorrência, logo que haja uma forma alternativa de produzir a mesma satisfação do consumidor ou de satisfazer a mesma vontade do consumidor, a regulação torna-se contraproducente. Já não «regula», mas continua a proibir e a sufocar. Já não é capaz de proteger a sua indústria e manter o seu monopólio. Mas tornará difícil para a sua indústria competir, modernizar-se, enfrentar a nova ameaça. No entanto, não existe um mecanismo para abolir a regulamentação ultrapassada.

O que então sucede é confuso, caprichoso, dispendioso e suscetível de ferir um grande número de pessoas, incluindo espectadores inocentes. O resultado é imprevisível e bastante improvável de ser o mais racional e o que mais serve os interesses nacionais. Em alguns casos, deixámos as coisas ao acaso. Um exemplo é o que está agora a acontecer nos serviços financeiros. Não tem a menor semelhança com o que alguém teria previsto ou defendido quando se tornou evidente, há 20 anos, que as nossas regras financeiras, linhas de demarcação e regulamentos se tornariam rapidamente obsoletas e sem sentido. Mas no que diz respeito aos caminhos-de-ferro, o resultado, igualmente deixado ao acaso, é bastante diferente. O que agora emerge, após 30 anos de turbulência e sem a revogação de uma única portaria, regra ou regulamento, é um sistema de cerca de cinco grandes ferrovias nacionais, ou mesmo transcontinentais. É quase exatamente o que um comissário da ICC, Joseph Eastman, propôs há quase 60 anos, quando se tornou evidente pela primeira vez que carros e camiões estavam a beliscar o monopólio dos transportes terrestres dos caminhos-de-ferro. Outras indústrias, por exemplo, linhas aéreas e camiões, foram «desregulamentadas» com o principal resultado de forçar os salários dos seus trabalhadores a baixar. E no que respeita ao telefone, utilizámos um processo *antitrust* com resultados que ainda ninguém pode prever, mas que quase certamente não será o que ninguém — executivo da Bell System, advogado *antitrust* ou pessoa desinteressada — teria previsto, planeado ou visado.

Haverá um método melhor? A resposta é: provavelmente não. Uma ideia antiga, uma «*sunset law*» ao abrigo da qual os estatutos reguladores expiram de tempos a tempos e têm de ser reatualizados, digamos, de 30 em 30 anos, é muito pouco provável que funcione. Cada regulamento cria os seus próprios constituintes. A regulamentação tem de ser, de facto, posta em causa; legalmente, é provável que continue muito depois de a realidade do monopólio regulado ter desaparecido, quer através do aparecimento de automóveis e camiões, através do aparecimento de aviões *charter*, através da transformação do Citicorp num banco verdadeiramente «nacional», quer através da oferta de serviços telefónicos de longa distância a preços reduzidos por parte de empresas de desconto. Na verdade, o único resultado provável das «*sunset laws*» é tornar a regulamentação mais rigorosa precisamente quando a realidade económica e tecnológica abolir o monopólio natural. O único consolo pode ser que a liquidação de um monopólio governamental obsoleto seja ainda mais confusa, mais dispendiosa e menos previsível. (Vejamos as vicissitudes dos Correios dos EUA, assolados de um lado pelo correio eletrónico e do outro pelos serviços privados de correio expresso. Ou os Caminhos-de-Ferro Japoneses, cujos chefes políticos e sindicais não autorizam a fazer nada, mas que já perderam todo o seu tráfego de carga e estão a perder rapidamente também o tráfego de passageiros, enquanto nos caminhos-de-ferro privados não subsidiados, paralelos aos trilhos do sistema nacional, circulam comboios cheios para os mesmos destinos, cobram metade da tarifa que o sistema nacional cobra e ainda ganham dinheiro com o negócio!)

Moralismo *antitrust*

O *antitrust* também foi uma contribuição americana para a arte do governo, mas uma contribuição muito mais discutível. Talvez seja uma surpresa para os leigos saber que a maioria dos economistas americanos nunca teve muito a dizer sobre as leis *antitrust*. Eles consideram essas leis mais morais do que económicas. Uma razão é que os economistas, em geral, não são terrivelmente assustados pelos monopólios não-governamentais, ou seja, empresariais. Desde que um economista alemão, Robert Liefmann, publicou o seu estudo abrangente sobre monopólios empresariais (*Die Kartelle*), em 1905, os economistas sabem que os monopólios empresariais (isto é, não governamentais) têm uma vida curta. Tudo o que fazem, em regra, é fornecer um teto de preços elevados ao abrigo dos quais os concorrentes crescem então rapidamente e sem riscos. Assim, o Standard Oil Trust, da Rockefeller, manteve um teto de preços elevados sobre os recém-chegados — Texaco, Golfo, Shell — há 80 anos. E a Bell System manteve um teto de preços elevados de longa distância sobre as empresas de descontos como a MCI e a Sprint. As únicas exceções são aquilo a que Joseph Schumpeter (1883–1950) chamou *monopólios inteligentes*, ou seja, monopólios que mantêm a sua posição de liderança cortando os seus próprios preços antes que a concorrência o faça, e mais rapidamente do que a concorrência, e que eles próprios tornam os seus produtos obsoletos antes que a concorrência o faça. O exemplo de Schumpeter foi a Bell Telephone System — e essa foi, naturalmente, a base da força da Bell até se deparar com a inflação dos finais dos anos 60 e 70. Outro exemplo seria a IBM de hoje. Os monopólios inteligentes podem, de facto, durar muito tempo, mas claro que o monopólio inteligente usa o seu poder económico para beneficiar o consumidor, em vez de o explorar.

Há uma razão ainda mais importante, no entanto, para a visão preconceituosa que a maioria dos economistas americanos tem da *antitrust*: eles não veem resultados. Ou melhor, só veem resultados errados, que são quase o oposto do que promete a *antitrust*. Em termos de concentração do poder económico, a economia americana, apesar da *antitrust*, difere muito pouco — e certamente não em magnitudes estatisticamente significativas — de qualquer outra economia numa fase semelhante de desenvolvimento, embora a maioria destes outros não tenham tido leis *antitrust* e certamente não tenham aplicado as que tiveram. De facto, é bastante óbvio que a concentração é determinada pela tecnologia e pelas forças de mercado, e não pela lei, e é praticamente idêntica nas mesmas indústrias para além de todas as fronteiras. Mas como resultado da *antitrust*, a concentração e combinação económicas neste país assumiram formas peculiares e não necessariamente as mais benignas. A *antitrust* tem encorajado enormemente as fusões, pois, ao abrigo das leis *antitrust*, as unidades dentro da mesma entidade jurídica são consideradas uma única empresa e estão basicamente isentas de *antitrust* no que diz respeito à negociação entre si. Noutros países, no entanto, existe o grupo e não a fusão. No grupo, as unidades individuais mantêm a sua independência e identidade, embora ligadas umas às outras através de participações acionistas (geralmente participações minoritárias, por sinal). No entanto, a *antitrust* consideraria o grupo, ao composto por entidades jurídicas independentes, uma clara violação; como resultado, a *antitrust* tem favorecido grandemente o desaparecimento de empresas autónomas e de menores dimensões a favor dos colossos. Então, uma vez que a *antitrust* desaprova as concentrações de poder económico nos mesmos mercados, forçou virtualmente as empresas americanas a crescerem formando «conglomerados» sem unidade orgânica ou empresarial (por exemplo, empresas de equipamento telefónico associando-se a uma padaria e a uma companhia de seguros). Poucos economistas considerariam a fusão preferível ao grupo, ou o conglomerado preferível a qualquer um dos dois.

Isto não irá, obviamente, impressionar minimamente os *antitrusters*. O facto de a concentração económica neste país, apesar das leis *antitrust*, não ser inferior à que existe entre os gentios prova apenas duas coisas: que as leis *antitrust* têm de ser aplicadas com muito mais rigor e que o mal é ainda mais poderoso, mais perverso e mais traiçoeiro do que alguém poderia imaginar. Para os economistas, leis como as *antitrust* são higiene. Para o verdadeiro crente do *antitrust*, são moralidade. E a moralidade, pelo menos nos Estados Unidos, tem sempre muito mais apelo do que algo tão prosaico como a higiene. A maioria dos economistas americanos concordariam que mesmo revogar as leis *antitrust* na sua totalidade, quanto mais as suas disposições monopolistas, não causaria grandes prejuízos à economia americana. Os delitos que têm de ser proibidos — fixação de preços, preços discriminatórios, descontos discriminatórios — são, afinal, adequadamente cobertos pela lei comum, e são adequadamente tratados em países que não têm legislação *antitrust*. Ainda assim, a legislação *antitrust* é sagrada. Uma proposta para revogar as proibições de «concentração» e «monopólio» teria tantas hipóteses de sucesso como uma proposta para encerrar todas as faculdades de direito durante os próximos 30 anos.

Os custos sociais do *antitrust*

Mesmo assim, o processo AT&T mostrou que algumas reformas deveriam, pelo menos, ser seriamente consideradas. A primeira poderia ser introduzir na *antitrust* o consenso dominante entre os economistas americanos sobre o que é «análise» e o que é «política». «Todos os economistas», diz um ditado frequentemente citado, «concordam que o único objetivo da atividade económica e a sua base é o consumidor. Quem acredita que o objetivo é qualquer outra coisa (emprego, por exemplo) não é um economista». Não é bem verdade, mas serve.

No entanto, para a maioria dos economistas americanos, e dos economistas de qualquer outro lugar, isto aplica-se apenas à *análise económica* e não à *política económica*. Mas para uma minoria minúscula — George Stigler, em Chicago, e os seus discípulos — isto aplica-se a ambos. Em certa medida, a sua influência tem sido saudável. A insistência de Stigler em que na análise económica nada mais seja considerado senão fatores estritamente económicos é um antídoto muito necessário para o desleixo que prevalece nos argumentos sobre política económica. É, de facto, altamente desejável, como Stigler tem exigido durante anos, que os decisores políticos comecem com o conhecimento dos factos puramente económicos, de modo a enfrentarem os custos de qualquer desvio desses factos na política que então escolherem.

Mas os seus discípulos vão muito mais longe. Exigem que não haja nenhum desvio da análise puramente económica ao *decidir* sobre política económica. E os discípulos de Stigler controlam a *antitrust*. Ter em consideração qualquer outra coisa — impacto na política externa ou na Defesa, consequências sociais, qualquer coisa — é imundo ou até devasso. Para o economista *antitrust*, o benefício para um consumidor abstrato é a única consideração. Os economistas de Chicago, por exemplo, recusaram-se a aceitar como relevante o argumento de que uma rutura da Bell System significaria inevitavelmente taxas mais elevadas para os pobres e taxas mais baixas para as empresas; a única coisa que admitiam era o impacto total em todos os consumidores, ou seja, o total da conta telefónica nacional, pois, como o grupo defende, qualquer concessão, qualquer desvio é o primeiro passo numa espiral descendente. É «brincar à política com a lei». Para a maioria dos economistas americanos, isto é virtude levada a um ponto extremo.

Com efeito, *antitrust é* política. A administração de Reagan declarou, no inverno de 1984, relativamente a uma proibição *antitrust* sobre uma proposta de fusão entre duas empresas siderúrgicas muito grandes, que «não permite que a política intervenha no *antitrust*; é inteiramente uma questão de lei». Isto é uma tagarelice hipócrita e desonesta, para começar. Um grande processo *antitrust* é, necessariamente, uma questão altamente política — e a forma como é resolvido é-o ainda mais. O processo contra a AT&T, por exemplo, dificilmente teria sido instaurado se a inflação não tivesse afetado o apoio da empresa ao ponto de esta se tornar politicamente vulnerável. A própria decisão sobre a fusão das siderúrgicas foi de cariz político: a questão era se é politicamente preferível permitir a fusão de grandes empresas do aço ou impor restrições à importação de aço da Europa e, assim, arriscar uma guerra comercial com o Mercado Comum. E, de facto, assim que a Casa Branca declarou oficialmente que não tinha nada que ver com o caso da fusão do aço, a *antitrust* inverteu-se e permitiu a fusão. Também não é simplesmente verdade, como afirmam os economistas *antitrust*, que não existe uma teoria razoavelmente rigorosa e objetiva para considerar fatores extraeconómicos numa decisão de política económica. Essa teoria já existe há 50 anos, na economia do *bem-estar* de Arthur Cecil Pigou. Esta determina, com considerável precisão, os custos económicos das compensações a partir do resultado puramente económico, puramente centrado no consumidor, da análise económica. Quanto significaria em custos adicionais se, por exemplo, as taxas de longa distância fossem mantidas a um nível superior ao estritamente económico para fornecer subsídios para um serviço local mínimo? Quanto custaria, em termos económicos, fazer esta ou aquela concessão social ou política? Quais são, por outras palavras, os custos *económicos* de uma dada política? A política, por definição, nunca pode ser apenas uma coisa — ou seja, social ou económica ou militar —, tem sempre muitas dimensões. Quem perde, quem beneficia, e por quanto?

Mas os economistas *antitrust* têm toda a razão: as respostas a estas questões não se encontram realmente na lei, e o mesmo pode ser dito dos termos do acordo para um decreto *antitrust*. O que é, portanto, necessário (e, por certo, a maioria dos juízes concordariam) é separar a análise da política em grandes processos *antitrust*, como fazemos rotineiramente em tantas outras áreas.

A análise jurídica e económica deve prevalecer até que uma empresa ou uma indústria seja acusada de violação. Mas então um painel de peritos de alto nível — talvez um nomeado pela acusação, outro nomeado pela Defesa, um membro público (ou um painel nomeado pelo Conselho de Consultores Económicos) — desenvolveria as contrapartidas, a economia do bem-estar. O painel deveria provavelmente limitar-se nas considerações a um número bastante reduzido de questões: grandes impactos sociais; grandes impactos económicos, tais como os impactos na produtividade, formação de capital e emprego; o impacto na posição competitiva da América na economia mundial e na liderança tecnológica da América; o impacto na segurança nacional. No caso da AT&T, esse painel teria certamente recomendado a continuação do apoio financeiro da Bell Labs por parte das empresas operadoras. E poderia também forçar-nos a enfrentar o problema das comunicações de defesa. O painel deveria aconselhar, em vez de arbitrar, o juiz que toma a decisão final. Mas o juiz precisa de aconselhamento; nada no passado ou na carreira de um juiz o qualifica nestas matérias. São também assuntos que só podem ser mal geridos se tratados em processos adversos.

É claro que qualquer reforma deste tipo, ou qualquer coisa remotamente semelhante, estará no futuro. Mas pode não ser um futuro muito distante. Se a rutura da Bell resultar e se daqui a dez anos os Estados Unidos ainda tiverem a liderança das telecomunicações, tudo bem. Mas se, como é bastante provável, os dez anos após a liquidação *antitrust* do «monopólio natural» da AT&T trouxerem mais engenhocas, mas também custos acrescidos, uma liderança tecnológica danificada e segurança nacional comprometida, poderemos então estar prontos a reconsiderar.

(1984)

CAPÍTULO TRINTA E CINCO

Necessidades Sociais e Oportunidades de Negócio

NOS PRIMEIROS ANOS deste século, dois americanos, em separado e, muito provavelmente, sem se conhecerem, foram dos primeiros homens de negócios a iniciar grandes reformas comunitárias. Andrew Carnegie pregou e financiou a biblioteca pública gratuita. Julius Rosenwald foi o pai do sistema de agentes agrícolas municipais e adotou os 4-H Clubs. Carnegie já estava reformado dos negócios e era um dos homens mais ricos do mundo. Rosenwald, que tinha comprado recentemente uma empresa de venda por correspondência quase falida chamada Sears, Roebuck and Company, estava apenas a começar a construir tanto o seu negócio como a sua fortuna. Ambos eram inovadores radicais.

Os monumentos que os homens de negócios anteriores tinham erguido para si próprios eram culturais: museus, casas de ópera, universidades. No próprio tempo de Carnegie e Rosenwald, os homens de negócios americanos líderes, A. Leland Stanford, Henry E. Huntington, J. P. Morgan, Henry C. Frick e, um pouco mais tarde, Andrew Mellon, ainda seguiam esta tradição. Carnegie e Rosenwald, em vez disso, construíram comunidades e cidadãos — o seu desempenho, a sua competência e a sua produtividade.

Mas as semelhanças ficam-se por aqui. Os dois tinham filosofias substancialmente diferentes. Carnegie anunciava a sua aos quatro ventos: o único propósito de ser rico é dar dinheiro. Deus, afirmou Carnegie, quer que nos saiamos bem para que possamos fazer o bem. Rosenwald, modesto, tímido em publicidade, despretensioso, nunca pregou, mas os seus atos falaram mais alto do que as suas palavras. «É preciso ser capaz de fazer o bem para nos sairmos bem» foi o credo de Julius Rosenwald, um credo muito mais radical do que o do anarquista líder metalúrgico de Pittsburgh. Carnegie acreditava na responsabilidade social da riqueza. Rosenwald acreditava na responsabilidade social dos negócios.

Rosenwald identificou a necessidade de desenvolver a competência, produtividade e rendimento dos agricultores americanos ainda desesperadamente pobres e atrasados. Para o conseguir, foi necessário disponibilizar o enorme fundo de conhecimentos científicos agrícolas e de aptidões agrícolas que tinham sido acumulados em décadas de estudo sistemático da agronomia e da comercialização agrícola, mas que, em 1900 ou 1910, eram ainda largamente teóricos e inacessíveis a todos, à exceção de uma minúscula minoria de agricultores mais abastados. Embora a sua motivação fosse parcialmente filantrópica, ele também percebeu que a prosperidade da Sears, Roebuck, estava ligada à prosperidade dos seus principais clientes, os agricultores, que, por sua vez, dependiam da produtividade dele. Os agentes agrícolas municipais — e a Sears, Roebuck, durante quase uma década, apoiou sozinha esta inovação de Rosenwald até que o governo dos EUA finalmente a assumiu — e os clubes 4-H eram claramente filantrópicos. Mas eram também a publicidade corporativa da Sears, Roebuck, as suas relações públicas e sobretudo o seu desenvolvimento de mercado e clientes. O seu sucesso explica parcialmente como a quase falida Sears, Roebuck, se tornou, no espaço de dez anos, o primeiro retalhista verdadeiramente nacional do país e uma das suas empresas mais rentáveis e de mais rápido crescimento.

Após a Segunda Guerra Mundial, outro empresário americano desenvolveu mais uma abordagem à responsabilidade social. William C. Norris, o fundador (em 1957) e, até à sua reforma em 1986, presidente da Control Data Corporation, via a solução dos problemas sociais e a satisfação das necessidades sociais como oportunidades para negócios lucrativos. Também ele era um filantropo motivado pela preocupação com os seus semelhantes. Escolheu os seus projetos (formação de competências e emprego nos guetos da cidade, reabilitação e formação de prisioneiros, ensino de pessoas com dificuldades de aprendizagem) de acordo com as necessidades sociais, e não com a procura do mercado. Mas dirigiu o seu investimento e os recursos humanos da sua empresa de forma que o tratamento de informação e processamento de dados, a especialidade da sua empresa, pudesse criar um negócio que, ao mesmo tempo que resolvia um problema, se tornaria autossustentável e lucrativo.

Tal como a filantropia de Carnegie e o desenvolvimento comunitário de Rosenwald, os investimentos de Norris em necessidades sociais visavam a criação de capital humano sob a forma de indivíduos capazes de desempenho e de uma comunidade saudável capaz de se ajudar a si própria. Mas os empreendimentos sociais de Norris também visavam a criação de capital económico. As bibliotecas públicas de Carnegie eram estritamente filantrópicas, embora tenham criado oportunidades para o autodesenvolvimento dos indivíduos. Os projetos comunitários de Rosenwald não eram empreendimentos comerciais. Por muito que beneficiassem a Sears, Roebuck, faziam-no indiretamente. Eram bons negócios, investimentos clarividentes no desenvolvimento do mercado, mas não eram, em si mesmos, negócios. As boas obras de Norris ou as suas excursões na resolução de problemas sociais eram investimentos de capital em novos negócios com fins lucrativos, num sentido mais estrito. Era um empresário.

Na sua visão de responsabilidade social, grande parte das empresas americanas e o público americano ainda seguem Carnegie. Aceitam, tal como ele, que a riqueza e o poder económico implicam responsabilidade para com a comunidade.

O homem rico como reformador social, a inovação de Carnegie, estabeleceu uma instituição unicamente americana: a fundação. Um após outro, de Rockefeller a Ford, os super-ricos seguiram o exemplo de Carnegie. E Carnegie também deu o tom do que é agora conhecido como a responsabilidade social das empresas, uma expressão que se tornou extremamente popular.

Julius Rosenwald teve muito menos seguidores. O mais conhecido é provavelmente o próprio sucessor de Rosenwald como chefe da Sears, Roebuck, General Robert E. Wood. Talvez ainda maior foi o impacto de James Couzens, cofundador da Ford Motor Company, durante dez anos sócio de Henry Ford como diretor financeiro e administrativo da empresa, depois presidente da Câmara de Detroit e, finalmente, de 1922 a 1936, senador americano do Michigan e, embora nominalmente republicano, um dos pais intelectuais do New Deal. Couzens introduziu a formação especializada na indústria americana como uma responsabilidade social das empresas. Alguns anos mais tarde, em 1913, estabeleceu, apesar das fortes objeções de Henry Ford, o famoso salário de cinco dólares por dia — simultaneamente por profunda compaixão pelo sofrimento de uma força de trabalho explorada e como cura altamente bem-sucedida e de facto imediatamente rentável para as elevadas taxas de absentismo e rotatividade que ameaçavam a posição competitiva da Ford.

No nosso tempo, J. Irwin Miller da Cummins Engine Company, em Columbus, Indiana, tem utilizado sistematicamente fundos corporativos para criar uma comunidade saudável que, ao mesmo tempo, é um investimento direto, embora intangível, num ambiente saudável para a sua empresa. Miller visava especificamente dotar a sua pequena cidade industrial da qualidade de vida que atrairia para ela o pessoal administrativo e técnico do qual depende um grande negócio de alta tecnologia.

A tese deste ensaio é que, nos próximos anos, a abordagem mais necessária e eficaz às responsabilidades sociais das empresas será a exemplificada por William Norris e a Control Data Corporation. Só se as empresas aprenderem a converter os grandes desafios sociais que as sociedades desenvolvidas enfrentam atualmente em oportunidades de negócio novas e lucrativas é que poderemos esperar superar estes desafios no futuro. Não podemos depender do governo, o organismo procurado nas últimas décadas para resolver estes problemas. Aquilo que está a ser exigido ao governo está cada vez mais a ultrapassar os recursos que este pode realisticamente angariar através dos impostos. As necessidades sociais só podem ser resolvidas se a sua solução em si mesma criar novo capital, lucros, que podem então ser aproveitados para iniciar a solução de novas necessidades sociais.

Mudanças fundamentais na tecnologia e na sociedade alteraram a natureza das necessidades sociais. Hoje estamos muito conscientes da *mudança tecnológica*. Poucas pessoas se apercebem de que o que está realmente a mudar não são as tecnologias, mas o próprio conceito de tecnologia. Durante 300 anos, a tecnologia teve como modelo máximo os fenómenos mecânicos presentes no interior de uma estrela, como o Sol. Este desenvolvimento atingiu o clímax com uma tecnologia que reproduz os processos mecânicos dentro do Sol, ou seja, com a fissão e fusão nuclear. Agora, a dinâmica da tecnologia está a mudar para o que se poderia chamar um modelo orgânico, organizado em torno da informação e não em torno da energia mecânica.

A energia proveniente de combustíveis fósseis é uma indústria madura, em declínio, até, desde 1950, muito *antes* da OPEP e da crise energética. Em todos os países desenvolvidos, a relação entre o consumo de energia e o produto interno bruto tem vindo a diminuir de forma constante e rápida desde então. Mesmo em sectores que até então ainda apresentavam um crescimento incremental de energia — automóveis particulares; aviação, tanto civil como militar; e iluminação residencial, aquecimento e ar condicionado —, o consumo de energia por unidade de produção tem vindo a diminuir desde muito antes de 1973, e é quase certo que continuará a fazê-lo, quase independentemente do custo.

Os processos biológicos progridem em termos de conteúdo de informação. A energia específica dos sistemas biológicos é a informação. Os sistemas mecânicos são organizados pelas leis da física; exprimem forças. Os sistemas biológicos obedecem às leis da física, é claro, mas não são organizados por forças, mas por informação (por exemplo, o código genético).

Como consequência, a mudança do modelo mecânico para o biológico exige uma mudança quanto ao recurso que constitui o capital. Antes da era mecânica, a energia animal, isto é, o esforço físico, constituía o capital. A perícia era, evidentemente, altamente valorizada. Mas havia tão pouco mercado para ela que tinha de ser organizada como um monopólio, com acesso estritamente controlado através de programas de aprendizagem e regulamentos da guilda. Habilidades acima de um nível mínimo eram simplesmente inutilizáveis; não havia mercado para elas. O conhecimento, então, era um autêntico luxo.

Na era do modelo mecânico, nos últimos 300 anos, a habilidade humana tornou-se cada vez mais o recurso produtivo — um dos maiores avanços na história da Humanidade. Este desenvolvimento atingiu o ponto culminante neste século, quando a produção em massa converteu o trabalhador manual num trabalhador semiqualificado. Mas numa era em que a informação se está a tornar a energia organizadora, o recurso capital é o conhecimento.

Esta mudança, que já está bem avançada, no significado de tecnologia representa uma mudança muito mais importante do que qualquer mudança tecnológica, por mais rápida ou espetacular que seja, e merece ainda mais atenção do que aquela que está a receber.

As *mudanças demográficas* podem ser ainda mais importantes. Felizmente, a explosão educacional dos últimos 50 anos em todos os países desenvolvidos coincidiu com a mudança na tecnologia. Nos países desenvolvidos, atualmente cerca de metade dos jovens frequenta a escolaridade formal após o ensino secundário, desenvolvendo os recursos humanos necessários para tornar a nova tecnologia operacional, produtiva e benéfica. Por sua vez, a nova tecnologia cria as oportunidades de emprego para a nova força de trabalho dos países desenvolvidos. Atrevo-me a dizer que ninguém conseguiria determinar qual deles é a galinha e qual é ovo.

Estas mudanças criam grandes descontinuidades e problemas. Primeiro, nos países desenvolvidos existe o problema da transição para uma força de trabalho que foi treinada para operar na era do modelo mecânico e que fica agora encalhada na mudança para a tecnologia do modelo biológico. E os remanescentes do que hoje chamaríamos sociedade pré-industrial — por exemplo, os dos guetos no interior das cidades ou os imigrantes que fogem da miséria de um México superpovoado —, que estão preparados apenas para utilizar a força física como recurso pelo qual estão a ser pagos, são problemas nos países desenvolvidos de hoje.

Em segundo lugar, entre os países desenvolvidos e os mais pobres, existe uma nova e perigosa descontinuidade. Até há 300 anos, não havia «países pobres». Havia gente rica em todos os países — não muitos — e havia vastas hordas de gente pobre em todos os países. Cem anos mais tarde, ou seja, por volta de 1700, quando a nova tecnologia do modelo mecânico começou a fazer a diferença, o mundo começou a dividir-se em países ricos e países pobres. Em 1900, o rendimento médio *per capita* nos países então desenvolvidos era até três vezes superior ao rendimento *per capita* nos países em desenvolvimento. A esta altura, o fosso já se alargou para um sem precedentes e provavelmente insustentável, ou pior. Hoje em dia, o proletário mais pobre dos países desenvolvidos tem um nível de vida mais elevado do que todos os ricos dos países mais pobres, à exceção de uma minoria. O conflito de classes de tempos anteriores tornou-se uma clivagem norte-sul, ou mesmo uma fonte de conflito racial. Existe outra discrepância entre *países desenvolvidos*, ou seja, países com um elevado padrão de aprendizagem formal, e, portanto, com acesso às oportunidades do modelo biológico, e países que, na melhor das hipóteses, podem começar a formar capital humano de competências. Um terço da Humanidade, nos países desenvolvidos, está pronto a explorar as oportunidades do modelo biológico, enquanto dois terços, nos países em desenvolvimento, estão apenas a entrar na fase em que os seus recursos humanos estão preparados para as oportunidades do modelo mecânico.

Tal como a tecnologia do modelo mecânico requer uma base de competências, que está lenta e dolorosamente a ser construída em alguns dos países em desenvolvimento, também a tecnologia do modelo biológico requer uma ampla base de conhecimentos. Isto, sabemos agora, não pode ser improvisado, mas requer um longo período de trabalho árduo e, sobretudo, um investimento de capital muito além dos meios de qualquer país que não seja já altamente desenvolvido. Assim, num futuro previsível, o mundo continuará dividido em sociedades com a base de conhecimento para converter a nova tecnologia em grandes oportunidades económicas e sociais e sociedades sem a ampla base de pessoas instruídas sobre as quais assenta a tecnologia do modelo biológico e com um excesso de pessoas habilitadas apenas para as tecnologias do modelo mecânico. É a conjunção das mudanças na tecnologia e na demografia que cria as necessidades sociais que as empresas terão de aprender a transformar em oportunidades.

Os países desenvolvidos estão a enfrentar uma situação para a qual não há paralelo na história económica recente. Teremos uma escassez de mão-de-obra a aumentar e, ao mesmo tempo, um desemprego em expansão. Uma grande e crescente quota-parte dos novos participantes na força de trabalho terá permanecido na escola demasiado tempo para estar disponível para o tradicional trabalho manual. Em 1982, a proporção de americanos que entraram para a força de trabalho civil apenas com a educação escolar primária estava reduzida a cerca de 3%. A proporção de americanos que entraram na força de trabalho civil apenas com o ensino secundário desceu para cerca de 50%. E é muito pouco provável que a tendência se inverta.

Isto significa que o problema básico de emprego dos Estados Unidos e de todos os outros países desenvolvidos é criar empregos desafiantes, satisfatórios e bem remunerados para pessoas com tanta escolaridade que só são qualificadas para pôr o conhecimento em prática. Significa também que a procura de formação de capital nos países desenvolvidos irá aumentar rapidamente. Em particular, os empregos para os quais as necessidades de capital eram tradicionalmente mais baixas, ou seja, nas áreas administrativas e de serviços, serão transformados. Quaisquer que sejam as características do escritório do futuro, será de capital intensivo, com um investimento de capital por trabalhador a passar dos parcos 3 mil dólares atualmente para algo como 20 mil ou 30 mil dentro de cerca de dez anos. Os empregos que exigem conhecimentos, em média, exigem um múltiplo do capital que os empregos manuais, em média, exigem. Exigem um investimento elevado e crescente na escolarização antes que o indivíduo possa começar a contribuir, e, cada vez mais, um investimento substancial na educação contínua ou de atualização. Por outras palavras, exigem um investimento em recursos humanos pelo menos equivalente ao do capital físico.

Ao mesmo tempo, haverá despedimentos de trabalhadores em empregos tradicionais manuais. Nos países desenvolvidos, o trabalho manual tradicional simplesmente não será económico. Isto deve-se, em parte, ao facto de o trabalho baseado em informação, quer se chame automatização ou processamento de dados, ter um valor acrescentado muito maior por unidade de esforço. Quaisquer que sejam os processos que possam ser automatizados — ou seja, transferidos para uma base de informação — têm de ser automatizados. Caso contrário, a indústria não pode competir, especialmente com os recursos de mão-de-obra muito grandes e abundantes de baixo custo do Terceiro Mundo. É quase certo que até ao ano 2010, ou seja, dentro de 25 anos, a proporção da força de trabalho nos países desenvolvidos que se dedica ao trabalho manual tradicional na indústria transformadora será reduzida ao que é agora na nossa indústria mais altamente científica e mais intensiva em capital, a agricultura moderna. A produção de trabalho manual representa quase um quinto da força de trabalho em todos os países desenvolvidos. Mas a proporção empregada na agricultura moderna é de cerca de um em cada 20 ou menos.

Durante o período de transição, nos próximos 25 anos, haverá populações altamente visíveis e altamente concentradas de trabalhadores manuais tradicionais que estão a ser despedidos e que agora não têm nada para oferecer a não ser habilidades, ou, mais frequentemente, semiqualificações. O facto de, ao mesmo tempo, haver em certos locais escassez de trabalhadores manuais, porque muitos dos que entram na força de trabalho terão demasiada educação para estarem interessados nesse tipo de empregos, não ajudará estes trabalhadores despedidos. Eles não estarão onde a escassez está e, normalmente, não terão as competências que os empregos disponíveis exigem.

Os trabalhadores manuais que estão a ser despedidos por causa da mudança de uma produção baseada em trabalho que exige músculos e habilidades para um trabalho intensivo em conhecimento encontram-se tipicamente em empregos com salários elevados nas indústrias de produção em massa. Durante os últimos 50 anos, estes grupos têm estado entre os grupos favorecidos na sociedade industrial, os grupos que mais ganharam em posição económica e social com o menor aumento da sua capacidade real de desempenho. É provável que sejam pessoas mais velhas; as pessoas mais jovens mudam-se antes da decadência de uma indústria. Estão altamente concentrados num número muito reduzido de áreas metropolitanas e são, portanto, tanto visíveis como politicamente potentes. Oitocentos mil trabalhadores do sector automóvel, por exemplo, estão concentrados maioritariamente em 20 províncias do Midwest, desde Milwaukee a Dayton e Cleveland, e em apenas quatro estados. E tendem a ser sindicalizados e a agir coletivamente, e não como indivíduos.

Paradoxalmente, a escassez de mão-de-obra será tão real como os despedimentos. O que é necessário para juntar os dois? Será a formação? É a colocação organizada? Será a deslocação de indústrias que necessitam de mão-de-obra tradicional para as áreas onde os despedimentos irão ocorrer? Acima de tudo, é necessário antecipar os despedimentos e organizar a colocação sistemática de indivíduos em novos empregos.

O fosso entre a escassez de mão-de-obra e o desemprego na indústria transformadora pode coexistir mesmo dentro da mesma área geográfica. Mas será particularmente acentuada entre diferentes secções do mesmo país, entre diferentes indústrias e entre diferentes níveis salariais. A menos que consigamos colmatar este fosso, estaremos seriamente em perigo. Em vez de promover as novas indústrias baseadas na informação e o seu emprego, que se adaptam às necessidades e qualificações da população jovem, a política económica irá concentrar-se na manutenção do emprego de ontem. Por outras palavras, seremos gravemente tentados a seguir o exemplo da Grã-Bretanha e a sacrificarmos o amanhã no altar de ontem — em vão, é claro.

O governo não tem como enfrentar este problema, e muito menos como resolvê-lo. É um problema para o empresário que vê no excedente de mão-de-obra disponível uma oportunidade. O governo pode fornecer dinheiro; os melhores exemplos são provavelmente as bolsas de reconversão profissional da Alemanha Ocidental, que ascendem a 2% do seu PIB mas, de acordo com algumas estimativas alemãs (por exemplo, as do *Arbeitsministerium*, da Alemanha Ocidental), poupam até quatro vezes o montante em subsídios de desemprego e de assistência social. Mas a formação, para ser eficaz, tem de ser centrada num emprego específico que o indivíduo possa ter a certeza de obter uma vez que atinja o nível de qualificação exigido. Tem de ser individual e não geral, e tem de ser integrada com a colocação. Nem uma coisa nem a outra podem ser asseguradas pelo Governo, tal como já aprendemos em 60 anos de trabalho em «indústrias em dificuldades» e «áreas em dificuldades», remontando ao primeiro gabinete de Lloyd George após a Primeira Guerra Mundial na Grã-Bretanha. Pela sua própria natureza, o governo concentra-se em grandes grupos e não *numa* determinada pessoa com *as suas* competências, antecedentes e necessidades específicas.

Também é provável que os novos empregos sejam em empresas pequenas e locais, e não em grandes empresas nacionais. Desde cerca de 1960, verificou-se um crescimento sem precedentes da força de trabalho e do emprego nos EUA. A grande maioria de todos os novos empregos (entre dois terços e três quartos) foi criada no sector privado, não em grandes empresas, quanto mais gigantes, mas sim em empresas que empregam 20 empregados ou menos. Durante este período, com efeito, o emprego nas empresas da *Fortune* 500 diminuiu 5%. E desde 1970, o antigo aumento rápido do emprego governamental, federal, estatal e local nivelou-se em todos os países desenvolvidos.

Encontrar trabalhadores prestes a tornarem-se redundantes, identificar os seus pontos fortes, encontrar novos empregos para eles e requalificá-los conforme necessário (e muitas vezes as novas competências necessárias são sociais e não técnicas) são tarefas a serem feitas localmente e, por esta razão, são oportunidades de negócio. Mas a menos que o despedimento seja visto sistematicamente como uma oportunidade, e sobretudo pelas empresas existentes com conhecimentos e capital para agir, iremos sofrer um problema cada vez maior que ameaça o futuro de qualquer economia desenvolvida, e especialmente da economia americana.

Várias outras áreas com graves problemas sociais, que oferecem oportunidades de negócio, são de particular interesse. Em cada país desenvolvido, e particularmente nos Estados Unidos, existe o problema da população pré-industrial, que num contexto americano significa principalmente minorias raciais e, acima de tudo, os negros. Apenas uma minoria de negros ainda não conseguiu adquirir a competência necessária para se tornar produtiva numa economia em que os músculos não são a força adequada para proporcionar o tipo de vida que as sociedades desenvolvidas consideram padrão. No entanto, poucas das muitas tentativas de educar estes grupos estiveram à altura das expectativas. Parte deste fracasso deve-se ao facto de a formação e a educação só terem sucesso onde existe uma visão de futuro. É a falta de visão, fundamentada em décadas, ou mesmo séculos, de frustração, fracasso e discriminação, que impede a educação e a formação de se converterem em confiança e motivação.

Mas também sabemos que estas pessoas trabalham bem se lhes for dada a oportunidade. Enquanto o trabalho não existir, não há, no entanto, motivação para a formação, não há convicção de que esta levará a uma mudança permanente, e existe a convicção de que também este esforço falhará. Há, portanto, uma grande tarefa de pôr os recursos humanos a trabalhar e desenvolver as suas competências. Existem oportunidades em todos os tipos de serviços, quanto mais não seja porque a oferta de pessoas dispostas e capazes de fazer o trabalho ficará muito aquém da procura, seja nos hospitais, na manutenção ou na reparação e serviços de todos os tipos.

Uma empresa que transformou este problema social numa oportunidade está sediada na Dinamarca. Opera em cerca de 50 países do mundo, na maioria, desenvolvidos. De forma sistemática, encontra, forma e emprega pessoas pré-industriais para a manutenção de edifícios de escritórios e fábricas, com bons rendimentos, com uma rotação mínima, e com apenas um problema: não consegue encontrar pessoas suficientes para satisfazer a procura. Não «treina» pessoas. Emprega-as, fazendo grandes exigências de desempenho que depois criam autorrespeito e profissionalismo. Oferece oportunidades de progressão na carreira, dentro das competências do indivíduo. Esta empresa, que agora tem vendas bem superiores a meio bilião de dólares, começou com uma pequena equipa há menos de 20 anos. As oportunidades existem — mas haverá visão?

Depois há o problema sem precedentes da clivagem entre os países desenvolvidos, com a sua grande oferta de pessoas altamente qualificadas e a escassez de pessoas qualificadas e preparadas para o trabalho manual tradicional, e os países do Terceiro Mundo nos quais, nos próximos 15 anos, um número sem precedentes de jovens atingirá a idade adulta preparados e qualificados apenas para o trabalho manual tradicional. Estes jovens trabalhadores manuais só encontrarão oportunidades de emprego se as fases de produção intensivas em mão-de-obra forem deslocadas para onde se encontra a oferta de mão-de-obra, ou seja, para os países em desenvolvimento. A produção partilhada é a integração económica que nos espera. Se não puder ser desenvolvida como uma oportunidade de negócio bem-sucedida, enfrentamos tanto padrões de vida em rápida diminuição nos países desenvolvidos, onde o trabalho de produção tradicional não pode ser realizado tanto porque há uma absoluta escassez de mão-de-obra, como porque o preço do trabalho manual se tornará totalmente não competitivo, e uma catástrofe social a uma escala maciça no Terceiro Mundo. Nenhuma sociedade, seja qual for o seu sistema político ou social, capitalista ou comunista, pode esperar sobreviver à tensão de 40% ou 50% de desemprego entre os jovens, pessoas capazes e preparadas para o trabalho, e dispostas a fazer trabalho, e familiarizadas, quanto mais não seja através da televisão e da rádio, com a forma como vivem os países ricos do mundo.

Porque é que não devem ser os governos a fazer estas tarefas e a enfrentar estes problemas? Desde tempos imemoriais que os governos se preocuparam com os problemas sociais. Houve as reformas dos Gracos na Roma Republicana no século II a.C. e as Poor Laws da Inglaterra Isabelina. Mas como parte de uma teoria política sistemática, a ideia de que a solução dos problemas sociais é permanentemente uma tarefa do governo e uma tarefa para a qual nenhuma outra instituição social está equipada remonta apenas a 200 anos. É resultado do Iluminismo do século XVIII; pressupõe uma função pública moderna e um sistema fiscal moderno. Foi primeiramente expressa e praticada nos mais esclarecidos despotismos iluminados e, por assim dizer, no seu laboratório de desenvolvimento, o Grão-ducado dos Habsburgos de Florença, onde, entre 1760 e 1790, foi estabelecido o primeiro sistema hospitalar em todo o país, o primeiro planeamento de saúde pública em todo o país, e — pela primeira vez na Europa — um sistema de ensino obrigatório gratuito em todo o país.

O século XIX assistiu ao desabrochar desta nova ideia. Desde as leis fabris britânicas de 1844 até à legislação de segurança social de Bismarck na década de 1880, um problema social após o outro foi abordado pelos governos — e resolvido triunfantemente.

No século XX, e especialmente nos últimos 50 anos, esta ideia foi elevada a um artigo de fé, ao ponto de muitas pessoas considerarem praticamente imoral e certamente fútil uma necessidade social ser abordada de qualquer outra forma que não através de um programa governamental, e em que uma maioria substancial, apenas há alguns anos, nos anos de Kennedy e Johnson, estava convencida de que qualquer problema social cederia quase imediatamente a um ataque por parte de um programa governamental. Mas os anos desde então trouxeram um desencanto crescente. Agora, não existe nenhum país desenvolvido, seja de livre iniciativa ou comunista, em que as pessoas ainda esperem que os programas governamentais sejam bem-sucedidos.

Uma razão é certamente que o governo está a fazer demasiadas coisas. Por si só, um programa social não realiza nada, exceto o dispêndio de dinheiro. Para ter qualquer impacto, esse programa requer, acima de tudo, trabalho árduo e dedicação de um pequeno número de pessoas de alta qualidade. Há sempre falta de pessoas de alta qualidade. Pode haver o suficiente para muito poucos programas sociais de cada vez (embora os dois empresários mais bem-sucedidos em programas sociais com quem discuti este assunto, o falecido Arthur Altmeyer, criador do programa de Segurança Social da América, e o falecido David Lilienthal, construtor da Autoridade do Vale do Tennessee [TVA], dissessem — e de forma independente — que na sua experiência havia, no máximo, um número suficiente de pessoas de alto nível disponíveis numa dada altura e num dado país para lançar um grande programa social). Mas, sob a administração de Johnson, os Estados Unidos em quatro curtos anos tentaram lançar uma meia dúzia — para além de estarem a braços com uma grande guerra no estrangeiro!

Poder-se-ia também dizer que o governo é congenitamente inadequado às dimensões temporais dos programas sociais. O governo precisa de resultados imediatos, especialmente numa democracia em que, de dois em dois anos, é ano de eleições. A curva de crescimento dos programas sociais é uma *hipérbole*: resultados muito pequenos, quase impercetíveis durante longos anos difíceis, seguidos, se o programa for bem-sucedido, por anos de crescimento exponencial. Levou 80 anos até que o programa americano de educação e investigação agrícola começasse a revolucionar a agricultura americana e a sua produtividade. Demorou 20 anos até que todos os trabalhadores americanos estivessem cobertos pela Segurança Social. Será que os eleitores americanos teriam esperado 20 anos, quanto mais 80, antes de ver resultados significativos da Guerra contra a Pobreza do Presidente Johnson? E, no entanto, sabemos que a aprendizagem tem um longo tempo de avanço antes de mostrar resultados em massa. Os indivíduos aprendem, não as turmas, e tem de haver, um a um, um grande *stock* de indivíduos que aprenderam, que servem de exemplo, como líderes, que dão encorajamento.

Paradoxalmente, os governos que têm dificuldade em começar em pequena escala e em ser pacientes têm ainda mais dificuldade em abandonar. Cada programa cria imediatamente os seus próprios constituintes, quanto mais não seja as pessoas que são empregadas por ele. Dar é fácil, demasiado fácil, para o governo moderno. Contudo, é-lhe praticamente impossível tirar. A regra para os fracassos não é, portanto, enterrá-los, mas redobrar o orçamento e desviar para eles as pessoas capazes que poderiam, se empregadas em oportunidades mais promissoras, produzir resultados.

Além disso, é praticamente impossível para o governo fazer experiências. Atualmente, tudo o que ele faz tem de ser nacional desde o início e tudo tem de ser finito. Mas isso é uma garantia de fracasso, em tudo o que é novo. Não é coincidência que praticamente todos os programas New Deal bem-sucedidos tenham sido testados como experiências-piloto em pequena escala em estados e cidades durante os 20 anos anteriores — no Wisconsin, estado de Nova Iorque, cidade de Nova Iorque, ou por uma das administrações de reforma de Chicago. Os dois fracassos totais do New Deal — a National Recovery Administration (NRA) e a Works Progress Administration (WPA) — foram também as únicas invenções genuínas sem experiência prévia a nível estatal ou local.

Sem dúvida que William Norris tinha razão quando falou dos empreendimentos sociais da sua empresa como investigação e desenvolvimento. Longos prazos de execução, vontade de experimentar e abandonar em caso de não obter resultados são precisamente as características do trabalho de investigação e desenvolvimento. Mas a I&D, sabemos agora, não é bem feita pelo governo, por uma variedade de razões bem estudadas. É mais bem feita em instituições autónomas, seja um laboratório universitário, hospital ou laboratório comercial, embora o provedor ou o financiador possa muito bem ser o governo.

Igualmente importante como explicação para a incapacidade do governo para enfrentar com sucesso o tipo de problemas sociais que enfrentamos é o facto de serem problemas *difíceis*. Um problema difícil é aquele em que existem tantos constituintes que é difícil, ou mesmo impossível, estabelecer objetivos e metas específicos. É talvez aqui que os problemas sociais de meados do século XX diferem mais fundamentalmente dos do século XVIII e XIX. Mas os problemas que enfrentaremos nas próximas décadas serão ainda mais difíceis do que aqueles com os quais agora lidamos tão mal. Cada um tem constituintes poderosos com objetivos e valores radicalmente diferentes, ou mesmo mutuamente exclusivos, o que praticamente garante que o governo não conseguiria resolvê-los.

«Reindustrializar a América», por exemplo, significa para o sindicato dos trabalhadores preservar os empregos manuais tradicionais nas indústrias tradicionais nas cidades ou pelo menos abrandar a retração dos empregos tradicionais. Contudo, se *reindustrializar* a América significa restaurar a capacidade do país para aumentar a produção de bens manufacturados e competir internacionalmente, significa sem ambiguidade a automatização mais rápida possível dos processos tradicionais e, muito provavelmente, uma mudança para locais novos e descentralizados. Significa liquidar a grande indústria do aço concentrada em Pittsburgh e Chicago e mudar para pequenas fábricas locais perto dos clientes. A primeira definição é politicamente aceitável por um curto período, mas só pode levar ao fracasso, como mostram os exemplos britânico e polaco. Mas poderá qualquer programa *governamental* abraçar a segunda definição? Mesmo os japoneses, que alegadamente investem nos vencedores e deixam os perdedores passar fome (pelo menos de acordo com um mito americano atualmente popular), estão a verificar que isso não pode ser feito politicamente. De facto, os japoneses concluíram que não podem desistir do apoio a um sistema de distribuição a retalho que todos no Japão sabem ser obsoleto e assustadoramente caro, mas que é a única segurança social para um grupo bastante pequeno de pessoas mais velhas.

As instituições não governamentais, sejam empresas ou instituições do sector terciário sem fins lucrativos em rápido crescimento, podem, no entanto, dirigir-se para um único objetivo. Podem decompor problemas difíceis em vários problemas fáceis, cada um deles passível de ser resolvido ou, pelo menos, atenuado. E porque as instituições não governamentais competem entre si, podem desenvolver abordagens alternativas. Podem fazer experiências.

A crescente incapacidade do governo para enfrentar eficazmente as necessidades sociais da sociedade contemporânea cria uma grande oportunidade para as instituições não governamentais e especialmente para as mais flexíveis e mais diversas: as empresas. Cada vez mais, mesmo os países organizados em torno dos princípios proclamados como socialistas terão de «privatizar». Por outras palavras, será necessário criar condições nas quais uma tarefa seja delineada pelo governo e os meios para a executar sejam fornecidos pelo governo (por exemplo, no caso do rápido crescimento dos seguros privados de saúde na

Grã-Bretanha, que são reembolsados pelo Serviço Nacional de Saúde) ou por terceiros pagadores, mas em que uma tarefa seja efetivamente executada por instituições não governamentais, especialmente empresas, localmente e numa base competitiva.

Um bom exemplo é o sistema de comunicações americano, no qual cada vez mais as tarefas realizadas exclusivamente há 50 anos pelos correios são agora realizadas por uma série de agências que competem entre si e com o serviço postal. Muito claramente, a remoção do lixo, os cuidados de saúde e muitos outros serviços serão privatizados de tal forma que o próprio serviço se baseia em políticas e leis públicas (quanto mais não seja, através de vantagens fiscais), enquanto o desempenho é tarefa de empresas privadas competitivas.

A verdadeira economia mista do futuro será constituída por três partes. Haverá um *sector privado* em que o governo se limita à proteção contra a fraude, exploração extrema, conluio, condições de trabalho inseguras e privação de direitos civis. Haverá um verdadeiro *sector público*, para a defesa (excluindo aquisições) e justiça, no qual o governo especificará o trabalho e o fará. E haverá um *sector misto*, sendo o melhor exemplo o sistema hospitalar americano, que é principalmente um sistema privado. Os hospitais comunitários sem fins lucrativos, os hospitais afiliados à Igreja e os hospitais proprietários com fins lucrativos estão cada vez mais organizados em grandes e crescentes cadeias. Todos competem por doentes. No entanto, a maior parte do seu rendimento é dinheiro público, quer venha diretamente do governo através do sistema fiscal ou através de planos de seguro de saúde privados obrigatórios. Outro exemplo bem conhecido é a aquisição de bens de defesa.

Na maior parte das discussões sobre a responsabilidade social das empresas assume-se que a obtenção de lucro é fundamentalmente incompatível com a responsabilidade social ou é pelo menos irrelevante para esta. As empresas são vistas como o homem rico que deveria, quanto mais não fosse pelo bem da sua alma, dar esmola aos menos afortunados.

A maioria das pessoas que discutem a responsabilidade social, incluindo os seus opositores, desconfiariam sobremaneira de qualquer empresa que afirmasse, como fez, por exemplo, William Norris, que o objetivo de um negócio é sair-se bem fazendo o bem. Para aqueles que são hostis aos negócios, que acreditam que o lucro é um «roubo», isto soaria à mais grosseira das hipocrisias. Mas mesmo para aqueles que são a favor dos negócios e que depois, como fez Andrew Carnegie, exigem que a empresa, o homem rico, dê esmolas e se torne um filantropo, fazer o bem para que se possa sair bem não é aceitável, pois converte o que é visto como virtude em interesse próprio. E para aqueles que aconselham as empresas a manterem o foco nos seus interesses e a deixarem os problemas e questões sociais para as autoridades competentes, o que, de facto, significa o governo (é aqui que Milton Friedman está), o interesse das empresas e o bem público são vistos como duas esferas bastante distintas. Mas na próxima década tornar-se-á cada vez mais importante salientar que as empresas só podem cumprir as suas responsabilidades sociais se as converterem em interesse próprio — ou seja, em oportunidades de negócio.

A *primeira* responsabilidade social das empresas na próxima década será algo não mencionado na discussão das responsabilidades sociais das empresas nos dias de hoje. É a responsabilidade cada vez mais importante de criar o capital que por si só pode financiar os empregos de amanhã. A mudança do modelo mecânico da tecnologia para o modelo orgânico exigirá um aumento substancial do investimento de capital por trabalhador. A procura de formação de capital será tão grande como há 100 anos, quando surgiram as indústrias modernas de hoje; e haverá igual necessidade de um excedente para pagar a I&D necessária quando a tecnologia — bem como a economia e a sociedade mundiais — estiver a mudar rapidamente.

Encontramo-nos numa fase em que as tecnologias existentes foram estendidas e modificadas com custos marginais bastante baixos; em resultado disso, houve uma necessidade bastante baixa de formação de capital. Agora, já ultrapassámos essa fase. É certo que as antigas indústrias ainda estão em declínio ou a ser reestruturadas, mas, mais importante, estão a florescer novas indústrias: informação, comunicação, bioquímica, bioengenharia e medicina genética, por exemplo. E com elas emergem outras novas indústrias, como a educação contínua de adultos já instruídos, que pode muito bem ser a maior indústria em crescimento dos próximos dez anos e que está cada vez mais nas mãos dos empresários.

As primeiras fases de crescimento são as que mais exigem a formação de capital. Mas o que significa realmente a *formação de capital*, especialmente numa sociedade moderna em que os incentivos tradicionais à poupança pessoal foram, em grande parte, eliminados? As taxas de poupança em todos os países tendem a descer graças a dois fatores: um deles é um aumento da proporção da população com idade superior à da reforma, que, em regra, não tende a poupar, mas sim a consumir; e o outro é o grau em que a Segurança Social se ocupa dos riscos e contingências para os quais os indivíduos tradicionalmente poupam. Um exemplo são os Estados Unidos, onde as taxas de poupança desceram em proporção direta tanto ao envelhecimento da população como à extensão dos serviços sociais para cobrir riscos como a reforma, a doença e o desemprego. Outro é o Japão. Nos últimos dez anos, a taxa de poupança no Japão tem vindo a descer constantemente, embora ainda seja elevada.

Além disso, temos provas concludentes de que o aumento dos níveis de rendimento das famílias assalariadas não aumenta materialmente a taxa de poupança. Sabemos que a prioridade é dada às novas necessidades dos consumidores, em vez de ao investimento. Como resultado, numa economia moderna, a principal fonte de formação de capital são os *lucros das empresas*. De facto, agora sabemos que o termo *lucro* é um mal-entendido. Existem apenas custos — custos do passado e custos do futuro; os custos da mudança económica, social e técnica; e os custos dos empregos de amanhã. As receitas atuais devem cobrir ambos, e é provável que ambos os custos aumentem acentuadamente nos próximos 20 anos.

A primeira responsabilidade social das empresas é, portanto, a de obter lucros suficientes para cobrir os custos do futuro. Se esta responsabilidade social não for cumprida, nenhuma outra responsabilidade social o poderá ser. Uma empresa em decadência numa economia em decadência dificilmente será um bom vizinho, um bom empregador ou socialmente responsável, seja de que forma for. Quando a procura de capital cresce rapidamente, as receitas comerciais excedentárias disponíveis para fins não económicos, especialmente para fins filantrópicos, não têm possibilidade de aumentar. É quase certo que diminuirão.

Este argumento não irá satisfazer aqueles que acreditam que o empresário de hoje deve tornar-se o sucessor do príncipe de ontem, uma ilusão à qual os próprios empresários são, infelizmente, demasiado suscetíveis. Mas os príncipes puderam ser benfeitores porque primeiro retiraram, e, claro, na sua maioria, aos pobres.

Há também aqueles, mais uma vez especialmente entre os homens de negócios, que sentem que converter problemas em oportunidades de negócio é prosaico e não particularmente romântico. Eles veem as empresas como matadoras de dragões e a si próprios como São Jorge em cavalos brancos.

Mas a responsabilidade social apropriada às empresas é domar o dragão — ou seja, transformar um problema social em oportunidade económica e benefício económico, em capacidade produtiva, em competência humana, em empregos bem pagos e em riqueza.

(1984)

POSFÁCIO

Inovação Social — A Nova Dimensão da Gestão

Estaremos a dar demasiada ênfase à ciência e à tecnologia enquanto agentes de mudança deste século? As *inovações sociais* — poucas delas graças à ciência ou à tecnologia — podem ter tido impactos ainda mais profundos na sociedade e na economia, e, na verdade, impactos profundos mesmo na própria ciência e tecnologia. E a gestão está a tornar-se cada vez mais o agente da inovação social.

Aqui estão cinco exemplos — cinco entre muitos:

- os laboratórios de investigação;
- o eurodólar e o papel comercial;
- as massas e os movimentos de massas;
- os agentes agrícolas; e
- a própria gestão enquanto função e disciplina organizadas.

Os laboratórios de investigação

O laboratório de investigação tal como o conhecemos atualmente remonta a 1905. Foi concebido e construído para a General Electric Company em Schenectady, Nova Iorque, por um dos primeiros «gestores de investigação», o físico germano-americano Charles Proteus Steinmetz. Steinmetz tinha dois objetivos claros desde o início: organizar a ciência e o trabalho científico com vista a uma invenção tecnológica propositada e construir uma autorrenovação contínua através da inovação nesse novo fenómeno social — a grande empresa.

Steinmetz adotou duas características dos laboratórios dos seus predecessores do século XIX. Do engenheiro alemão, Hefner-Alteneck, foi buscar a ideia de criar dentro de uma empresa um grupo separado de pessoas com formação científica e técnica para se dedicarem exclusivamente ao trabalho científico e técnico — algo em que Hefner-Alteneck tinha sido pioneiro em 1872 na empresa Siemens, em Berlim, cinco anos depois de ter entrado para a empresa como o primeiro engenheiro formado na universidade a ser contratado em qualquer lugar por uma empresa industrial. De Thomas Alva Edison, Steinmetz adotou a ideia de *projeto de investigação*: a organização sistemática da investigação, começando com uma definição clara do resultado esperado e a identificação das etapas do processo e da sua sequência.

Mas Steinmetz acrescentou então três características próprias. Primeiro, os seus investigadores iriam trabalhar em equipa. Os «designers» de Hefner-Alteneck — o termo *investigador* surgiu muito mais tarde — trabalhavam da mesma forma que os cientistas trabalhavam nas universidades do século XIX, cada um no seu próprio laboratório com um ou dois ajudantes que faziam recados para o «chefe», pesquisavam coisas para ele, ou, no máximo, realizavam experiências que o chefe tinha especificado. No laboratório de Steinmetz, havia seniores e juniores, em vez de chefes e ajudantes. Trabalhavam como colegas, cada um dando a sua própria contribuição para um esforço comum. As equipas de Steinmetz exigiam, assim, que um diretor de investigação designasse investigadores para certos projetos e projetos para determinados investigadores.

Em segundo lugar, Steinmetz juntou na mesma equipa pessoas de diversas competências e disciplinas — engenheiros, físicos, matemáticos, químicos, até biólogos. Isto era uma grande novidade e uma heresia. De facto, violava o princípio mais sagrado das organizações científicas do século XIX: o princípio da especialização máxima. Mas o primeiro Prémio Nobel atribuído a um cientista na investigação industrial foi atribuído em 1932 a um químico, Irving Langmuir, que trabalhou no laboratório eletrotécnico de Steinmetz.

Finalmente, o laboratório de Steinmetz redefiniu radicalmente a relação entre ciência e tecnologia na investigação. Ao estabelecer os objetivos do seu projeto, Steinmetz identificava a nova ciência teórica necessária para alcançar os resultados tecnológicos desejados e depois organizava a investigação «pura» apropriada para alcançar os novos conhecimentos necessários. O próprio Steinmetz era originalmente um físico teórico; está a ser homenageado num recente selo postal americano pelas suas «contribuições para a teoria elétrica», mas cada uma das suas «contribuições» foi o resultado de investigação que ele tinha planeado e especificado como parte de um projeto para conceber e desenvolver uma nova linha de produtos, por exemplo, motores de potência fracionária. A tecnologia, diz-nos a sabedoria tradicional, é «ciência aplicada». No laboratório de Steinmetz, a ciência — incluindo a mais pura da «investigação pura» — é *orientada para a tecnologia*, ou seja, um meio para um fim tecnológico.

Dez anos após Steinmetz ter montado o laboratório da General Electric, os famosos Bell Labs foram estabelecidos seguindo o mesmo padrão. Um pouco mais tarde, a du Pont seguiu o mesmo caminho, e depois a IBM. Ao desenvolver o que posteriormente se tornou no *nylon*, a du Pont elaborou uma boa parte da ciência pura para a química dos polímeros. Na década de 1930, quando a IBM começou a desenvolver o que acabou por se tornar o computador, incluiu no seu projeto de engenharia desde o início investigação sobre teoria da comutação, física de estado sólido e lógica informática.

A inovação de Steinmetz também esteve na origem do «laboratório sem paredes», que é a contribuição específica e importante da América para programas científicos e tecnológicos de grande escala. O primeiro, concebido e gerido pelo antigo sócio do Presidente Franklin D. Roosevelt, Basil O'Connor, foi a National Foundation for Infantile Paralysis (March of Dimes), que fez face à poliomielite no início da década de 1930. Este projeto continuou durante mais de 25 anos e reuniu, num esforço planeado, passo a passo, um grande número de cientistas de meia dúzia de disciplinas, numa dúzia de locais diferentes em todo o país, cada um trabalhando no seu próprio projeto, mas dentro de uma estratégia central e sob uma direção geral. Isto estabeleceu então o padrão para os grandes projetos da Segunda Guerra Mundial: o laboratório RADAR, o Laboratório Lincoln e, o mais gigantesco de todos, o Projeto Manhattan para a energia atómica. Da mesma forma, a NASA organizou um «laboratório de investigação sem paredes» quando este país decidiu, depois do Sputnik, colocar um homem na Lua. A ciência orientada pela tecnologia de Steinmetz é ainda altamente controversa, é de facto um anátema para muitos cientistas académicos. Ainda assim, é a organização à qual recorremos imediatamente sempre que surge um novo problema científico, por exemplo, quando a sida se tornou subitamente um grande problema médico em 1984–85.

O eurodólar e o papel comercial

Em menos de 20 anos, os sistemas financeiros do mundo mudaram mais talvez do que nos 200 anteriores. Os agentes de mudança foram duas inovações sociais: o eurodólar e a utilização de papel comercial como uma nova forma de «empréstimo comercial». O primeiro criou uma nova economia mundial, dominada pela economia «dos símbolos» dos fluxos de capitais, das taxas de câmbio e dos créditos. A segunda desencadeou a «revolução financeira» nos Estados Unidos. Substituiu a antiga, e aparentemente perene, segmentação das instituições financeiras em companhias de seguros, bancos de poupança, bancos comerciais, corretores de ações, etc., por «supermercados financeiros», cada um deles centrado nos serviços financeiros de que o mercado necessita, e não em produtos financeiros específicos. E esta revolução financeira está agora a espalhar-se por todo o mundo.

Nem o eurodólar nem o papel comercial foram concebidos como «revolucionários». O eurodólar foi inventado pelo Banco de Estado da União Soviética quando o general Eisenhower foi eleito Presidente dos Estados Unidos, em 1952, em plena Guerra da Coreia. Os russos temiam que o novo Presidente embargasse os seus depósitos em dólares nos bancos americanos para os forçar a deixar de apoiar os norte-coreanos. Assim, apressaram-se a resgatar estes depósitos dos bancos americanos. No entanto, queriam manter o seu dinheiro em dólares americanos. A solução que encontraram foi o *eurodólar*: um depósito denominado em moeda americana, mas mantido num banco fora dos Estados Unidos. E isto criou, no prazo de 20 anos, um novo mercado supranacional de dinheiro e capitais. Está fora do controlo dos bancos centrais nacionais, sendo, na realidade, totalmente desregulamentado. No entanto, na sua totalidade — e existem agora euroyen e euro-francos-suíços e euromarcos para além de eurodólares — é maior, tanto em depósitos como em volume de negócios, do que os depósitos e o volume de negócios dos sistemas bancários e de crédito de todas as principais nações comerciais no seu conjunto. De facto, sem esta inovação por parte dos executivos ultramarinos do Banco do Estado Soviético — cada um deles, sem dúvida, um bom comunista —, o capitalismo poderia não ter sobrevivido. Isto tornou possível a enorme expansão do comércio mundial, que tem sido o motor do crescimento económico e da prosperidade nos países desenvolvidos de livre iniciativa nos últimos 30 anos.

Mais ou menos ao mesmo tempo, talvez um pouco mais tarde, duas instituições financeiras americanas — uma corretora, a Goldman Sachs, a outra uma empresa financeira, a General Electric Credit Corporation (fundada para fornecer crédito aos compradores de maquinaria elétrica da General Electric) — lançaram-se à ideia de utilizar um instrumento financeiro antigo, mas totalmente obscuro, o «papel comercial», como uma nova forma de *empréstimo comercial*, ou seja, como um substituto do crédito bancário. Nenhuma das instituições está autorizada, ao abrigo dos regulamentos financeiros americanos, a fazer empréstimos comerciais — só os bancos o estão. Mas o *papel comercial*, essencialmente uma simples promessa de pagar um determinado montante numa determinada data, não é considerado um empréstimo à luz da lei americana, mas sim uma garantia, e isto, por sua vez, os bancos não estão autorizados a emitir. No entanto, economicamente, não existe a menor diferença entre os dois — algo em que ninguém, contudo, tinha reparado anteriormente. Ao explorar esta tecnicidade jurídica, estas duas empresas, e dezenas de outras que as seguiram num curto espaço de tempo, conseguiram flanquear o monopólio dos empréstimos aparentemente inexpugnável dos bancos comerciais, especialmente porque o crédito baseado em papel comercial pode ser concedido a taxas de juro substancialmente mais baixas do que aquelas a que os bancos podem emprestar dinheiro face aos depósitos dos clientes. Os bancos inicialmente desprezaram o papel comercial como uma mera manobra. Mas no espaço de 15 anos aboliram a maioria, ou mesmo todas, as linhas de demarcação e barreiras entre todos os tipos de créditos e investimentos na economia americana, ao ponto de, atualmente, praticamente todas as instituições financeiras e todos os instrumentos financeiros competirem com todas as outras instituições e todos os outros instrumentos financeiros.

Há quase 200 anos que os economistas consideram o sistema financeiro e de crédito o núcleo central de uma economia e a sua característica mais importante.

Em todos os países está coberto por leis, regras e regulamentos, todos concebidos para preservar o sistema e impedir quaisquer alterações ao mesmo. E em nenhum lugar o sistema financeiro foi mais bem estruturado e mais cuidadosamente guardado do que nos Estados Unidos. O papel comercial — pouco mais que uma mudança num termo e quase insignificante enquanto inovação — quebrou todas as salvaguardas da lei, regulamentação e costumes e subverteu o sistema financeiro americano. Continuamos a equiparar os bancos do país entre si. Mas embora o Citibank de Nova Iorque seja certamente o maior banco do país — e, no conjunto, a maior «instituição financeira» do país —, o «banco número dois» provavelmente não é, de todo, um banco, mas a General Electric Credit Corporation. E Walter Wriston, o presidente de longa data do Citibank, salienta que o maior concorrente do Citibank no sector bancário e financeiro não é, de todo, uma instituição financeira, mas sim a Sears, Roebuck, a maior cadeia de lojas do país, que agora dá mais crédito ao consumidor do que qualquer outra instituição de crédito.

As massas e os movimentos de massas

Uma terceira inovação social deste século são as massas e os movimentos de massas. A *massa* é um coletivo. Tem um comportamento próprio e uma identidade própria. Não é irracional; pelo contrário, é altamente previsível. Mas a sua dinâmica é o que num indivíduo chamaríamos «o subconsciente».

A essência dos *movimentos de massas* é a concentração. As suas «moléculas» individuais, os indivíduos que as compõem, são aquilo a que um químico denomina altamente organizados e altamente carregados. Todos apontam na mesma direção, todos carregam a mesma carga. Nos termos do físico nuclear, a massa é uma *massa crítica*, ou seja, a mais pequena fração suficientemente grande para alterar a natureza e o comportamento do todo.

As massas foram inventadas pela primeira vez — pois foi uma invenção e não apenas uma descoberta — nos últimos anos do século XIX quando, explorando a então novíssima alfabetização, dois americanos, Joseph Pulitzer e William Randolph Hearst, criaram o primeiro meio de comunicação de massas, o jornal barato e de grande circulação. Até então, um jornal era destinado a ser «escrito por cavalheiros para cavalheiros», como proclamou orgulhosamente durante muitos anos o cabeçalho de um dos jornais londrinos. A «imprensa amarela» de Pulitzer e Hearst, pelo contrário, foi ridicularizada como «sendo escrita por chulos para a ralé», mas criou um público de leitores em massa e de seguidores em massa.

Estes dois homens e os seus jornais criaram e lideraram o primeiro movimento político de massas moderno, a campanha para forçar os Estados Unidos a entrar na Guerra Hispano-Americana de 1898. As táticas que estes dois homens desenvolveram tornaram-se desde então padrão para todos os movimentos de massas. Não tentavam sequer conquistar uma maioria, como tinham feito outros movimentos americanos anteriores — os abolicionistas ou os Free Soilers, por exemplo. Pelo contrário, tentavam organizar uma minoria de pessoas verdadeiramente defensoras de uma causa: provavelmente nunca atraíram mais de 10% do eleitorado. Mas organizaram estes seguidores como uma «tropa de choque» disciplinada em torno da causa da luta contra a Espanha. Exortaram os seus leitores em cada edição a recortar e enviar um cartão postal ao seu congressista exigindo que a América declarasse guerra à Espanha. E fizeram com que a disponibilidade de um candidato para se comprometer na questão da guerra fosse o único critério para o apoiar ou opor-se a ele, independentemente da sua posição sobre qualquer outra questão. Assim, a sua pequena minoria controlava o «voto oscilante» e podia reivindicar o controlo do futuro político dos candidatos. No final, impôs a sua vontade à grande maioria, apesar de quase todos os líderes de opinião do país se terem oposto.

Um movimento de massas é poderoso precisamente porque a maioria tem uma enorme diversidade de interesses e é, portanto, moderada em relação a todos eles e zelosa perante nenhum. A causa definida confere ao movimento de massas a disciplina e a vontade de seguir um líder. Desta forma, faz com que se destaque e pareça muito maior do que realmente é. Permite que uma única causa domine as notícias e permite, aliás, determinar em grande parte o que é notícia. E por tornar o seu apoio a um partido ou candidato totalmente dependente da vontade ou falta de vontade deste de se comprometer com a dita causa, pode ter o controlo sobre o voto decisivo.

O primeiro a aplicar o que Pulitzer e Hearst tinham inventado a uma «cruzada» permanente foi o movimento de temperança. Durante quase um século, grupos de temperança como a Liga Anti-Saloon e a Women's Christian Temperance Union tinham lutado e feito campanha sem grande sucesso. Por volta de 1900, o seu apoio encontrava-se provavelmente no seu nível mais baixo desde a Guerra Civil. Então, adotaram as novas táticas do movimento de massas. A Women's Christian Temperance Union até contratou vários dos editores de Pulitzer e Hearst. Os «verdadeiros defensores» da Proibição nunca foram mais do que 5% ou 10% do eleitorado, mas, em menos de 20 anos, conseguiram que a Proibição fosse inscrita na Constituição.

Desde então, as causas — o ambiente, a segurança automóvel, o desarmamento nuclear, os direitos dos homossexuais, a Maioria Moral — tornaram-se comuns, mas só agora começamos a perceber quão profundamente os movimentos de massas por uma causa mudaram as políticas de todos os países democráticos.

E fora dos Estados Unidos a inovação social das massas tem tido impactos ainda maiores. As grandes tiranias deste século — os bolcheviques de Lenine e Estaline, o fascismo de Mussolini, o nazismo de Hitler, até mesmo o maoísmo — são todas aplicações do movimento de massas, a altamente disciplinada minoria de verdadeiros defensores de uma causa, para o objetivo político final de ganhar e manter o poder.

Nenhuma descoberta ou invenção deste século teve certamente maior impacto do que a inovação social das massas e do movimento de massas. No entanto, nenhuma é tão mal compreendida.

No que às massas diz respeito, estamos hoje praticamente onde estávamos há 100 anos, em relação à psicodinâmica do indivíduo. É claro que conhecíamos as «paixões», mas elas eram algo que só se podia explicar como parte da «natureza animal». Estavam fora do *racional*, ou seja, da previsão, análise e compreensão. Tudo o que se podia fazer era suprimi-las. E então, começando há 100 anos, Freud mostrou que as paixões têm as suas razões, que, de facto, na famosa frase de Pascal, «o coração tem razões que a própria Razão desconhece». Freud mostrou que o subconsciente é tão estritamente racional como o consciente, que tem a sua própria lógica e os seus próprios mecanismos. E embora nem todos os psicólogos de hoje — na verdade, nem mesmo a maioria — aceitem os fatores causais específicos da psicanálise freudiana, todos aceitam a psicodinâmica do indivíduo de Freud.

Mas até à data ainda nos falta um Sigmund Freud das massas.

Os agentes agrícolas

O acontecimento *económico* mais importante deste século é certamente o aumento quase exponencial da produção agrícola e da produtividade agrícola a nível mundial (exceto, claro, na *União Soviética*). Foi provocado principalmente através de uma inovação social dos primeiros anos deste século: o agente agrícola.

Há 100 anos, Karl Marx tinha boas razões para caracterizar o «camponês» como irremediavelmente ignorante e irremediavelmente improdutivo. De facto, praticamente todos os observadores do século XIX partilhavam o desprezo de Marx. Em 1880, um trabalho científico sério e sistemático sobre métodos e tecnologia agrícolas estava em curso há 200 anos. Mesmo a formação sistemática de agricultores e agrónomos numa «universidade agrícola» tinha sido iniciada 100 anos antes. No entanto, apenas um número muito reduzido de grandes proprietários rurais estava a prestar alguma atenção. A grande maioria dos agricultores em 1880 — praticamente todos os agricultores americanos, por exemplo — não cultivavam de forma diferente nem melhor, nem produziam mais do que os seus antepassados tinham produzido durante séculos. E 20 anos mais tarde, por volta de 1900, as coisas ainda não tinham mudado.

De repente, por volta do tempo da Primeira Guerra Mundial — talvez um pouco mais tarde —, as coisas mudaram drasticamente. A mudança começou nos Estados Unidos. Atualmente, já se espalhou por todo o lado; de facto, o aumento da produção agrícola e da produtividade agrícola tornou-se mais pronunciado em países do Terceiro Mundo, como a Índia. O que aconteceu não foi que os agricultores tenham subitamente mudado de lugar.

O que aconteceu foi uma inovação social que colocou os novos conhecimentos agrícolas ao alcance dos agricultores. Julius Rosenwald, o chefe executivo de uma empresa de venda por correspondência, a Sears, Roebuck, ele próprio um comerciante de roupa de Chicago e o mais puro dos «citadinos», inventou o agente agrícola (e durante dez anos pagou a agentes agrícolas do seu próprio bolso, até que o governo dos EUA assumiu o Serviço de Extensão Agrícola). Não o fez apenas por filantropia, mas principalmente para criar poder de compra entre os clientes da sua empresa, os agricultores americanos. O agente agrícola fornecia o que até então faltava: um veículo do conjunto cada vez maior de conhecimentos e informações agrícolas para os profissionais agrários. E em poucos anos, o «camponês ignorante, reacionário e tradicional» do tempo de Marx tinha-se tornado no «tecnólogo agrícola» da «revolução científica nas fazendas».

Gestão

O meu último exemplo de uma inovação social é a gestão. Os «gestores», é claro, já existem há muito tempo. O termo em si é, no entanto, de cunhagem do século xx. E é apenas neste século, e em grande parte nos últimos 50 anos, que a gestão emergiu como uma função genérica da sociedade, como um tipo de trabalho distinto, e como uma disciplina. Há um século, a maioria das grandes tarefas, incluindo a tarefa económica a que chamamos negócio, eram feitas principalmente por famílias ou por empresas familiares, como a pequena oficina de artesão. Atualmente, todas elas já estão organizadas em instituições: agência governamental e universidade, hospital, empresa comercial, Cruz Vermelha, sindicato de trabalhadores, e assim por diante. E todas elas têm de ser geridas. A *gestão* é assim a função específica da «sociedade das organizações» de hoje. É a prática específica que converte uma multidão num grupo eficaz, propositado e produtivo.

A gestão e as organizações tornaram-se globais, em vez de ocidentais ou capitalistas. Os japoneses introduziram a gestão como disciplina organizada no início dos anos 50, e esta tornou-se a base para os seus espetaculares sucessos económicos e sociais. A gestão é um tema muito aceso na União Soviética. E um dos primeiros passos dos chineses após o recuo do maoísmo foi a criação de uma Agência de Gestão Empresarial no gabinete do primeiro-ministro e a importação de uma escola de gestão ao estilo americano.

A essência da organização moderna é tornar os pontos fortes e os conhecimentos individuais produtivos e tornar as fraquezas individuais irrelevantes. Nas organizações tradicionais — as que construíram as pirâmides e as catedrais góticas, ou nos exércitos dos séculos XVIII e XIX —, todos faziam exatamente os mesmos trabalhos não qualificados em que a força bruta era a principal contribuição. O conhecimento que existia estava concentrado no topo e em muito poucas cabeças.

Nas organizações modernas, todos possuem conhecimentos e aptidões especializadas e bastante avançadas. Nas organizações modernas, há metalúrgicos e especialistas em catástrofes da Cruz Vermelha, o formador e o desenhador de ferramentas, o angariador de fundos e o fisioterapeuta, o analista de orçamento e o programador de computadores, todos fazendo o seu trabalho, todos contribuindo com os seus conhecimentos, mas todos trabalhando para um fim comum. O pouco que cada um sabe interessa; o infinito que cada um não sabe não interessa.

As duas culturas da atualidade podem não ser as do humanista e do cientista como proclamou há 30 anos C. P. Snow, o físico inglês que se tornou romancista. Podem ser as culturas do que se poderia chamar os *literati* e os *gestores*: um vê a realidade como ideias e símbolos; o outro vê a realidade como *performance* e pessoas.

A gestão e as organizações são ainda bastante primitivas. Como é comum numa disciplina em rápida evolução — como era o caso, por exemplo, da medicina até bastante recentemente —, o fosso entre os profissionais inovadores e a grande maioria é gigantesco e está a diminuir muito lentamente. Muito poucos, mesmo entre os mais bem-sucedidos gestores atuais em todas as organizações, percebem que a gestão é definida pela responsabilidade e não pelo poder. Muito poucos lutam contra a debilitante doença da burocracia: a crença de que grandes orçamentos e um grande número de funcionários são conquistas e não incompetência.

Ainda assim, o impacto tem sido enorme. A gestão e a sua emergência tornaram, por exemplo, igualmente obsoletas tanto as teorias sociais que dominaram o século XIX como a sua retórica política: o credo jeffersoniano que vê a sociedade evoluir para uma estrutura cristalina de pequenos proprietários independentes — o pequeno proprietário rural nos seus 40 acres, o artesão na sua oficina, o lojista dono da sua própria loja, o profissional independente — e o teorema marxista de uma sociedade que se transforma inexoravelmente numa massa amorfa de proletários igualmente empobrecidos e marginalizados. Em vez disso, a organização criou uma sociedade de empregados. Na sociedade dos trabalhadores, os trabalhadores manuais são uma minoria em constante retração. Os trabalhadores intelectuais são a nova e crescente maioria — tanto o principal encargo como o principal recurso de todas as sociedades desenvolvidas. E muito embora os trabalhadores intelectuais sejam empregados, não são proletários, mas, através dos seus fundos de pensões, são os únicos capitalistas e, coletivamente, são os proprietários dos meios de produção.

É a gestão que, em grande medida, explica o fenómeno social mais extraordinário deste século: o aumento exponencial da educação. Quanto mais instruídas são as pessoas, mais dependentes ficam então das organizações. Praticamente todas as pessoas com escolaridade para além do ensino secundário, em todos os países desenvolvidos — nos Estados Unidos o número é 90% mais elevado —, passarão toda a sua vida profissional como empregadas de organizações e não poderiam ganhar a vida sem elas. O mesmo poderia ser dito dos seus professores.

Conclusão

Se esta fosse uma história da inovação social no século XX, teria de citar e discutir dezenas de exemplos adicionais, mas não é esse o objetivo do presente ensaio. O objetivo não é sequer mostrar a importância da inovação social. É, acima de tudo, mostrar que a inovação social no século XX se tornou, em grande parte, tarefa do gestor.

Nem sempre assim foi; pelo contrário, é uma situação bastante recente.

O ato que, por assim dizer, deu início a essa atividade no século XIX foi uma inovação: a Constituição americana. As constituições não eram, evidentemente, nada de novo; remontam à Grécia Antiga. Mas a Constituição americana era diferente: primeiro, previa expressamente um processo para a sua própria mudança. Todas as constituições anteriores tinham sido consideradas imutáveis e uma «verdade eterna». Depois, os americanos criaram no Supremo Tribunal um mecanismo para adaptar a Constituição a novas condições e exigências. Estas duas inovações explicam porque é que a Constituição americana sobreviveu quando todas as anteriores pereceram após curtas vidas de completa frustração.

Cem anos mais tarde, o príncipe Bismarck na Alemanha criou, sem qualquer precedente, as inovações sociais a que agora chamamos *Segurança Social* — seguro de saúde, pensões de reforma e seguro de indemnização dos trabalhadores contra acidentes de trabalho, que foram seguidas um pouco mais tarde por uma indemnização de desemprego. Bismarck sabia exatamente o que estava a tentar fazer: desarmar uma «guerra de classes» que ameaçava despedaçar a própria estrutura da sociedade. E conseguiu. Em 15 anos, o socialismo na Europa Ocidental e do Norte tinha deixado de ser «revolucionário» e tinha-se tornado «revisionista».

Fora do Ocidente, o século XIX produziu as tremendas inovações sociais da Restauração Meiji no Japão, que permitiram que o menos ocidental e mais isolado de todos os países contemporâneos se tornasse um Estado e uma nação completamente «modernos» e mantivesse a sua identidade social e cultural.

O século XIX foi, assim, um período de grande inovação social. Mas, com apenas algumas exceções, as inovações sociais no século XIX foram feitas pelos governos. As *invenções*, ou seja, as descobertas técnicas, o século XIX deixou para o sector privado. A inovação social foi um ato governamental e político.

De alguma forma, neste século, o governo parece ter perdido a sua capacidade de fazer inovações sociais eficazes. Ainda o poderia fazer no New Deal da América na década de 1930, embora as únicas inovações do New Deal que funcionaram fossem coisas que tinham sido concebidas e exaustivamente testadas anteriormente, na sua maioria antes da Primeira Guerra Mundial, nas «experiências-piloto» em grande escala conduzidas por estados individuais como Wisconsin, Nova Iorque e Califórnia. Desde então, porém, tivemos muito poucas inovações governamentais em qualquer país desenvolvido que tenham produzido os resultados para os quais foram concebidas — muito poucas, de facto, que tenham produzido quaisquer resultados, para além de despesas consideráveis.

Em vez disso, a inovação social foi assumida pelo sector privado, não governamental. Passou de ato político a «tarefa de gestão». Ainda temos pouca metodologia para isso, embora agora possuamos uma «disciplina de inovação». Poucos inovadores sociais na gestão sabem ainda o que pretendem realizar da forma como os fundadores da América Bismarck e os estadistas de Meiji o fizeram — embora os exemplos do agente agrícola de Rosenwald indiquem que isso pode ser feito. Ainda assim, a inovação social tornou-se claramente a nova dimensão da gestão.

(1986)

AGRADECIMENTOS

Trinta e cinco dos artigos e ensaios deste volume já foram publicados. Vinte e cinco das 26 pequenas peças apareceram na página editorial do *The Wall Street Journal* (Capítulos 2–11, 14–17, 19–20, 22–26, 29–32). A 26.ª das peças curtas (Capítulo 18) apareceu originalmente em *The Chronicle of Higher Education*. Das peças mais longas, duas (Capítulos 28 e 34) apareceram em *The Public Interest*, e as restantes na revista *Inc.* (Entrevista), *Foreign Affairs* (Capítulo 1), *Forbes* (Capítulo 12), *Harvard Business Review* (Capítulo 13), *Connections*, a revista da Claremont Graduate School (Capítulo 27) e *Esquire* (Capítulo 33). O Capítulo 35 foi originalmente apresentado como um artigo num simpósio financiado pela Academia Americana de Artes e Ciências em Minneapolis, Minnesota, no verão de 1982 e depois publicado em *Public-Private Partnership*, editado para a Academia Americana de Artes e Ciências por Harvey Brooks, Lance Liebman, Corrine S. Schelling (Cambridge, Mass.: Ballinger Publishing Co., 1984). O Capítulo 21, «A gestão: os problemas do sucesso», foi apresentado numa versão abreviada na Reunião do 50.º Aniversário da Academia Americana de Gestão em Chicago, Illinois, em agosto de 1986, mas ainda não tinha sido publicado. O Posfácio, por fim, foi redigido especialmente para este volume e não foi publicado nem apresentado anteriormente.

Ao preparar os artigos e ensaios para publicação neste volume, alterei alguns dos títulos e encurtei as longas introduções. Substituí ao longo do volume «este ano» ou «ano passado» pelo ano civil apropriado, tal como 1984 ou 1983. Caso contrário, não adulterei o texto original. O leitor pode assim decidir se as previsões e conclusões do autor resistiram ao teste do tempo.

Este volume e eu temos uma enorme dívida para com Truman M. Talley, da Truman Talley Books/E. P. Dutton. Há vários anos, o Sr. Talley editou e publicou um volume dos meus artigos e ensaios (*The Changing World of the Executive*, Nova Iorque: Truman Talley Books/Times Books, 1982). Sugeriu-me, nessa altura, que centrasse os artigos e ensaios subsequentes nas fronteiras da gestão, ou seja, nas questões e áreas em que as decisões de hoje estão a moldar o amanhã. As peças em si foram, evidentemente, escritas para ocasiões específicas e para publicações específicas. Mas graças ao Sr. Talley, sempre tive um tema subjacente e um foco unificador. Ele dedicou então muito tempo e esforço a selecionar e organizar a estrutura e sequência do livro, supervisionando o seu aspecto e orientando-o ao longo de todo o processo de publicação. Só posso esperar que o produto final corresponda às suas elevadas expectativas. Devo os meus agradecimentos são também a Trent Duffy, diretora editorial, e Julia McGown, editora de produção, da E. P. Dutton, que supervisionou a transformação de um manuscrito confuso num belo livro, em tempo recorde.